基于学科核心素养的
思想政治教学课例研究

编著 陈美兰

华东师范大学出版社
·上海·

图书在版编目(CIP)数据

基于学科核心素养的思想政治教学课例研究/陈美兰编著. —上海：华东师范大学出版社，2019
（基于学科核心素养的教学课例研究）
ISBN 978-7-5675-9812-6

Ⅰ.①基… Ⅱ.①陈… Ⅲ.①政治课—教学研究—中学 Ⅳ.①G633.202

中国版本图书馆 CIP 数据核字(2019)第 242115 号

基于学科核心素养的思想政治教学课例研究
JIYU XUEKE HEXIN SUYANG DE SIXIANGZHENGZHI JIAOXUE KELI YANJIU

编　　著	陈美兰
策划编辑	李文革
责任编辑	曹祖红
特约审读	汪建华　李　莎
责任校对	吴　杨
装帧设计	卢晓红

出版发行	华东师范大学出版社
社　　址	上海市中山北路 3663 号　邮编 200062
网　　址	www.ecnupress.com.cn
电　　话	021-60821666　行政传真 021-62572105
客服电话	021-62865537　门市(邮购)电话 021-62869887
地　　址	上海市中山北路 3663 号华东师范大学校内先锋路口
网　　店	http://hdsdcbs.tmall.com

印 刷 者	上海昌鑫龙印务有限公司
开　　本	787毫米×1092毫米　16开
印　　张	15.25
字　　数	254 千字
版　　次	2019 年 12 月第 1 版
印　　次	2023 年 10 月第 4 次
书　　号	ISBN 978-7-5675-9812-6
定　　价	39.00 元

出版人　王　焰

（如发现本版图书有印订质量问题，请寄回本社客服中心调换或电话 021-62865537 联系）

前言

本书编写坚持以先进的教育教学理念和《普通高中思想政治课程标准（2017年版）》为指导，以促进中学政治教师的专业发展为目标，努力贯彻新课改的基本精神，积极探索学科核心素养背景下中学政治学科新课改的理论框架和实践模式。在编写过程中，我们既注意吸收以往思想政治学科教学的理论成果和实践经验，又注意反映基础教育改革实践中广大一线教师探索的新模式与新思路；既着力于基于学科核心素养的议题式教学案例研究和描述，又注重提炼核心素养落地的课堂教学经验和方法，所选课例均具有一定典型性和可操作性，能为正在进行的基于学科核心素养的课堂教学改革提供重要借鉴。与此同时，本书还注重理论论证和阐释，使得思想政治学科教学课例研究的观点准确、概括，形成规律性认识，具有普适性和指导性。因此，本书不仅可作为思想政治教育专业本科生和教育硕士的相关课程教材，也可作为中学思想政治教师在职培训研修教材，还可作为思想政治教师自主学习提升的辅助读物。同时，本书也是江苏师范大学研究生课程建设（优秀课程）"思想政治教育的设计与实施"的成果。

本书由陈美兰编著。参加编写的老师有：陈美兰（第1章、第2章、第3章），王晓娜、陆志龙（第4章课例1），腾洁、王恒富（第4章课例2），窦月玲（第4章课例3），沈雪春（第4章课例4），陈静、杨维风（第4章课例5），张俊才（第4章课例6），王晓宁（第4章课例7），祁建军（第4章课例8），高保卫（第4章课例9），黄怡婧（第4章课例10），舒兰兰（第4章课例11），杨璐、杨维风（第4章课例12），贾义文、肖志农（第4章课例13），张建庆（第4章课例14）。全书由陈美兰统一审定。在本书编写过程中，我们参考了大量文献资料，吸收了许多专家学者的研究成果，得到了一线专家名师的支持，在此一并表示诚挚的谢意。

由于编者水平有限,而且《普通高中思想政治课程标准(2017年版)》实施不久,与之配套的新教材还没有全面投入使用,书中肯定有诸多不足之处,敬请广大读者批评指正!

编者

2019年4月24日于江苏徐州

目录

理论篇

第1章　思想政治学科核心素养概述　/ 3
　　一、思想政治学科核心素养的概念解读　/ 3
　　二、思想政治学科核心素养的内在关系　/ 5
第2章　核心素养与思想政治学科教学　/ 7
　　一、思想政治学科具有培育核心素养的优势　/ 7
　　二、思想政治学科培育核心素养的实践范式　/ 10
　　三、思想政治学科议题式教学的探索与实施　/ 13
　　四、活动型思想政治课程是教学设计与实施的理念与创新　/ 17
第3章　课例研究与思想政治教师的专业素养　/ 22
　　一、思想政治学科课例研究的概述　/ 22
　　二、思想政治教师进行课例研究的专业素养　/ 27

实践篇

第4章　思想政治学科议题式教学课例　/ 33
　　课例1　为什么要坚持"两个毫不动摇"　/ 33

课例 2　为什么说市场配置资源是最有效率的　／ 47
课例 3　"两只手"的默契：资源配置中市场与政府的关系　／ 61
课例 4　怎样看待人大和人大代表的作用　／ 74
课例 5　穿越时空的访谈：唯物主义和唯心主义　／ 89
课例 6　与自然和谐共生：认识运动　把握规律　／ 103
课例 7　学以致用：用发展的观点看问题　／ 116
课例 8　感悟哲学的魅力：矛盾的普遍性与特殊性　／ 131
课例 9　桨声光影看"姑苏"——创新是引领发展的第一动力　／ 147
课例 10　以"智"惠生活，让世界变得更美好！　／ 162
课例 11　创新是引领发展的第一动力　／ 176
课例 12　创而生长：树立创新意识是唯物辩证法的要求　／ 194
课例 13　赏美析魂：传统文化的继承与发展　／ 208
课例 14　从孙悟空成长经历看"修养成人"
　　　　——《文化生活》第十课第二框"思想道德修养和科学文化修养"　／ 222

后记　／ 236

理 论 篇

索引

第 1 章　思想政治学科核心素养概述

2014 年,教育部印发了《关于全面深化课程改革　落实立德树人根本任务的意见》,第一次提出"核心素养"的概念。2016 年 9 月,以"全面发展的人"为核心,发布《中国学生发展核心素养》的框架。2017 年 12 月,以"核心素养"为内涵的新一轮高中课程标准出台。发展学生核心素养、落实立德树人的根本任务是深化课程改革的必然要求。准确理解和解读政治学科核心素养是推进当下基础教育课程改革的重要前提,也是促进思想政治教师专业发展的内在要求。本章侧重从思想政治学科核心素养的概念以及内在关系两个层面作简要分析。

一、思想政治学科核心素养的概念解读

所谓核心素养,是指个体在面对复杂的、不确定的现实生活情境时,能够综合运用特定学习方式所孕育出来的(跨)学科观念、思维模式和探究技能,结构化的(跨)学科知识和技能,以及世界观、人生观和价值观在内的动力系统,在分析情境、提出问题、解决问题、交流结果过程中表现出来的综合性品质。它是认知系统、动力系统和情感系统的综合体,与学科知识积累成正相关。①

《普通高中思想政治课程标准(2017 年版)》(以下简称新课标)把政治学科核心素

---

① 朱明光.关于思想政治学科核心素养的思考[J].思想政治课教学,2016(1):4—7.

养表述为政治认同、科学精神、法治意识和公共参与。

(一) 政治认同

是指人们对一定社会制度和意识形态的认可和赞同。它涉及道路、理论、制度、价值观四大关键维度。政治认同是一种政治态度、政治情感,主要认同对象有:国家、民族、政党、政府、制度、政策、价值观等。其中,对国家的认同当属最基本认同。政治认同遵循从利益认同到制度认同再到价值认同的内在逻辑,其中,利益认同是政治认同逻辑的起点,制度认同是政治认同的关键,价值认同是政治认同的核心。[1] 我国公民的政治认同,强调拥护中国共产党的领导,坚持和发展中国特色社会主义,认同中华人民共和国、中华民族、中华文化,弘扬和践行社会主义核心价值观。这一界定为教学指明了方向,强化思想政治教师对本学科育人特质的认识。

(二) 科学精神

所谓"科学精神"的"科学",无非两层意思:一是作为独立学科的科学,即狭义的自然科学;二是作为价值目标判断标准的科学,即广义的科学。由于自然科学研究对象的客观性、科学规律的确定性,人们将此抽象为一个普遍概念,即把所有合乎客观规律的都称为科学,把在自然科学基础上形成的文化精神称为科学精神。[2] 作为政治学科核心素养的科学精神,是人们在认识世界和改造世界过程中表现出来的一种精神取向,即持马克思主义科学世界观和方法论,能够对个人成长、社会进步、国家发展和人类文明作出正确价值判断和行为选择的一种素养。这一界定是从科学思维方法和价值目标判断标准来理解的,科学精神的科学侧重于广义而非狭义。

(三) 法治意识

是指人们对法律的认可、崇尚与遵从,是关于法治的思想、知识和态度,是人们遵守宪法和法律,依靠正当途径,遵守规则和程序,依法维护自己权利、履行自己义务的

---

[1] 周问奇."政治认同"素养培育策略——以高中《政治生活》课程为例[J]. 福建教育,2017(24):56—57.
[2] 卞敏. 终极关怀:科学精神与人文精神的统一[J]. 江苏社会科学,2005(5):99—104.

意识。树立权利与义务意识、养成诚信和契约精神、掌握规则和诉讼程序有助于培养学生法治意识，涵养学生法治精神。① 我国公民具有法治意识，是指公民要尊法、学法、守法、用法，自觉参加社会主义法治国家的建设。增强青少年的法治意识，就是要求他们在生活中依法行使权利、履行义务，严守道德底线，维护公平正义，做社会主义法治的忠实崇尚者、自觉遵守者和坚定捍卫者。

（四）公共参与

公共参与是公民进入政治生活、参与社会治理，对有关政治、经济、社会、民生公共政策施加影响的途径。我国公民公共参与，是指有序参与公共事务、承担社会责任，积极行使人民当家作主的政治权利。中学生公共参与素养主要是指中学生通过合法有序的方式和途径参与公共事务和国家治理，表达利益诉求，影响公共活动以及公共决策的态度、知识和能力。培养中学生公共参与素养，就要激发学生公共参与的意愿，提升公共参与的能力，知晓公共参与的维度，承担公共参与的责任。②

理论探讨

受教育部委托，北京师范大学所发布的《中国学生发展核心素养》总体框架，把中国学生所发展的核心素养分为文化基础、自主发展、社会参与三个方面，综合表现为人文底蕴、科学精神、学会学习、健康生活、责任担当、实践创新六大素养。请尝试从育人角度，谈谈政治学科核心素养与上述六大素养之间有何关系。

二、思想政治学科核心素养的内在关系

思想政治学科核心素养是学生面对不确定的政治、经济、文化、社会、生活情境时，能综合运用本学科所学知识分析解决问题的核心能力以及在这一过程中所表现出来的关键品格和正确的价值观，是原有三维目标的高度统一。

把握思想政治学科核心素养要素之间的相互关系，要看到它们在内容上是相互交

---

① 骆霞.《政治生活》与法治意识[J].思想政治课教学，2017(5)：30—33.
② 徐丰.培育公共参与素养的"四化"策略——以"民主管理：共创幸福生活"教学为例[J].思想政治课教学，2017(12)：21—23.

融,在逻辑上也是相互依存的。四大学科核心素养是一个有机整体,共同着眼于培养未来有信仰、有尊严、有思想、有担当的公民。其中,政治认同关乎学生的成长方向和理想信念的确立,也是科学精神、法治意识和公共参与素养,具有中国特色的共同标识,它位于四大素养之首,体现了鲜明的学科特质。其余三大素养服务和指向政治认同:法治意识体现当代中国公民依法行使权利、履行义务的必备品质,是公共参与的必要前提,也是政治认同和科学精神的必然要求,它通过必修课程《政治与法治》、选择性必修课程《法律与生活》和选修课程《法官与律师》来体现,相比较原课程,此次法治教育得到强化,为达成政治认同创造条件;公共参与素养体现人民当家作主的责任担当,是政治认同、科学精神和法治意识的行为表现,体现了公民应具有的社会责任和担当,培育公共参与意识需要在法治轨道上进行,只有有序参与公共生活才能有效达成行使人民当家作主权利的政治目标;科学精神既显示学生认识社会、参与社会的能力和态度,也显示人自身自由发展的文明程度,体现中国特色哲学社会科学的有关原理和方法,是达成政治认同、形成法治意识、实现公共参与的基本条件。而政治认同、法治意识以及公共参与素养的培育都离不开马克思主义科学世界观和方法论的指导。作为一门以立德树人为根本任务,以培育社会主义核心价值观为根本目的的综合性、活动型学科课程,高中思想政治学科应围绕政治认同、科学精神、法治意识和公共参与素养目标,结合课程模块内容,按照学业要求,有针对性地开展教学和学业质量的评价活动。

第 2 章 核心素养与思想政治学科教学

达成思想政治学科核心素养的目标是思想政治学科教学的必然要求,其四个基本要素,更是思想政治学科回答"培养什么人,怎样培养人,为谁培养人"问题的基本要点,是新课程改革背景下思想政治学科的价值所在,不仅将为当下思想政治学科教学指明方向,而且将贯彻于从设定教学目标到推进教学流程和实现教学反思的全过程中。①

一、思想政治学科具有培育核心素养的优势

作为高中必修课程,思想政治学科具有德育性质,在培育学生学科核心素养方面具有价值优势、内容优势和功能优势。

(一) 价值优势

思想政治学科的课程性质和课程理念决定了这门课程对培育学生核心素养具有价值优势。高中思想政治学科以立德树人为根本任务,以培育社会主义核心价值观为根本目的,是帮助学生确立正确的政治方向、提高思想政治学科核心素养、增强社会理

---

① 李晓东. 基于高中思想政治学科核心素养培育的教学转变[J/OL]. 天津师范大学学报:基础教育,2019(3):1—6[2019-05-06]. http://kns.cnki.net/kcms/detail/12.1315.G.20190423.1739.004.html.

解和参与能力的综合性、活动型学科课程。所谓德育,就是对受教育者进行系统的政治思想、道德品质和法治意识教育。思想政治学科作为一门德育课程,其德育性质可以从课程的历史发展、内容、特点以及实施途径多方面来呈现,思想政治学科承载了德育的重要使命。有效实施思想政治学科教学有助于贯彻党的教育方针政策,满足学生成长成才以及实现学科教学目标,对于促进高中生学科核心素养的形成具有重要价值。

思想政治学科的课程理念包括坚持正确的思想政治方向、构建以培育思想政治学科核心素养为主导的活动型学科课程、尊重学生身心发展规律、改进教学方式以及建立促进学生思想政治学科核心素养发展的评价机制四个方面,这为培育学生核心素养提供了课程理念指导。

政治学科核心素养与思想政治学科一贯倡导和践行的公民教育的价值取向是契合的,因此,这门课程对培养有政治立场的政治公民、有思辨理性的智性公民、有规则制约的守法公民和有责任担当的负责公民具有独特的价值优势。

(二) 内容优势

新课标规定了思想政治学科包含10个模块,共计12个学分。其中必修课程4个模块,即"中国特色社会主义"、"经济与社会"、"政治与法治"、"哲学与文化",选择性必修课程包括"当代国际政治与经济"、"法治生活"、"逻辑与思维",选修课程包括"财经与生活"、"律师与法官"、"历史上的哲学家"。必修课程以34个议题来实施教学,这些课程内容紧紧围绕政治认同、科学精神、法治意识和公共参与的素养目标来设计。比如,通过对《中国特色社会主义》的学习,可以让学生结合社会实践活动,了解人类社会发展的一般过程和基本规律;确信社会主义终将代替资本主义是不可抗拒的历史趋势;懂得中国特色社会主义是科学社会主义的成功实践,是中国近代历史发展的必然选择;理解坚持和发展中国特色社会主义是实现中华民族伟大复兴中国梦的必由之路。培养学生对中国特色社会主义的道路自信、理论自信、制度自信、文化自信,从而坚定中国特色社会主义共同理想,树立共产主义远大理想,进而达成政治认同的素养目标。"政治与法治"、"法治生活"以及"律师与法官"课程直接指向培育高中生的法治素养;"哲学与文化"、"逻辑与思维"以及"历史上的哲学家"则注重培育学生的人文素养和科学精神。

(三) 功能优势

从课程标准来看,思想政治学科具有教学和学业质量评价方面的功能优势。从教学方面看,新课标提出活动型学科课程的教学设计、辨析式学习过程的价值引领、综合性教学形式的有效倡导和系列化社会实践活动的广泛开展等四个方面的教学建议,比2004年版课程标准在培育学生核心素养方面更具有综合性、实践性和操作性。以活动议题式、项目任务式、情境问题式来实施学科核心素养的培养目标较之单纯讲授式教学具有独特的功能优势。从教学评价看,本次新课程标准规定学业质量水平评价,提出学业水平考试要坚持以学生的思想政治学科核心素养发展水平为考查对象,考查学生能否综合运用相关学科内容,参与社会实际生活,在真实情境中提出问题、分析问题和解决问题的能力;重点关注能否坚持正确的思想政治方向,形成正确的世界观、人生观、价值观,是否展现出了适应当代社会发展和终身发展所需要的、必备的思想政治学科核心素养。思想政治学科考试命题框架,以学科任务导向为标志,由关键行为表现、学科任务、评价情境和学科内容四个基本维度构成,目的在于有效测试思想政治学科核心素养的真实发展水平。针对不同类型的学科任务制定试题评分标准,以及根据思想政治学科核心素养水平划分的基本原则,建立评价不同学科任务完成质量的具体指标体系,提高了评价学科核心素养目标达成的科学性、公正性和可操作性。可见,新课程标准所规定的教学和评价建议具有发挥思想政治学科培育学科核心素养的功能优势。

从实践来看,思想政治学科具有重要的德育功能,并且取得了可喜成绩。广大教师对思想政治学科的性质、功能定位准确,对于"您认为思想政治学科最重要的功能"的理解,87.96%的教师选择了"立德树人、培养学生健全的人格"。教师对思想政治学科德育效果的评价总体是满意的;他们重视自身素质的提高和言传身教,在回答"您作为思想政治课教师在言行方面起到的表率作用"这一问题时,选择"很好"的占45.5%,回答"好"的占43.5%,合计达89%。在回答"您对学生思想上存在的模糊或者错误观点的处理"这一问题时,93.9%的教师选择"摆事实讲道理,以理服人"。不过,调查中也发现一些值得重视的问题:部分教师对思想政治学科性质和功能的认识有偏差;部分教师对思想政治学科的德育效果评价不太满意;部分思想政治教师的敬业精神还存在问题;对思想政治学科教学的评价方式亟待改革;社会环境对思想政治学科教学效果的影响较大等。为此,教师必须准确把握思想政治学科的性质和功能,创造性地使用教科书,提高自身专业素养和水平,积极探索思想政治学科评价的有效方式,更好地发挥思想政治学科的育人功能。[①]

二、思想政治学科培育核心素养的实践范式

随着学科核心素养逐渐明朗,实践者们不断反思课堂教学,创新思想政治学科核心素养落地的实践范式。

(一)四大素养共育和某一素养培育的模式共存

有教师从四大核心素养共育角度提出实施办法,即通过注重情景体验、增强政治认同,注重问题探究、培养理性精神,利用典型案例、培养法治意识,构建活动型思想政治课程、增强社会参与四个方面来完成。如,提出实施"情境—探究"教学策略、升华学生政治认同,采取"问题—情景"教学策略、培养学生理性精神,优化"互动—生成"教学策略、培养学生法治意识,设计"活动—体验"教学策略、引领学生公共参与;又如,从深挖教材课程资源、引导学生政治认同,创设思维含量大的情境、培养学生理性精神,精选真实案例说法、帮助学生树立法治意识,建构活动型课程、激发学生公共参与来培育四大素养。[②] 有教师从单一素养培育角度提出具体措施。如:基于学生特性、关注个体价值,基于现实生活、形成政治认知,基于理论探究、达成政治认同,基于知行合一、做到政治践行,遵循了政治认同感培育的内在逻辑;以"民主管理:共创幸福生活"的教学为例,提出公共参与素养培育的"四化"策略:课堂辩论·思想火花的碰撞、品格教育·校园时事的渗透、角色扮演·身临其境的体验、社会实践·理论知识的归宿;提出通过法律概念的辨析、法律案例的研讨、法律情境的模拟、法律文化的浸润来培育学

[①] 黄万强. 思想政治课发挥德育功能状况调查[J]. 思想政治课教学,2014(10):88—91.
[②] 武兴华. 在教学中培育学生的法治意识[J]. 思想政治课教学,2015(3):37—39.

生的法治意识；提出利用现有教材、培养学生的政治认同，立足理性思维、坚定制度认同，注重比较研究、增强道路认同，实施探究生成、落实理论认同，进行体验升华、实现价值观认同等方面培育学生的政治认同素养。

上述教学设计有的是基于四大素养共育，有的是基于单一素养培育，运用了主题情境探究式、案例教学式、活动体验式等多种教学模式和方法来落实学科核心素养目标，体现了一线教师从学科核心素养内涵、特点出发，立足中学生学习实际进行创造性教学的智慧，这些成果为思想政治学科核心素养的培育提供了重要参考。但如何基于学科核心素养将课内活动设计与课外社会活动设计进行统一还比较薄弱，受制约的因素众多，学校课程管理和高考评价机制没有发生根本改变是主要制约因素。

（二）活动议题式与课程要素式的设计共在

活动议题式设计主要是精选活动议题，培育核心素养。如有的教师以《市场配置资源》一课，结合"网约车与出行"这一生活话题，设计了活动一，围绕"网约车的优势及影响"，在交流分享中增强政治认同；活动二，围绕"网约车乘客爽约现象分析"，在情景表演中树立法治意识；活动三，围绕"如何看待网约车市场乱象"，在小组辩论中涵养科学精神；活动四，围绕"如何规范网约车发展"，在角色模拟中鼓励公共参与。有的教师在进行"民主决策：做出最佳选择"教学时，从活动设计（立意统率目标，话题带活课堂）、活动开展（活动丰富知识，互动提升素养）、成果展示（实践获得真知，展示分享成果）、活动总结（情境引发追思，评价助于成长）四个环节进行活动课堂的有效构建。[①]课程要素式设计主要基于影响课程诸要素进行教学设计。张远明从教学目标、教学情境、教学活动和教学评价四个核心要素出发，探讨如何培养学生思想政治学科核心素养，提高学生公民素质和终身发展能力。他提出四个"优化"策略：优化教学目标，明确学生思想政治核心素养培育的目标导向；优化教学情境，激发学生思想政治核心素养形成的内在动机；优化教学活动，推动学生思想政治核心素养的自主构建；优化教学评价，细化学生思想政治核心素养培育的评价机制。有的教师基于学科核心素养，从教学目标的确定、教学内容的选择和组织、教学活动的设计等方面进行探讨。还有的

[①] 陆月祥,蒋沈锋.例谈思想政治活动型课堂的构建[J].中学政治教学参考,2017(34)：34—35.

教师基于公共参与素养培育目标，从情境创设生活化、激发主动参与的意愿，问题设计开放化、提升公共参与的能力，课堂模拟规范化、知晓公共参与的维度，情境回归实践化、承担积极参与的责任等方面进行教学设计。

上述活动议题式设计主要围绕生活议题来进行探究，关注学生的生活体验，而课程要素式设计主要围绕影响课程实施的关键要素进行，突出核心素养目标对素养培育教学的统领作用。这两种设计样态无疑都具有实践价值，但从新课程标准的教学建议来看，活动议题式设计更符合新一轮课程改革课程模块化、内容结构化和活动序列化的要求。

（三）活动型思想政治课堂与深度学习的构建共通

新课标规定："课程关注思想政治学科核心素养的培育，着眼于学生的真实生活和长远发展，使理论观点与生活经验有机结合，让学生在社会实践活动的历练中、在自主辨析的思考中感悟真理的力量，自觉践行社会主义核心价值观。"有教师提出：构建"体验型"活动课堂，引领学生价值，实现政治认同；构建"议辨型"活动课堂，启迪学生思维，树立理性精神；构建"综合型"活动课堂，塑造学生品格，培养法治意识；构建"实践型"活动课堂，锻炼学生能力，培养公共参与。笔者以为活动型思想政治学科依据一定教育教学理论，在尊重学生主体地位的基础上，以社会主义核心价值观为指导，确定议题，以活动为根本特征，着眼于活动设计的内容化和课程内容的活动化，以促进学生学科核心素养发展为目标的活动型政治课程。[1]还有教师对常态型学科课程实践、活动型学科课程实践和跨学科综合课程实践三种基本样态进行了活动型思想政治课堂教学的实践反思。另有教师则从深度学习与核心素养的关系角度，提出了情境式教学、议题式教学、辨析式教学、案例式教学和实践式教学五种样态。

以上探索体现了深度学习与活动型政治课堂的融通，丰富了人们对活动型思想政治课堂的认识，议题讨论型、辨析引领型、案例探究型和实践体验型等丰富多样的活动

---

[1] 陈美兰. 活动型政治课的价值内涵与实施策略——基于学科核心素养的视角[J]. 思想政治课教学，2016(12)：4—8.

型思想政治教学样态，必将成为核心素养时代一线教师的探索热点。

资料卡片：

深度学习（deep learning）也被译为"深层学习"，它是瑞典学者费尔伦斯·马顿和罗杰·赛尔杰基于学生阅读的实验，针对孤立记忆和非批判性接受知识的浅层学习（surface learning），于1976年首次提出的关于学习层次的一个概念。倡导深度教学，防止学科知识点的浅层化和学生思维的表层化，是学科教学走向核心素养的一个突出表现。

三、思想政治学科议题式教学的探索与实施

2017年，新课标正式施行，相应的新教材也已面世，广大一线教师越来越关注基于思想政治学科核心素养落地的议题式教学方式的探讨。这方面的研究成果不少，尤以江苏吴江中学沈雪春老师的研究最为突出。2018年，沈雪春老师的《议题式教学简论》和《议题式教学例论》两本专著相继出版，为广大一线教师进行议题式教学研究提供了理论与实践参考，受到了大家的普遍欢迎。

（一）思想政治学科议题式教学的探索

1. 议题式教学的提出及价值旨趣

议题式教学主要基于以下三个方面的原因而提出来的。首先，思想政治学科教学需要进一步改变教学方式。新中国成立以来，尤其是新课程改革以来，在广大教师的不懈努力下，思想政治学科对提高我国公民的政治思想觉悟和思想道德水平发挥了重要作用，但传统思想政治学科过分强调单向"灌输"和被动"接受"，学科教学始终存在重知识轻实践、重外铄轻体验等问题，一定程度上影响了德育实效性的提升。其次，议题式教学是发展中国学生核心素养的内在要求。发展中国学生核心素养分为文化基础、自主发展和社会参与三个方面，它从中观层面深入回答"立什么德、树什么人"等根本问题，指导着以学科育人为己任的思想政治学科教学方式的变革。再次，议题式教学体现了新课程标准所规定的课程性质和课程理念的要求。构建思想政治学科综合性、活动型学科课程既是课程性质也是其主要课程理念。议题式教学具有反映现实诉求、培养

学生说理论证能力，具有追求素养本位、涵养学科价值的价值旨趣，它所具有的不同于传统教学的特点和优势正好契合了新课标要求，从而使它从文本走向了现实，从理论走向了实践。

2. 议题式教学的内涵与特征

所谓议题，既包含课程的具体内容，又展示价值判断的基本观点；既具有开放性、引领性，又体现教学重点、针对学习难点。议题式教学与问题式教学、情境式教学、主题式教学、议题中心式教学关系密切，是基于传统教学方式，借鉴西方议题中心教学法形成的，是对多种教学方法的继承、整合与创新。思想政治学科议题式教学是教师为实现思想政治学科教学目标，在尊重学生主体地位基础上，以一定教育教学理论为指导，凸显社会主义核心价值观引领，确定议题，开展活动，运用多种方法有计划地引导学生进行深度学习、培养高阶思维的一种教学策略。议为形式，题为载体，育为目的。同时，议题式教学具有议题性、情境性、活动性和建构性四个特征。议题性反映了议题是议题式教学的纽带和引子，情境性强调议题往往是基于真实生活情境的议题，让学生去体验、探究、发现和建构，活动性是指学科知识的学习是采取问题驱动的活动来推进，将问题设计成学习活动来推动学生学习，而建构性则是指学生带着经验和前见在议题式教学中主动建构学科知识，从而内化主流价值观。

（二）思想政治学科议题式教学的实施

1. 议题式教学的实施类型

首先，从议题式教学的场域类型来看，可分为议题式课堂教学、议题式拓展教学、议题式跨界教学。议题式课堂教学又分为新授课议题式教学、复习课议题式教学和专题课议题式教学。对新课标各模块"教学提示"中的议题进行初次教学属于新授课议题式教学；对新课标各模块"教学提示"中的议题进行再次教学或重组性教学属于复习课议题式教学，复习课议题式教学一般遵循"展示议题——系统扫描——逻辑建模——情知关联"的教学流程；专门针对某个主题而组织的课堂教学，在高中阶段主要表现为专题复习课，其议题往往以高度结构化展开，既有"是什么"之议，又有"为什么"和"怎么样"之议。议题式拓展教学是相对于议题式课堂教学而言，它主要表现为一种课外教学方式，包括议题式研究性学习和议题式项目学习。议题式跨界教学是指依托互联网技术，使课堂超越时空局限，从而具备跨界功能的一种议题式教学方式，分为议题式虚拟社区教学和议题式微探究教学。

其次，从议题式教学的结构类型来看，分为结构化议题式教学和非结构化议题式教学。结构化议题式教学是指以议题为引领，以学生的认知结构、知识结构和教学结构为切入口而展开的教学活动；非结构化议题式教学是指就"是什么"、"为什么"、"怎么样"中某一个方面设置的议题，由于非结构化议题式教学不追求议题或知识结构、教学结构的完整性，因而往往带有开放性和生成性。

再次，从议题式教学的探究类型来看，分为议题式接受学习、议题式建构学习和议题式发现学习。议题式接受学习是指学生在教师引导下采用"议"的方式对教材的既定结论进行描述、论证和决策的探究学习过程；议题式建构学习是指教师预设区别于教材议题的情境议题，给学生提供探究框架或指导学生自己设计方案进行意义建构的探究式学习；议题式发现学习是指在教师指导下，学生自主发现议题、议定方案、寻找结论、讨论会诊、形成报告、展示报告的一种学习方式。①

议题式教学实施示例——如何理解当代"卡"生活：

第一步：教师提供议题；

第二步：学生组建共同体，讨论形成具体方案；

第三步：学生共同或分别搜集资料；

第四步：学生共同会诊；

第五步：学生共同形成研究报告。

2. 议题式教学的课堂架构

目前针对议题式教学课堂架构的总体研究还不多。沈雪春老师的《议题式教学简论》从矩阵式目标、素养化路线和结构化流程三个维度勾勒了议题式教学的课堂架构。他认为：矩阵式目标是由八条纵横相交的"目标"直线所构成的矩形阵列，四条横线表示核心素养或三维目标的不同层阶，四条竖线表示四种思想政治学科核心素养，纵横交叉点用星号表示，是三维目标和学科核心素养的交汇点；素养化路线是基于议题式教学的议题、情境、活动、任务四大要素而设计的，情境线起着柔化知识、活化知识、羽

---

① 沈雪春.议题式教学简论[M].西安：陕西师范大学出版社，2018.

化知识的作用，任务线起着理解知识、应用知识、迁移知识的作用，活动线起着接受知识、建构知识、发现知识的作用，共同服务于议题式教学需要；结构化流程是基于知识学习的结构性要求，遵循系统论的整体优化理论，从整体出发来研究系统和组成系统各要素的相互关系，从本质上说明知识的结构、功能、行为和动态，以把握整体格局达到最优目标。他还认为议题式教学需要面对反映类、原因类、决策类等不同层阶上的任务架构，而"是什么"之议——"为什么"之议——"怎么样"之议是三个既独立又逐层递进的教学结构。

2018年9月，两位苏州名师在第二届全国高中思想政治卓越课堂的交流活动中，展示了两节具有议题式教学共性特点的课堂，他们所构建的指向核心素养的议题式教学课堂同时具有"一题三维四线"特征。"一题"是指一个总议题，在原有课题基础上以生活化或活动化方式整合呈现，由课题变议题促进学科核心素养落地；"三维"是指围绕情境设计的主体互动线的三个方面：先分享、后探究、再思辨，分享——探究——思辨助推深度学习；"四线"是指围绕主题板块的主题情境线、主体互动线、主干知识线和价值引领线，情境——互动——知识——价值揭示了学习规律。这样的课堂架构纵横交错，活动型学科课程的特征鲜明，充分体现了思想政治学科课程的性质和理念。①

3. 议题式教学实施中的几个关键问题

首先，如何正确理解议题。议题与专题、主题、话题意思相近。从开展议题式教学出发，专题一般相当于教材中的单元题，是较为宏观的问题，如"认识社会与价值选择"；主题相当于教材中的课题，是体现专题内容若干方面的大问题，如上述专题中就包含"社会存在与社会意识"、"价值观的导向作用"等；议题是专题、主题的具体化，相当于教材中的框题和目题，是包含学科内容，且有思考、思辨、讨论价值的中心问题，即"争议点"，如"面对价值冲突如何选择"；话题是基于议题、与情境相结合的具体活动任务，如"春节燃放烟花爆竹是否该禁"，需要结合特定情景作出价值判断和价值选择。

其次，如何科学设计教学目标。基于学科核心素养的思想政治学科教学目标如何

---

① 陈美兰."一题三维四线"核心素养课堂的构建——基于第二届全国高中思想政治卓越课堂的观摩[J]. 教学月刊：中学版政治教学，2019(3)：21—24.

整合原有三维目标，是一线教师面临的新问题。教师在教学目标的设定过程中，可参考江苏吴江中学沈雪春老师的素养目标矩阵图，把原先三维目标表述与学科核心素养目标进行了有机整合。

再次，如何促进学生深度学习。所谓深度是指触及事物内部及本质的程度。作为一种学习方式，深度学习一定是激发学生个性思维和批判性思维的学习，是学科学习走向核心素养的突出表现。在议题式教学中，可通过设置辨析性、两难性议题，引导学生结合具体情境，运用说理论证的方法多角度全面地认识问题、分析问题和解决问题。要推进这一过程，论辩双方通常可以通过以下一些提问来审视自己和对方的说理论证：(1)论断是什么？(2)证据有多好？(3)有没有其他相关信息？(4)是否避免了相关谬误？[①] 这是一个对说理论证进行批判性思考的过程，有助于优化说理论证方式，培养学生批判性思维，促进其深度学习。

四、活动型思想政治课程是教学设计与实施的理念与创新

构建以培育思想政治学科核心素养为主导的活动型政治课程是新课标的四大理念之一，是思想政治学科核心素养落地的重要方式。从某种意义上说，塑造活动型思想政治课程是此次思想政治新课标修订最显著的亮点，是课程理念的创新。

设计与实施活动型思想政治课程，让思想政治学科教学充满温度和深度，融合德育功能和社会科学的教育功能，更好地服务于培育学生学科核心素养的目标，是思想政治教师进行设计与实施的创新选择。

（一）活动型思想政治课程实践创新的理据

1. 遵循辩证唯物主义认识论的基本要求

认识是一个由实践到认识，又从认识回到实践的循环上升过程，认识有感性认识和理性认识之分，二者既有区别又相互依存、相互渗透。理性认识可通过概念、判断和推理获得，而感性认识则需亲身参加社会实践习得。学科型课程和活动型课程在目标

---

① 郭林. 议题式教学培养学生说理论证能力探析[J]. 中小学德育，2019(3)：49—53.

上具有一致性、内容上具有互补性、学习活动方式上具有互促性、功能上具有整体优化性。活动型思想政治课程就是通过系列议题和活动将活动型课程和学科型课程进行融合，从而达成思想政治课程立德树人目的的创新课程，它是获得感性认识继而上升为理性认识，再由理性认识指导实践的重要路径。

2. 体现卢梭自然主义教育和杜威"从做中学"的理论要求

早在 18 世纪，卢梭就主张让儿童回归大自然，使他们在感觉中、活动中、经验中学习。此后，裴斯泰洛齐、福禄培尔也阐释了活动教学的思想。杜威继承该传统，系统论述了活动教学"从做中学"对儿童成长的意义。活动型思想政治课程中的活动特指与高中思想政治课教学关联的各种课堂内外的学习活动，如时事演讲、民生问题听证会、模拟法庭、各种热点问题的辩论会等。新课标提到的活动型思想政治课程，是在原有学科课程基础上对活动型课程的强化，其本质依然是对学生进行经济、政治、文化、法治、哲学、逻辑、伦理等社会科学教育的一门必修学科课程，蕴含教育学要旨。

3. 反映思想政治学科教学的实际需求

尽管以往思想政治学科教学改革也强调生活化，提倡基于情境、基于案例、基于问题的教学，鼓励教师创设贴近学生生活的情境、分析符合教学内容的真实案例，但无论是情境教学还是案例教学，往往局限于思想政治课堂内，大多只是模拟课外生活场景，将课外生活通过各种途径虚拟地搬入课内学习，课程资源欠丰富，学习方式较单一，不利于发展学生创造潜能和有效实施思想政治教育。而活动型思想政治课程注重学生实践体验，采取内容与活动相互嵌入方式，要求教师真切组织学生围绕议题参与相关社会实践活动。可见，实施活动型思想政治课程是思想政治课教学实践的现实需求。

（二）活动型思想政治课程实践创新的样态

1. 凸显议题中心

活动型思想政治课程的设计与实施，关键在于确定活动议题，依据新课程标准规定和教材学情分析，确定恰当活动议题，变学理性强的命题为生活化的活动议题，可通过推进学习活动来实施教学。如某教师依据课程标准和教学实际，把《政府：国家的行政机关》变成活动议题"讲身边的事情谈政府的职能"。这一议题便于学生更好地了解政府、理解政府职能、信任政府、支持政府同时又要监督政府工作,符合新课标中有关科学精神和公共参与等学科素养的培育要求。同时,确定适切的活动议题也是开展活动型思想政治课教学的重要前提。新课标中仅必修模块就有34个活动议题,围绕主题精选议题、凸显议题中心的教学将是改变原有学科教学碎片化、表面化和知行脱节的主要实践样态。

2. 构建活动课堂

新课标倡导活动型思想政治课程设计、辨析式学习过程、案例情境式以及基于学科内容的社会实践活动。从横向看,即可通过构建"体验型"活动课堂,实现价值引领和政治认同,培育有立场、有理想的政治公民;构建"议辩型"活动课堂,启迪学生思维,树立科学精神,培育有思想、有理智的理性公民;构建"综合型"活动课堂,塑造学生品格,培养法治意识,培育有自尊、守规则的法治公民;构建"实践型"活动课堂,锻炼学生能力,培养公共参与,培育有担当、有情怀的责任公民。实践中,我们也发现了基于价值引领、基于真实情境、基于知识整合、基于思辨探究、基于高质量问题等角度提出的活动型思想政治课堂的多种样态。从纵向看,可从活动设计(立意统率目标,话题带活课堂)、活动开展(活动丰富知识,互动提升素养)、成果展示(实践获得真知,展示分享成果)、活动总结(情境引发追思,评价助推成长)四个环节进行活动课堂的有效构建。可见,丰富多样的活动课堂反映出活动是活动型思想政治课程的根本特征,是未来思想政治课的教学方向之所在。

3. 围绕课程要素

无论是泰勒的《课程与教学基本原理》,还是多尔的《后现代课程观》,都从预设和生成两大方面揭示了学习是教学目标、教学内容、教学活动与教学评价四维一体的活动。当下活动型思想政治课程,一方面强调学科核心素养的德育目标,另一方面重视表现性和过程性评价。教师既可从教学目标、教学情境、教学活动和教学评价四个核心要素出发,探讨如何培养学生思想政治核心素养,提高学生公民素质和终身发展能力。也可基于学科核心素养,从教学目标的确定、教学内容的选择和组织、教学活动的设计等方面进行课程教学探讨。尽管从活动型思想政治课程实施方向看,围绕课程要素设计的活动型特征不够明显,但作为一种比较成熟的学科教学样态,将会与活动型学科教学样态相辅相成,共同服务于学生学科核心素养目标的达成。

凸显活动议题、构建活动课堂与围绕课程活动要素设计这些实践创新样态具有内在一致性,三者关系紧密,不可分割,共同致力于中学生面对复杂多变现实生活情境,综合运用思想政治课程所学知识、技能与价值观,应对挑战,解决问题的核心素养培育过程。

(三) 活动型思想政治课程创新实践的反思

1. 知识教学:把握学科育人价值的着力点

活动型思想政治课程的本质依然是对学生进行德育和社会科学知识教育的必修课程。如果把活动型思想政治学科教学比喻为一棵大树,那大树的树叶就好似学科知识,大树的树枝就好似学科学习方法,树叶是从树枝上生长出来的,人们只有走近才能看到树枝的形状,相比显性的知识,学科学习方法具有隐性的特点;大树的树干好似学科思想,树干虽然没有树枝那么多,它却是学科方法逐渐升华最有价值的部分;大树的树根就好似学科观念(理念),它是树的根基,既是树干的延续,又是树苗能够成长为参天大树的基础,作为学科思想的凝练,处于学科教育的上位[①]。可见,学科知识生长并依赖于学科知识大树,只有把握住思想政治学科知识教学的问题与概念(外层),掌握思想政治学科学习方法与思想(中层),才能涵养思想政治学科的价值与内涵(内层)。

2. 个人理解:凸显活动型思想政治课程的生成性

实施活动型思想政治课程还需要挖掘"有活力的知识"、克服"惰性知识"。知识教学之所以有价值还在于知识本身所具有的价值。那些碎片化孤立的知识、割裂了知识与情境的知识、脱离事物本身的知识、缺乏个体与学科知识及生活世界互动的知识,往往缺乏个人理解,都属于"惰性知识"。要克服"惰性知识",挖掘"有活力的知识",首先要尊重、凸显学生个体与学科知识、生活世界互动所产生的自身经验、自我知识建构;其次要认识到"个人知识"的核心在于学科知识与生活情境互动时所产生的个人创造性理解和个体转化、自我描述与灵活应用。[②] 在活动型思想政治课程实施中,思想政治教师要重点关注"个人知识"(包括教师与学生)的理解和创生,这是生成"有活力知

---

① 余文森. 核心素养导向的课堂教学[M]. 上海:上海教育出版社,2017.
② 张良. 论素养本位的知识教学——从"惰性知识"到"有活力的知识"[J]. 课程·教材·教法,2018,38(3):50—55.

识"的基础,也是发展学生学科核心素养的关键。

3. 学习评价:建构多元化的学习评价体系

2017年新课标与2004年旧课标最大的不同在于设计了四个核心素养、N个关键维度、四大基本任务、四个素养水平构成、四个学业质量水平构成的评价框架,呈现了一个较为清晰的学业质量评价思路。思想政治教师需要多关注学生课程学习后取得的"成就"与"表现",构建多元化的学习评价体系。既要明确评价内容,包括教学目标以及基于教学目标设定的评价形式;又要改进评价方法,通过观察、访谈、成长记录等方法评价学习活动,把质性评价和量化评价,把教师评价、学生自评与学生互评有机结合起来。可围绕思想政治学科核心素养目标,设计教、学、评一致性的评价工具(见表2.1),促进学生思想政治学科多元化学习评价体系的构建。

表 2.1　评价任务与活动目标一致性工具(以《我国公民政治参与》为例)

核心素养目标的关键维度	活动型思想政治课堂呈现的评价任务(可多个)	所评价的关键行为表现	综合分析
政治认同	增强公民自豪感 热爱我国政治制度	参与社区管理和听证会的态度和行为表现;在活动交流展示环节的态度与行为表现	依据学生在活动准备、活动过程以及活动交流中关键行为表现的分数等级进行分析
科学精神	归纳总结、辩证思维		
法治意识	合法有序参与政治生活		
公共参与			

第 3 章　课例研究与思想政治教师的专业素养

　　课例研究是以课堂教学实例为研究对象，对课堂教学内容、过程、环节、结构、结果等进行微观解剖，从教学内容的选择、教学方法的确定、教学环节的预设、教学流程的推进，再到一个个问题的设计、一个个学生的讨论、一个个教师的点拨、一个个教学点的呈现，进行深入而实在的行动研究。这一过程不仅有助于提高课堂教学成效，而且有助于实现教师的专业成长。

一、思想政治学科课例研究的概述

　　思想政治学科课例研究为思想政治教师的专业发展提供问题解决的示例和学习支架，基于课例这一研究平台，促进思想政治教师深入思考：如何优化我们的教学行为？到底什么样的课堂才是思想政治学科核心素养真正落地的课堂？

（一）思想政治学科课例研究的含义

　　1. 课例与课例研究

　　课例往往以某一具体的课为研究对象，重在对课本身进行改进、优化和提高，从而给出问题解决的示例，通常意义上是关于一节课的研究。课例是教师学习的"认知支架"；课例是教师直面教学共同分享的"平台"；课例是教育理论与教育实践的中介。课例研究最初兴于日本，在日本称为"授业研究"，是对日语合成词的意译，即课的研究。

美国和英国学者则同用一词。1999 年,美国学者斯迪格勒和黑巴特出版了《教学的差距:为改进课堂教学来自世界教师的精彩观点》一书后,激发了美国人对课例研究的浓厚兴趣。21 世纪伊始,课例研究成为美国 32 个州不约而同的行动,并逐步走向国际学术殿堂,引起国际教育界的重视。我国的课例研究与行动研究密切相关。上海市教科院顾泠沅教授带领其团队于 2002 年开发的教师在职教育模式,其核心理念是"实践反思、专业引领、行为改进"。可见,课例研究是指以一定教育教学理论为指导,运用一定的分析框架,在专家指导、同行参与和自我反思下,围绕课堂教学设计与实施而展开的旨在改进教学行为,促进学生学习和发展,提升教学效率的一种实践研究样态。

2. 思想政治学科课例研究及其特点

作为一种本土化的教研文化,我国中小学教师和研究者的课例研究始于 20 世纪 70 年代,教师们流行去学习优秀教师的课堂实录,目的在于学习优秀教师是如何上课的,从中汲取经验并服务于自己的教学。课例研究有不同的模式,每种模式的切入点有所不同,但是它们都拥有一个共同名称"课例研究"。课例研究既重视教师个体的自我反思,又重视教师群体的共同成长。参与课例研究的小组是一个有机结合的整体。齐渝华在《怎么做课例研修》一书中提到:"课例研修小组在课例研修过程中要充分发挥专家教师的引领作用和骨干教师的示范作用,促进不同特点教师的积极参与、相互促进,形成积极向上,具有专业追求、民主和谐、平等参与的氛围,使研修文化更加健康和具有活力。"

思想政治学科的课例研究是以学科核心素养达成为目标。它具有五个特点:(1)研究课通常要计划很长一段时间,有教师的相互协作;(2)研究内容通常来自课堂教学中的一节课;(3)课堂是由实际记录的;(4)经验要相互交流;(5)立足确定的专题,突出问题性研究。

3. 思想政治学科课例研究的价值

(1)促进思想政治教师的专业发展

课例研究是思想政治教师通过对课堂教学事件的反思,寻求对教学事件的理解,通过不断的行为跟进,改进课堂,跨越理论与实践的藩篱,谋求更高层次上的成长。思想政治教师透过真实的实践来检视、重新梳理自己原有的理论知识,体现了"知行合一"的认知方式,他们可以不断积累课例,积累实践心得,获得有效的教学经验。

(2) 促进思想政治教师专业成长

课例研究的过程是以同伴互助为基础的集体研究过程,包含着思想政治教师的集体研讨备课、研究团体的集体观课、观课结束后的集体反思及集体寻找改进教学的方法,是集"课前设计——课中教授——课后研讨——新一轮教学"于一体的。课例研究能够增长思想政治教师的实践智慧,使思想政治教师成为有研究能力的实践者。在实践反思过程中,让所有参与者都获得共同提高。

(3) 形成团结协作的专业发展文化

开展课例研究需要思想政治教师具有学科研究的执着精神和专业情怀。思想政治教师只有全身心地投入,才能保证课例研究的深入程度;只有具备一定的专业素养和主动参与意识,才能形成良性研究氛围。

(二) 思想政治学科课例研究的实施对策

1. 了解课例研究的环节

课例研究在不同国家和地区以及不同历史时期呈现不同形态,一般而言,它包含四个环节:准备、计划、授课、反思。准备是要形成研究主题,计划是要设计教案,授课是要共同授课,反思是要对授课过程作出说明与评价,并提出下一步研究的问题。[①] 也有学者认为课例研究具有五个环节:设计、实施、观察、反思、改进。首先设计选题,寻找教学中重点和难点问题作为课例研究的选题,如学科核心素养如何落地、如何关注学生学习素养培塑等;其次进行课堂观察记录(片段或全部),可以依据选题设计观察指标,并制作观察量表或利用座次表进行观察;再次进行课后分析研讨并提出课堂教学行为改进措施;最后将教学研讨全程写成课例研究报告。参考有关学者的看法,也可以将课例研究的上述步骤,分为计划、执行和总结三个环节(如图 3.1 所示)。[②]

2. 提升对课例的反思能力

课例研究是一种基于观察与反思、旨在促进思想政治教师专业成长的"反思性实

---

① 陈向明.教育改革中"课例研究"的方法论探讨[J].基础教育,2011,8(2):71—77.
② 李子健,丁道勇.课例研究及其对我国校本教研的启发[J].全球教育展望,2009,38(4):29—34;39.

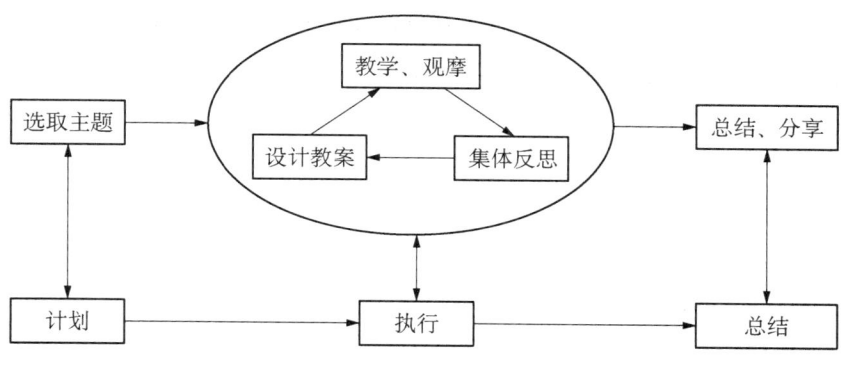

图 3.1 课例研究的基本环节

践"。加强对课例的反思性研究有许多路径。依据泰勒《课程与教学基本原理》,可以从教学目标、教学内容、教学活动以及教学评价四个方面进行反思,也可以结合研究问题有重点地进行课例反思。

3. 掌握撰写课例研究报告的方法

撰写课例研究报告不必苛求统一格式,但是为了展现课例研究的过程和成果,课例研究报告确实需要向读者交代相关要素,如研究主题是什么、教学方案是如何规划设计的、教学实践是如何展开的、所取得的教学成效如何,等等。为了简明起见,本书主要从以下三个方面来呈现。第一部分:教学预设。首先,教学内容分析,包括新课标规定、教材分析、重点与难点以及学情分析;其次,教学目标分析,即用学科核心素养目标来统领本议题的知识、能力和情感态度价值观目标;再次,思路、方法与资源介绍;最后,介绍预设的整体思路、主要教学环节(流程)及设计理念、教法与学法指导、推荐资源(如与该课内容关联度高的著作、权威期刊论文、网站等等)。第二部分:精彩实录。包括导入、新授、板书设计、小结巩固、作业布置、师生互动等内容,这是课例研究的重点内容。第三部分:课例评析。主要有学生反响、同行声音、自我反思和专家点评等评价形式。这三个部分既交代了课例研究的背景和主题,又呈现了课例研究设计与实施的过程,同时又展现了课例研究的成效和多主体评价。其中,反思是课例研究报告的重点,思想政治教师通过反思发现存在的问题,剖析问题产生的原因及其影响。思想政治教师在撰写课例研究报告前,要认真进行"问题分析",结合"教学实录"(文本或视频)进行反思:课堂上产生了哪些冲突?这些问题是如何发生的?它的背景是什么？这些问题有没有研究的价值？是否体现新课程教学的理念？……

链接阅读：课例研究报告撰写的一般格式[①]

（题目）

——《＊＊＊》课例研究报告

署名

一、研究的意义

二、研究的问题

三、研究的方法和思路

四、研究过程（教学实践）

（一）第一次教学实践

1. 教学思路

2. 教学环节

3. 教学效果

4. 教学反思

（二）第二次教学实践

1. 教学思路

2. 教学环节

3. 教学效果

4. 教学反思

（三）第三次教学实践

1. 教学思路

2. 教学环节

3. 教学效果

4. 教学反思

五、成效与反思

1. 课堂教学成效

[①] 吴伦敦,苌虹.中小学教师如何做课例研究[M].北京：科学出版社,2016.

2. 课例研究成果

3. 课例研究反思

二、思想政治教师进行课例研究的专业素养

为了更好地进行课例研究，不断改进思想政治教师的专业发展方式，思想政治教师需要扎根课堂实践，立足学科核心素养的实现目标，学习议题式教学和课例研究的实践性理论、课堂观察工具的开发利用、课后研讨活动的深入开展和课例研究报告的撰写等，提升自身课例研究的专业素养。

（一）做学科核心素养的学习者和引领者

1. 提升思想政治学科核心素养水平

思想政治教师进行课例研究的首要素养是自身学科核心素养水平的提升。思想政治教师必须更新教学理念，深挖课程内涵，树立课程意识，提升整合能力，努力践行立德树人、学科育人的理念，坚定地做学生政治学科核心素养的引领者。在精准解读课标和灵活驾驭教材基础上，整合教学资源，革新教学方式，完善多元评价，用专业的眼光审视自己和他人的课堂教学，牢固确立政治认同、科学精神、法治意识、公共参与的政治学科核心素养。

2. 提升教师自身综合素养水平

老师认为，坚定的政治认同、高尚的理想信念、明辨的理性思维、深厚的人文底蕴、强烈的社会责任意识、精湛的教育艺术是卓越中学政治教师的核心素养。其中，坚定的政治认同、高尚的理想信念属于情意素养层面；明辨的理性思维、深厚的人文底蕴属于理论素养层面；强烈的社会责任意识、精湛的教育艺术属于行为素养层面[①]。这些素养的形成，都将有助于思想政治教师在进行课例研究时所应持有的政治立场和政治态度。

---

① 李春会,李亮.中学政治教师的核心素养[J].思想政治课教学,2017(7)：4—7.

（二）提升思想政治教师课例研究的能力和水平

1. 明确课例研究的任务

课例研究作为与课堂教学联系最为密切的研究方式，必然以新课程理念为指导思想，将落实新课程理念作为首要任务。因此，课例研究的首要任务是落实新课程的基本理念，也就是要求思想政治教师以新课程理念指导自己的教学实践，并不断反思课堂教学。学会用学科核心素养目标整合原来的三维目标，坚持马克思主义基本观点教育与把握时代特征相统一，努力回归学生的生活世界，进一步转变教学方式，开发合适的课程资源。

2. 明确课例研究的目的

课例研究旨在提高思想政治教师的教学能力，只有以正确的发展目的为导向，以课例为载体进行研究，才能真正形成"学习—实践—反思"的良性循环，最终从教书匠变成具有学习能力与反思能力的研究型教师。课例研究还需要解决教学中的问题，新课程理念向教学行为的转化不是一帆风顺的，在落实过程中总会出现这样或那样的问题，因此，发现问题、分析问题、解决问题是课例研究的主要目的。同时，课例研究还为教育教学提供最新理论依据，虽说课例研究不以生成新的理论为目的，但是在研究过程中嵌入了对理论问题的探讨，并在动态实践过程中不断生发新的理论思考，延伸出一定的理论成果。①

3. 理解并掌握课例研究的过程

课例研究作为一种反思性实践，具有综合性、过程性和对话性特点。它的实施（见图 3.2），一方面需要用理论来指导教学设计，形成课例；另一方面需要将教学实践上升到理论层面，分析课例。同时，不断提升课例研究的品质，使课例研究回归真实的教学生活，实现理论学习与实践反思的良性互动，进而形成教学即研究、研究即学习的格局，并以此为支架，实现思想政治教师的专业发展。

---

① 许富繁，杨俏丽，齐佩芳. 政治学科课例研究的任务、目的与过程[J]. 中学政治教学参考，2014(5)：62—66.

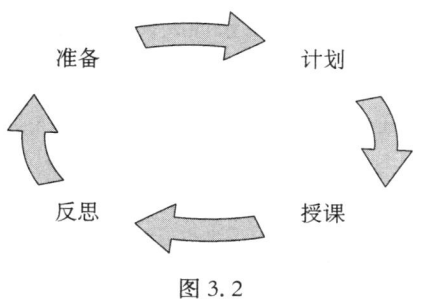

图 3.2

(三) 走出思想政治学科课例研究的实践误区

随着课例研究的开展和推进,思想政治教师会不断积累相关经验,对课例研究的认识也会逐渐深化。与此同时,对课例研究也可能会产生一些误解和困惑。为了提高思想政治学科课例研究的专业品质,思想政治教师要努力克服课例研究过程中存在的误区。[①]

误区一:课例研究就是传统的听评课。与课例研究中的课堂观察和课后研讨反思相对应,听评课虽然也是课例研究中的重要环节,但传统教研中的听评课,与课例研究的专业追求之间还是有一定距离的。从课堂观察环节来看,传统听评课重点关注教师的教,往往从思想政治教师有没有完成教学目标、教师的教学技能、教师处理教材的能力等维度进行分析和评价;而课例研究中的课堂观察把关注重点转移到学生身上,针对学生的学习选择不同观察点并设计相应的观察工具,力求全面细致地了解学生课堂学习的过程和困惑,并以此来改进和指导思想政治教师的教学。从课后研讨环节来看,传统的听评课大多以评价为目的,仅从思想政治教师的一堂课来评定他的教学水平的高低;而课例研究则是基于课堂观察来寻找适合学生的教学方式,共同研讨如何改进当前的教学。

误区二:只要把课堂观察的视角转向学生就实现了课例研究重心的转移。课例研究致力于恢复我国教学研究中久已失去的对学生的关注,实现由教到学的研究重心的转移。那么,这是否意味着思想政治教师只要把课堂观察视角转向学生就能够实现

---

① 安桂清,赵萌萌."教师如何做课例研究"之六 课例研究的认识与实践误区[J]. 人民教育,2011(3—4): 59—61.

课例研究的重心转移呢？如果教学是以精神成长和意义创生为主要目的的学生生活，那么学生当然是教学的核心。因此，"怎样看待教学"就成为课例研究能否关注学生学习的前提。思想政治教师还必须把学生视为一个完整的人，如果仅仅是把学生视为一个问题解决者、一个证明教师教学有效的工具，那么，学生并未真正进入课例研究的视野。

误区三：量化的课堂观察优于质性的课堂描述。有的思想政治教师迷恋量化的课堂观察，认为量化的观察比质性的描述更精确，更能把握课堂教学的真实状况，然而事实并非如此。量化的观察虽然能够用精确的数字反映课堂实况，但思想政治课堂中有许多东西是不可测量的，比如课堂的氛围、教师的风格、政治思想表现等。质性描述提倡以观察者自身作为工具，通过观察者的语言对观察到的事件和行为加以详细描述，记录所探究的现象。描述让课堂教学的真实场景展现在我们面前，启发我们去思考现象背后的意义。看似被动、费时，实则有助于保持课堂教学的整体性与复杂性，有助于我们从广泛的联系中探究教学情境的意义。对课例研究而言，每一种观察工具都有其适用范围，需要结合起来使用。

误区四：课例研究致力于解决教学实践问题，对教师的理论学习要求不高。虽然课例研究提倡思想政治教师在教学研究中发展自身的"实践性理论"，反对单方面地体现"理论的实践化"，但这并不意味着理论学习在课例研究中不重要。恰恰相反，没有理论作为思想政治教师思考与行动的"框架"并在研究中发挥作用，课例研究只能限于经验层面，在低水平上重复，难以获得深入发展。课例研究的推进要求学校创造机会，加强教师的理论学习。理论素养的提升不仅有助于提高思想政治教师理解和反思课堂教学水平，而且有助于教师在课例研究中寻找自身专业发展的突破口和生长点。因此，理论学习应成为课例研究中的重要组成部分。课例研究尤其需要思想政治教师在实践中不断丰富自身对学生的理解，广泛吸收心理学、社会学、文化学等有关学习的理论研究成果，从而为透视课堂打下坚实的理论基础。

实践篇

第4章　思想政治学科议题式教学课例

课例1　为什么要坚持"两个毫不动摇"

第一部分：教学预设

一、教学内容分析

1. 课标要求

以"为什么要坚持'两个毫不动摇'"为议题，探究我国社会主义基本经济制度的优越性。可调研某项公共工程，验证坚持公有制主体地位、发挥国有经济主导作用的必要性和重要性。可通过查阅资料、专家讲座，了解混合所有制经济是如何实现公有制经济与非公有制经济相互促进、共同发展的；或就如何完善混合所有制经济改革进行调研，提出对策建议。可通过问卷调查或访谈，了解发展非公有制经济对经济发展和提高人民生活水平的意义。

2. 教材分析

依据新课标，"为什么要坚持'两个毫不动摇'"这一议题属于新教材必修模块2《经济与社会》的第一单元"经济制度与经济体制"中的第一课"我国的基本经济制度"。

该课包括两框内容：第一框"公有制为主体多种所有制经济共同发展"，第二框"坚持'两个毫不动摇'"。值得一提的是，该议题与现行教材关系也很密切，主要对应现行教材必修模块 1 第四课第二框"我国的基本经济制度"，涉及具体学科内容有：公有制的主体地位及其表现；非公有制经济的地位和作用；公有制和非公有制经济相互促进、共同发展；毫不动摇巩固和发展公有制经济；毫不动摇鼓励、支持、引导非公有制经济的发展。本课内容为新教材必修模块 2 的起始课，直接关系到学生对习近平新时代中国特色社会主义经济思想的认知。

3. 教学重点与难点

教学重点：坚持我国基本经济制度的必然性，坚持"两个毫不动摇"。

教学难点：坚持公有制的主体地位，发挥国有经济的主导作用。

4. 学情分析

高一学生在初中阶段对我国基本经济制度这一部分内容有所学习，但了解不多、认识不深，仅仅知道我国基本经济制度是什么。对于公有制经济和非公有制经济的关系、地位和作用并没有形成清晰认识，对于我国基本经济制度确立的必然性以及坚持"两个毫不动摇"基本不了解。在这种情形下，学生很难对中国特色社会主义基本经济制度形成政治认同感。从思维特点来看，高一学生正处于感性思维向理性思维的过渡期，对事物认识开始由重外在的、形象的感知转向内在的、抽象的分析，开始愿意尝试分析事物的本质和规律，并产生参与社会生活的强烈愿望。

二、教学目标分析

教学设计以中国学生发展核心素养为指导，以议题探究为线索，以情境创设为依托，以学生活动为中心，培养学生思想政治学科核心素养。

1. 通过探究议题，了解我国基本经济制度的内容及其重要作用，充分感受我国社会主义基本经济制度的优越性，增强对我国基本经济制度的政治认同。

2. 通过观点辨析，辩证地分析当前社会存在的关于我国基本经济制度的各种不同观点，学会用全面的、历史的、发展的眼光看问题，培养科学精神。

3. 通过情境模拟和实践尝试，感受法治中国的建设进程，培养法治意识；关注当前所有制结构改革过程中遇到的问题,并尝试提出解决方案,提升公共参与。

三、思路、方法与资源

1. 整体思路

本课教学采取议题式教学法,即以新课标所给出的议题"为什么要坚持'两个毫不动摇'"为主议题引领课堂教学,通过创设恰当的教学情境,把主议题细化为若干个子议题,使学生在一个个子议题的推动下解决主议题,并最终形成学科核心素养。

主要教学环节有:

(1) 导入

用视频《小小的幸福》导入,然后播放学生自制的VR视频"生活随手拍"。

理念:创设生活化的教学情境,使原本远离学生生活实际的教学内容变得亲近起来,激发学生兴趣和参与热情,拉近学生与教材之间的距离。

(2) 讲授新课(以4个情境、4个议题为教学线索)

情境1:数据图情境。2017年世界500强企业中的中国企业。

议题1:结合数据和情境1的生活感受,说明这些大企业和小商店之间的异同。

理念:一般而言,数据能对学生的感官造成比较强烈的冲击,刺激学生的思考。该议题旨在引导学生在生活化情境中感受公有制经济和非公有制经济在我国经济社会中都发挥着重要作用,我国实行公有制为主体、多种所有制经济共同发展的基本经济制度是符合现实需要的必然选择,从而增强政治认同。

情境2:探究性情境。我市知名国有企业A企业面临的困境。

议题2:通过帮助A企业脱困,探索国有企业改革摆脱当前困境的途径。

理念:通过这一探究性情境的设置,原本远离学生生活的国有企业改革突然变成了身边急需解决的问题,使这个国家宏观层面的议题充满浓浓的"乡土气息",激发学生的参与意愿。该议题的设置以探究情境为背景,为学生创设虚拟的问题情境,旨在提升学生解决问题的意识和能力,从而激发学生公共参与。

情境3:辨析式情境。出示两种不同的观点。

议题3:辨析情境3中的两种观点,并谈谈你对此问题的看法。

理念：在辨析式情境中，学生需要学会在各种不同观点中辨别真伪，学会用辩证的、发展的观点看问题，使得原本论证性议题充满了思辨味道，提升对学生的吸引力。该议题的设置以辨析情境为依托，启发学生学会自觉运用马克思主义哲学的基本观点来分析问题，从而培养学生科学精神。

情境4：信息情境。走进网站"法律图书馆"。

议题4：结合中国的法治化进程谈谈你对我国当前确立基本经济制度的认识。

理念：通过创设信息情境使学生置身于一个庞大的信息场中。学生需要借助一定的信息技术手段查阅并获得第一手资料，既扩充了自己的知识储备，又对我国基本经济制度变革的法治化进程形成了清晰认识，为法治意识的培养奠定基础。该议题的设置旨在帮助学生在资源极其丰富的信息化情境中把握法治教育主线，了解我国的基本经济制度在法治轨道上逐步完善，从而进一步树立起法治意识。

（3）课堂小结

对学生本节课四个议题的完成情况进行生生互评和教师点评。

理念：凸显议题式教学核心素养的培养目的，通过对过程的评价帮助学生确立解决问题的意识、提升解决情境问题的能力。

（4）板书设计

呈现本节课的知识结构。

理念：使学生对学科知识内容形成明确认识和系统把握，夯实基础知识。

（5）作业设计

基础知识作业和实践作业。

理念：进一步巩固学生的基础知识，促使学生走出校园，关注生活。

2. 模式方法

议题式教学法和情境教学法。

3. 推荐资源

（1）中华人民共和国教育部. 普通高中思想政治课程标准（2017年版）[S]. 北京：人民教育出版社，2017.

（2）（美国）拉尔夫·泰勒：课程与教学的基本原理[M]. 罗康，张阅，译. 北京：中国轻工业出版社，2014.

(3) 王晓娜. 基于科学精神培养的教学情境创设[J]. 教学月刊：中学版　政治教学, 2018(4)：41—44.

第二部分　精彩实录

一、导入新课

（视频导入）

师：同学们，今天上课之前，我想请大家跟随着同学们自制的视频，走进一些我们熟悉而又陌生的场景，来感受我们的生活。

（师播放学生自制的VR视频"生活随手拍"）

（跟着镜头，同学们来到了自己熟悉的社区，看到了一个又一个小饭店、理发店、杂货店、书店等，有的同学在镜头里甚至看到了自己的身影。他们感觉非常兴奋，很好奇，议论纷纷）

师：大家有没有发现这些小店有什么共同点？

（学生们七嘴八舌地议论着）

师：让我们一起通过今天的学习来寻找答案吧！

二、讲授新课

师：刚刚我们一起感受了来自家门口的小小幸福，接下来，让我们来看看来自国家的大大骄傲。

（师出示情境1："2017年世界500强企业中的中国企业"数据图）（略）

师：2017年世界500强企业排行榜中，中国共有115家企业上榜，其中排在前100强的有20家，且有3家国有及国有控股企业分列榜单第2、3、4名。

生：哇！中国这些企业好厉害啊！

师：大家看到这些数据是什么感觉？

生：中国好牛！

生:很骄傲!

师:那大家觉得这些企业和那些小饭店、杂货店之类的是一样的吗?

生:那肯定是不一样的呀!

师(面露不怀好意的微笑):你们确定?

(学生看着老师的表情,有点犹豫了)

生:呃……

师:请大家先探究下面的议题1,然后再来回答这个问题。

(师出示议题1:结合数据和生活感受,从我国的基本经济制度角度,说明这些大企业和小商店之间的异同)

(学生分组合作探究,推举代表发言)

生1:它们的规模不同,有大有小,作用也有大有小。

生2:它们的所有制性质不同,有的是公有制,有的是私营的。

生3:它们的地位好像也不一样,大企业的地位要高一些,更重要。

生4:我们认为它们的地位应该是一样的,国家都保护它们的存在。

……

师:看来大家对不同所有制经济的地位这一问题还没有形成完全统一的认识。老师先来总结一下。至于为什么是这样的,大家先不要着急,我们等下会一一解决的。

(师出示结论:"异"主要表现在规模不同、所有制性质不同、在国民经济中的地位不同、在经济社会中所发挥的作用不同;"同"主要表现在它们都对我国经济社会的发展具有重要作用,都是平等竞争的市场主体,都是我国基本经济制度的重要组成部分)

(师板书:"(一)我国的基本经济制度")

师:通过前面的分析,大家看到公有制经济和非公有制经济在我国都具有重要地位,发挥着重要作用,从中可以看出我国实行什么样的经济制度呢?

生:公有制为主体,多种所有制经济共同发展是我国的基本经济制度。

(师板书:"公有制为主体,多种所有制经济共同发展")

师:从这一表述中,大家可以看到,在我国国民经济中,公有制经济和非公有制经济的地位相同吗?

生:不相同。

师：它们分别居于什么地位呢？

生：公有制居于主体地位，非公有制不是主体。

师：很好。请大家记住了：在国民经济中，公有制和非公有制经济的地位并不平等。

（师板书："1. 公有制为主体"）

师：我国是社会主义国家，公有制经济是社会主义经济制度的基础。但是我们的公有制并不是"一大二公"的，而是具有多种形式。具体都有哪些形式呢？

生：包括国有经济、集体经济、混合所有制经济中的国有成分和集体成分。

（师板书："（1）公有制经济的形式"）

师：那么，这三种形式之间又有什么区别呢？请大家以小组为单位，合作完成下列表格的填写。

（教师出示表 4.1）

表 4.1　比较三种公有制经济形式

	国有经济	集体经济	混合所有制经济
含义			
地位			
作用			
举例			

（学生阅读教材，分组讨论完成表格）

（师板书："（2）公有制经济的地位和作用"）

师：结合上述表格，大家概括一下，公有制经济的地位和作用是怎样的？

生：公有制是我国社会主义的根本经济特征，是我国经济制度的基础，在我国国民经济中居于主体地位。公有制经济的作用是通过国有经济、集体经济和混合所有制经济的作用体现出来的。

（师板书："（3）公有制主体地位的体现"）

师：对。那么大家是如何理解公有制的主体地位的呢？

（学生阅读教材，自主完成）

生1：公有制的主体地位主要是通过国有经济体现出来的。

生2：公有资产要在社会总资产中占优势。

师：我们浙江省的民营经济非常发达，我们应该怎样看待这个现象呢？

（生略作思考）

生：公有资产在社会总资产中占优势就行了，并不是要求在所有行业和地区都占优势。

师：非常好！看来大家对公有制主体地位的认识还是很全面的。

师（总结）：一方面，公有资产在社会总资产中占优势。这是就全国而言的，有的地区、有的行业可以有所差别。另一方面，国有经济控制国民经济命脉，对经济发展起主导作用。这种主导作用主要体现在控制力上，而不是简单数量上。国有经济要在关系国民经济命脉的重要行业和关键领域占支配地位，要控制国民经济的发展方向、运行态势和重要稀缺资源。

师：那么，哪些行业和领域在国民经济中必须占支配地位呢？

生1：军工厂、印钞工厂。

生2：航空航天、铁路运输。

生3：石油化工。

生4：自来水厂……

师：对，我们可以把它们分为四类。

（师出示图4.1）

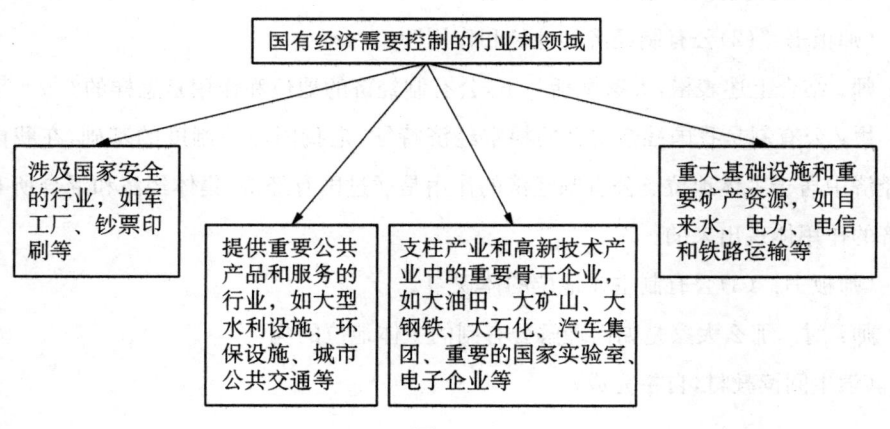

图4.1

师：由此可见，公有制经济在我国经济发展中具有极其重要的地位和作用，为了让公有制经济作用充分发挥出来，我们要想方设法让公有制经济充满活力。这就涉及公有制实现形式的多样化问题。

（师板书："(4)公有制经济的实现形式"）

师：什么叫公有制经济的实现形式？当前哪种实现形式比较好？

（学生阅读教材，合作探究）

生1：公有制的实现形式应该是解决如何具体操作公有资产的问题。

生2：实现形式应该是多种多样的，股份制是现在比较受推崇的实现形式。

生3：听说现在很多国有企业都在进行股份制改造。

师（总结）：公有制经济的实现形式主要是指公有资产以什么方式来经营的问题，承包、租赁或者与其他经济成分合作、联合等都是公有制经济可以采用的实现形式。目前，股份制是一种比较好的公有制经济实现形式，可以扩大公有资本的支配范围。

师：刚才有同学提到了国有企业改革的问题，说明大家的时事意识还是很强的，要表扬一下。（学生鼓掌）

师：那么，目前我国国有企业改革情况如何呢？今天，让我们一起走进我们J市知名国有企业A企业来看看吧！

（师出示情境2：国有企业改革面临的困境。）

（由于诸多因素的限制，当前国有企业改革面临着许多困境，包括产权关系不明确、国有资产流失、企业生产管理效率较低、应对市场竞争压力的能力不强、企业内外利益集团的阻扰等。J市知名食品企业A企业同样面临以上困境，特别是经营管理缺乏创新、员工积极性不高、人浮于事的现象极其严重，极大地影响着企业的生存与发展）

（学生看到A企业现状，不禁心生忧虑，议论纷纷）

生1：啊？！怎么会这样啊？

生2：A企业不会破产吧？

生3：破产了怎么办？我最喜欢吃这个企业生产的东西了……

师：大家是不是都很担心啊？

生：是啊！怎么办啊？

师：那今天我们大家一起来帮A企业出谋划策吧,看看能不能帮助它摆脱困境。

生（很兴奋）：我们行吗？

师：当然可以啦！三个臭皮匠顶个诸葛亮,大家可不要小看自己哦！

（师出示议题2：通过帮助A企业脱困,探索国有企业改革摆脱当前困境的途径）

（学生分组活动,合作探究,展示成果）

组1：A企业应该更换领导层,让有创新意识的人来领导企业。内部的组织机构要有明确分工,各司其职,互相监督。

组2：我们认为A企业现在的经营战略应该调整一下,生产的产品种类可以再丰富一些,考虑到现代人的生活节奏和饮食习惯,尽量健康一点,少些油炸类和太甜的食品。

组3：我们觉得破产也不是一件坏事,破产重组以后可能会出现一片新天地呢。

组4：其实还可以让企业职工都入股企业,这样员工变成老板,他们的积极性肯定会高起来的。

师：看来大家都对这个问题进行了认真讨论,很好。而且,大家提到的一些做法,A企业也正在尝试,说明同学们还是很有聪明智慧的,为自己点赞！

（学生开心,互相点赞）

（师板书："2.多种所有制经济共同发展"）

师：在我国,除了公有制经济还有哪些性质的经济成分呢？

生：个体经济、私营经济、外资经济。

师：对,我们也可以统称为非公有制经济。关于公有制经济和非公有制经济在我国经济社会发展中的作用,一直存在着一些不一样的声音。我们一起来听听看。

（师投影显示情境3：辨析式情境。

出示两种不同的观点：

观点1：公有制经济与非公有制经济都为我国经济社会发展和人民生活作出了巨大贡献,二者应一律平等,不应区别对待。

观点2：私营经济已完成协助公有制经济发展的历史性任务,下一阶段,不宜盲目扩大,而应逐渐离场）

（师出示议题3：辨析上述两个观点,并谈谈你对此问题的看法）

（学生分组讨论，推举代表发言）

师（总结）：公有制经济和非公有制经济作为我国基本经济制度中的两个组成部分，各自都发挥着作用。虽然它们在国民经济中的地位是不平等的，但在市场竞争中，它们都是平等竞争的市场主体，同样受到法律的保护。私营经济离场论是不顾我国经济发展实际的谬论，也是对法律的无视。

师：事实上，我国允许非公有制经济的存在并不是一项权宜之计，而是一项合情、合理、合法的重要举措。为什么这么说呢？希望大家用自己的能力来证明这一结论。

（师出示情境4：访问"法律图书馆"等网站，搜索相关法律法规和政策。）

（师出示议题4：根据收集到的资料，结合中国法治化进程谈谈你对我国确立当前基本经济制度的认识。）

（学生分工合作，忙碌地收集着各种信息）

生1：找到了！我国宪法第六条对我国的基本经济制度有着明确的规定。

生2：我国并不是从新中国成立时就确立了公有制为主体、多种所有制经济共同发展的基本经济制度的，而是经过长期的实践探索才最终确立了这样的制度。

生3：对！每次探索之后基本都是以法律形式确立下来的。如"54宪法"规定：我国的生产资料所有制主要有国家所有制、合作社所有制、个体劳动者所有制和资本家所有制，国家保证优先发展国营经济等。而"82宪法"则规定：我国的社会主义经济制度基本是社会主义公有制，城乡劳动者个体经济是公有制经济的补充等。后来的宪法修正案中逐步确立了我国现行的基本经济制度。

……

师：同学们搜集到了很多信息啊！大家有没有想过，我们最后到底是依据什么标准才确立了现在的基本经济制度？

生：生产力标准！现行的基本经济制度最适合我国的生产力发展状况，也最能解放和发展生产力。

师：很好！所以说，我们基本经济制度的确立不是某个人主观想象出来的，而是……

生（异口同声）：生产力发展的必然要求。

师（总结）：生产关系一定要适合生产力状况的规律是支配人类社会发展的基本

规律,实行什么样的生产资料所有制应该根据社会生产力发展水平来决定。

师:那么,我国当前生产力发展是什么样的水平呢?

生:水平低、不平衡、多层次……

师:对!正是我国当前的生产力发展水平低、不平衡、多层次,决定了我们不能实行单一的公有制,而必然要实行公有制为主体、多种所有制经济共同发展。既然如此,我们应该怎样对待公有制经济和非公有制经济呢?

生:要正确对待。

师:如何正确对待呢?

生:要支持和保护它们。

师:我们对待公有制经济和非公有制经济的态度是完全一样的吗?

生:对啊,地位不同,态度应该也有区别吧?

师:嗯,我们一起来看看教材的表述吧!

生(齐读):我们必须毫不动摇地巩固和发展公有制经济,必须毫不动摇地鼓励、支持、引导非公有制经济的发展。

师(课堂小结):通过本节课学习,我们知道,公有制经济和非公有制经济都是我国社会主义市场经济的重要组成部分,都是我国经济社会发展的重要基础。我们必须毫不动摇地巩固和发展公有制经济,坚持公有制主体地位,发挥国有经济主导作用,不断增强国有经济活力、控制力和影响力;必须毫不动摇地鼓励、支持、引导非公有制经济的发展,激发非公有制经济的活力和创造力。国家要保护各种所有制经济依法平等使用生产要素,形成二者平等竞争、相互促进、共同发展的良好局面。

第三部分 课例评析

一、学生反响

我国的基本经济制度这一内容在初中时有所了解,但并没有真正理解其内容。这节课,通过解决四个议题,我们对这一内容有了更深刻的认识,不但知道了我国基本经济制度包括哪些具体内容,而且对公有制和非公有制经济在我国经济社会中所发挥的作用有了更为直观的认识,对于坚持"两个毫不动摇"的政策更加理解了。还有,这种议题引领的教学方式更能激发我们学习参与的热情,从中我们也体验到了学习的成就感。

二、同行声音

王秦岚:我国基本经济制度是中国特色社会主义制度的重要支柱,"两个毫不动摇"既坚持我国经济体制改革的社会主义方向,又深入推动各种所有制经济开展市场化改革,具有重要的理论和实践价值。本课采用议题式教学,与生活实际相结合创设情境,通过对四个子议题的探讨,循序渐进地引导学生思考我国经济发展的成就、现状和发展方向。最大亮点在于把议题式的教学过程与党的十九大关于深化社会主义经济体制改革的相关精神相结合,培养学生对坚持"两个毫不动摇"的政治认同感,这是一堂既有理论深度,又有时代温度的思想政治课。

封军伟:议题式教学方式是新时代下思想政治学科核心素养培育的重要方式。议题,既包含政治课程的具体内容,又展示价值判断的基本观点;既具有开放性、引领性,又体现教学重点、针对学习难点。本课运用议题式教学方式,以"为什么要坚持'两个毫不动摇'"为核心议题,依托情境设置了四个符合学生实际、生活实际以及学科知识的子议题,促使学生在不同场景中学会思考和处理问题,让原本理论性较强的内容得到了有效落实。在该课的实际操作中,听课老师感悟到议题式教学强调尊重学生身心发展规律,侧重让学生自己形成对学科价值的认同,培育学生的科学精神、政治认同和法治意识方面的学科素养,增强了学生在思想政治课堂中的内在获得感。

三、自我反思

我国基本经济制度这一内容理论性较强,学生在学习中会有一定程度的疏离感。通过本节课的教学设计,可以使学生对我国的基本经济制度有着更深刻的理解,培养学生拥护党和国家的路线、方针、政策的自觉性。为了使学生形成对坚持"两个毫不动摇"的认同感,本课教学主要借助议题式教学法和情境教学法,使学生在特定情境中形成和发展解决实际问题的能力和意识,培养学生的学科核心素养。四个教学情境和子议题分别是针对教学中存在的不同困难而设置的,这对于实现课堂教学目标、培养学生的学科核心素养起到了积极作用。但是,在每个环节的时间把握上,还可以作适当调整,以突出重点。

四、专家点评

王晓娜老师执教的这节课是新课标下课堂教学改革的一次大胆尝试。她以议题式教学法作为主要方法,以议题和情境作为依托,以培养学生学科核心素养为最终目标,呈现了一堂理念先进、立意高远、方法科学、气氛融洽、效果显著的优质课。具体评价如下:

1. 理念先进

该课设计符合深度学习理念,着重于培养学生发现问题、解决问题的能力,培养学生的学科核心素养和学科能力。四个议题的设置使学生更多地承担起了"学习者"的主体责任,让更多学生"在学习",并追求课堂中每位学生的"真学习"。

2. 立意高远

该课以培养学生学科核心素养和学科能力为目标,符合新课程改革的要求。特别是议题2和议题3的设置,把学生从一个单纯的学习者变成了国有企业改革的参与者,这对于激发学生的主人翁意识、提升学生的公共参与意识具有极其重要的作用。

3. 方法科学

该课设计以"逆向教学设计"为指导思想,从目标出发逆向追溯到教学设计之初,使得情境和议题设置的有效性大大提升。同时,四个议题的设置遵循了由浅入深、循序渐进的结构,符合学生的认知规律。课堂教学充分发挥了学生的主体作用,学生参与课堂的热情高涨。

4. 效果显著

该课以议题解决作为线索和灵魂,学生在解决议题的过程中既培养了自己收集信息、处理信息的能力,又锻炼和提升了发现问题、直面问题并尝试解决问题的意识和能力,使学生既动手又动脑,有效地培养了学生的学科核心素养,提升了学生的学科核心能力。

第 4 章　思想政治学科议题式教学课例

【点评专家】陆志龙,浙江省中学正高级教师、省特级教师,现任教于浙江省平湖市当湖高级中学。

【执教教师】王晓娜,女,现任教于浙江省平湖市当湖高级中学,高级教师、平湖市高中政治骨干教师,2000 年毕业于东北师范大学政法学院思想政治教育专业,2011 年晋升高级教师职称。曾获浙江省教学案例评比一等奖、浙江省优质课奖、嘉兴市优质课一等奖等。所撰写论文曾获嘉兴市一、二、三等奖,两篇论文在全国中文核心期刊发表,其中《基于科学精神培养的教学情境创设》一文被人大复印资料《中学政治及其他各科教与学》全文转载。对议题式教学研究较多,现主持嘉兴市教科研规划课题《高中思想政治课议题式教学的实践研究》。

课例 2　为什么说市场配置资源是最有效率的

第一部分：教学预设

一、教学内容分析

1. 课标要求

《普通高中思想政治课程标准(2017 年版)》对本课的教学提示：以"为什么'两只手'优于'一只手'"为议题,探究在资源配置中市场起决定性作用、更好地发挥政府作用。可结合企业经营活动的特点,或调研某商品的生产和销售,引用典型案例,说明市场在资源配置中如何发挥决定性作用。可调研市场,分析市场调节的局限性,就如何更好发挥政府作用提出建议。新课程改革强调从学生的生活实际出发,因此,本课将这些间接的"符号知识"和学生的"生活世界"联系起来,统筹考虑生活化的教学内容、问题化的学习方式和探究性的活动,以培育学生的科学思维和法治意识等学科素养。

2. 教材分析

"市场配置资源"是人教版《思想政治 1 必修·经济生活》第四单元第九课第一框

的内容。第九课由"市场配置资源"和"社会主义市场经济"两框组成。从这两框的逻辑结构看,认识市场经济的运行特征是引导学生正确了解社会主义市场经济的前提,两框之间是承上启下的关系。本框由"市场调节"、"市场秩序"和"市场失灵"三个题目构成,重点阐明两个问题:一是市场在资源配置中起决定作用以及市场配置资源的优点;二是市场调节并不是万能的,为了使市场经济有效运行,必须规范市场秩序。从学生已掌握的经济学知识看,他们了解资源需要合理配置,但是还难以理解为什么是市场在资源配置中起决定作用,并容易片面认识市场调节的作用。所以,本课要引导学生全面地看到市场调节的利与弊,看到政府科学宏观调控可弥补市场调节不足,从而真正理解"两只手"优于"一只手",理解我国市场经济需要市场调节和科学的宏观调控相结合。

3. 重点与难点

教学重点:市场调节如何配置资源及其优缺点;规范市场秩序、建立社会信用制度的必要性和措施。(依据:市场在资源配置中起决定作用的依据是认识市场经济的理论基础,学好这一知识点有助于了解市场经济是如何运作的。同时,了解市场配置资源的优点,才能更好地理解我国为什么要发展社会主义市场经济。市场调节作用的发挥需要规范的市场秩序,而规范市场秩序需要加强宏观调控、健全市场规则、建立良好的社会信用制度。所以将此确立为本课重点。)

教学难点:市场配置资源的机制。(依据:市场如何配置资源及市场配置资源的优点是关于市场经济的理论性问题,抽象难懂,高一学生理性思维能力不足,理解起来有些困难。所以将此确定为本课难点。)

4. 学情分析

高一学生刚刚接触经济学,难以全面地认识计划和市场的作用。同时学生对抽象的市场配置资源的基本原理和机制有认识难度,加上供求影响价格、价格影响生产和企业经营等相关内容,虽然之前已学,但间隔时间长,这对学生理解市场经济的一般规律和理论造成了难度。

高一学生感性思维活跃,理性思维欠缺,因此,本课创设了具有思辨特点的、复杂的生活情境来帮助学生学习。通过生活化情境设计,激发学生分析社会问题的兴趣,加深对经济问题的理解和评价,能够感受到市场经济的一些优点和存在的问题,在此基础上他们就会对什么是市场经济、市场如何配置资源、市场为什么会失灵、如何弥补不足等问题有进一步的学习兴趣。

二、教学目标分析

教学设计以中国学生发展核心素养为指导，通过对我国共享经济现象的分析，探究市场配置资源的主要机制，剖析市场在资源配置中如何发挥作用，明晰"两只手优于一只手"的原因，培养学生学科核心素养。

1. 创设"吃在扬州·共享私厨"情境，通过对"两个时代"的对比，使学生感悟社会主义市场经济体制是人民幸福、民族振兴、国家富强的保障，培养学生的政治认同。

2. 创设"住在扬州·共享民宿"情境，通过分析"那天"民宿在行业中脱颖而出的原因，理解市场配置资源的机制，了解市场配置资源的优点，初步学会运用市场机制分析、解决现实问题的能力，树立市场意识、竞争意识，并在问题解决中逐步培养政治认同与科学精神。

3. 创设"行在扬州·共享单车"情境，引导学生分析共享单车成长中的"烦恼"，理解市场配置资源的局限性、宏观调控的必要性，提高参与市场经济的预见力、判断力以及风险意识；以"为整治共享单车市场乱象支招"为议题，了解规范市场秩序和建立社会信用制度的必要性，从而树立自觉遵守、维护市场秩序与规则的观念，培养法治精神和公共参与。

三、思路、方法与资源

1. 整体思路

新课标将社会实践活动纳入必修课程。教师在不减少理论知识授课时间的前提下高效地落实核心素养的培育，需采取学科内容、思维活动和社会实践活动相互嵌入的方式，即打造以学科核心素养发展为主导的活动型课堂。笔者通过"议题的精心选择、小组合作的巧妙设计、基于问题导向的双向互动以及多元评价的价值引领"四个环节将素养发展目标予以落实。

(1) 议题的精心选择

在"市场配置资源"的教学中,笔者精选了学生熟知而又有切身体验的共享经济为例,以"为什么'两只手'优于'一只手'"为议题。通过议题引入和讨论创设了民主、自由、开放、安全的课堂氛围,做到了学生有话敢说、有话会说,充分调动了学生的主动性和积极性,在轻松愉快的课堂氛围中高效地突破难点,突出重点。

(2) 小组合作的巧妙设计

为了更好地培育学生的科学精神、法治意识和公共参与意识,笔者设置了以下三个合作探究活动:"吃在扬州·共享私厨"、"住在扬州·共享民宿"、"行在扬州·共享单车"。三个活动环环相扣,遵循了学生认知逻辑、导学材料逻辑和知识系统相统一的原则,较好地整合了学科理论与生活实践,引导学生在活动体验中进一步提高学科核心素养。

(3) 基于问题导向的双向互动

笔者围绕"共享经济"主题,坚持问题导向,在每个探究活动中创设一些问题情境,精心地设置问题。如在"住在扬州·共享民宿"探究活动中,精心设置了两个问题:①图1(图略)中30人争一间民宿与图2(图略)中民宿市场迅速扩张有什么联系?②"那天"民宿如何在众多同行中脱颖而出?通过上述问题,引导学生理解"无形手"配置资源的优点,培养其科学精神。又如,在"行在扬州·共享单车"探究活动中,连续设置两个追问:①共享单车市场出现了哪些乱象?②请为整治共享单车市场的乱象支招。通过直面学生思维的疑点,引导学生理解"有形手"弥补"无形手"不足的必要性、"两只手"优于"一只手",在师生互动中反思自我行为,明确自身责任,增强法治意识,提高公共参与能力。

(4) 多元评价的价值引领

在"行在扬州·共享单车"活动探究中,请学生就"为整治共享单车市场乱象支招"进行小组合作讨论,让学生分别从消费者、企业和国家三个角度探讨规范市场秩序的措施;组内成员汇报完之后,学生进行自我评价,各组之间进行互评,师生之间进行互评,学生在互动中逐渐明确了规范市场秩序治本之策的重要性,增强了法治意识和公共参与意识。

2. 模式方法

议题是以培养核心素养为主导的活动型课堂的载体,好的议题是谋求卓越课堂的关键。议题,不仅包含课程的具体内容,还要展示价值判断的基本观点;不仅具有开放性、引领性,还要体现教学重点、针对学习难点。议题在教学中发挥着引趣、激情、奋志的作用,需要蕴教材之理、含学生之情。虽然国内外的时政资源比比皆是,生活、学习中的问题层出不穷,但从纷繁复杂的资源中找到最切合教学的议题,实属不易。在选择议题的时候,必须坚持正确的价值导向、鲜明的学科主题、有效的学习过程。选择那些既能够包含教材重难点,同时又能形象再现时代热点和学生所关注的社会真实问题。

活动型课堂是由若干个探究活动组成的活动流,探究活动使整个教学过程更顺畅、更高效。教师可聚焦学科核心素养,将教学过程分为若干个探究活动,秉持着"教基于学,集中于导"的理念,立足于学科逻辑和学生的生活,围绕教学的重难点逐一巧妙地设置每个探究活动,力求环环相扣,层层深入,有机地整合学科世界和生活世界。在设置探究活动的过程中,可根据实际教学情况设置相应的探究活动流程,更为清晰地明确每一个探究活动的名称和内容、活动主体、活动目的、活动方式以及活动评价,以求更好地培育学生的学科核心素养。

3. 推荐资源

(1) 金朝辉. 议题式教学:对传统课堂的超越[J]. 中学政治教学参考,2018(19):13—14.

(2) 李同. 例谈议题式教学的课堂实践[J]. 思想政治课教学,2018(9):40—44.

(3) 袁良志. 优化教学策略　提升核心素养——以《市场配置资源》为例[J]. 考试周刊,2017(43):7;9.

第二部分　精彩实录

(播放视频——什么是共享经济? 视频内容:共享经济颠覆传统概念,将资源的使用权和拥有权分开,使用而不占有,让资源最大化利用。视频介绍人们通过共享私厨APP、共享民宿APP、共享单车APP进行一天的活动,而后总结出共享经济的核心:使需求者与供给者重复使用资源,使效益最大化。)

师:共享经济在我国发展迅速,为什么共享经济能为大众所广泛接受和喜爱呢?

生1：简单方便，节约不浪费。

生2：第一上班族们都开车上下班，会造成道路拥堵；第二，每辆车的空余位置都很浪费。但现在可以共享座位，平摊油费，环保又实惠。

师：让闲置的座位最大化利用，同时又节约汽油的使用。汽油、闲置的座位，我们统称为资源，共享经济可以让资源……

生3：最大化使用，避免浪费！

师：太棒了！这就是共享经济的核心：使用而不占有，不使用即浪费。那么，为什么我们不能浪费资源，要最大化利用资源呢？

生4：资源是有限的，人类需求是无限的。

师：所以我们需要合理配置资源！那么资源由谁来配置呢？这就是我们这节课所要探讨的内容。

（设计意图：从身边的资源入手，引发学生思考促使共享经济发展越来越壮大的原因，并由此引出课题。）

师：目前，共享经济正改变着我们的出行。"三月的扬州承包了整个春天的诗情画意"，大学生小米带着自己诗意的扬州梦来到了扬州。接下来，咱们一起看看她如何在共享经济的潮流下玩转扬州的。

（情境1：吃在扬州·共享私厨。）

师：小米到了扬州，已近中午，饥肠辘辘的她，直接去了市民家中品尝地道的淮扬菜，原来小米早早就通过手机预订了午饭。有了共享APP，生活真的便捷多了，小米不禁想起爷爷常说的，你们这代人好幸运啊，生活在远离票证的时代，能随时随地品尝到各地美食。

问题1：爷爷所说的"票证时代"指的是？

生1："票证时代"指的是用粮票才能买到东西的时代。

师：那个时代为什么要用粮票才能买到东西呢？

生2：因为当时物资匮乏，所以要粮票。

师：因为物资匮乏，所以通过粮票来配发物品，这种调节资源的方式我们称之为什么经济？

生齐说：计划经济。

师：很好！我们能生活在物资丰富的年代非常幸运。此时，我们可以浪费吗？

生3：不能浪费，今天我们仍然需要合理配置资源。

问题2：那么我们现在配置资源的手段是？

生齐说：市场配置资源。

师：非常好，市场配置资源的经济也就是目前所实行的市场经济。所谓市场经济就是市场在资源配置中起决定性作用的经济。

（情境2：住在扬州·共享民宿）。

师：小米吃完午饭，打开手机点击共享APP，寻找晚上的落脚点。近年来，在"诗和远方"的生活理念带动下，民宿逐渐成为人们住宿的主流选择。

问题1：图1（图略）与图2（图略）存在着怎样的联系？

师：我们一起来看看图1和图2中的数据。如图1所示，旅游旺季，30人争一间民宿；从图2中可以看出，2012—2016年我国民宿市场交易规模不断扩大，交易额逐年递增。这些数据体现了什么？

生1：民宿市场生意很火爆。

师：生意火爆说明了什么旺盛？需求还是供应？

生1：需求。

师：那么供应呢？

生1：供应不过来。

师：很好，需求很旺盛，却供应不过来，这反映了目前供和求是什么样关系？

生1：供不应求。

师：供不应求，价格会怎么样呢？

生2：价格会上涨。

师：价格上涨之后，盈利呢？

生2：盈利越来越多。

师：盈利越多，就会投入到再生产中，那么民宿经营者会干什么？

生2：会扩大生产。

师：咱们刚才一连串的问答，哪位同学能再捋一捋？

生3：供不应求引起价格上涨，从而使得盈利增加进而导致生产扩大。

师:很好,小小经济学家!那么反之,当供过于求的时候呢?

生4:供过于求引起价格下降,从而使得盈利减少进而导致生产缩小。

师:同学们的思维非常清晰!当生产扩大的时候,资源会自动流入,而当生产缩小的时候,资源会自动流出,这就是市场调节的优点——通过价格及时、准确、灵敏地反映供求变化,传递供求信息,从而实现资源的合理配置。

师:小米打开共享民宿平台,人气最旺的当属近期刷爆朋友圈的"那天"民宿。体验后的网友纷纷表示,这绝对是周末缓解工作压力的好去处。小米看着"已售罄"的字样,庆幸自己在一个月前就预定了"那天"民宿。

(教师出示图片,如图4.2所示。)

图4.2

问题2:为什么"那天"民宿能够在扬州众多民宿中脱颖而出?

生1:"那天"民宿个性化、高品质服务吸引着游客前来。

生2:"那天"民宿有准确的定位,精心制作私房菜与游客分享,一起聊天拉家常,让游客感觉到家的温暖。

师:可以跟我们解释一下准确定位指的是什么吗?

生2:从图片中可以看出,"那天"民宿最大的特色就是让游客体验到家的温暖,它不仅为客人提供家常菜,装修也很温馨,让人看了就想去住两天。

生3:"那天"民宿的装修不仅温馨,还让人有置身园林的感觉。扬州是一座古城,这种古色古香的装修特别具有扬州特色,不像一般的酒店那么普通。

师:与普通酒店的差别是因为有扬州古色古香的特色。那么"那天"民宿是怎样做到不普通的呢?

生4:一般来说,我们需要购票才能进入园林观光。可是,"那天"民宿聘请了技术团队打造出来园林体验的民宿,我认为是一种创新,他们聘请的技术团队打造出了不一样的民宿。

师:从大家的分析中,我们知道"那天"民宿能在众多竞争者中脱颖而出的原因,是准确定位以及精致管理。刚才大家分析市场数据,找到市场运行的规律;根据对消费者的需求、民宿市场的供给情况以及市场发展前景等因素的分析来决策。这是一个市场如何配置资源的决策过程,市场通过价格、供求、竞争三大机制,使资源自由流动,实现资源配置。

师:市场就像一只无形的手,在指挥着资源的合理配置。因此我们将市场比喻为"无形手"。

那么市场想要健康良好的发展,是不是只需要这一只"无形手"就够了?

(设计意图:引导学生从观察生活中感受市场配置资源的优点;同时,通过引导学生走进社会生活,发现市场需求,体会真实存在的市场变化与竞争,初步学会运用市场机制分析、解决现实问题,树立市场意识、竞争意识。)

(情境3:行在扬州·共享单车。)

师:最后,我们再来看看小米的出行。她选择的出行方式是骑共享单车。在扬州最便捷的交通工具就是单车,这样可以穿古城、走小巷,细细品味千年扬州城的慢生活。生活在扬州,大家能否说说共享单车给生活带来了哪些变化?

生1:很方便,绿色出行,符合现在国家提出的美丽中国理念。

生2:从公交站台到我家还有一段路要走,有了共享单车后,回家就更方便了。

师:共享单车不仅给我们的生活带来便捷,还让出行更加低碳绿色。当前,共享单车的发展虽然火爆,但是它也正在遭遇"成长的烦恼"。下面我们就通过视频,了解共享单车的"喜"与"忧"。请大家边看视频边思考市场调节存在哪些弊端,然后分组讨论,为整治共享单车市场的乱象支招。

(播放视频。视频内容:在道路拥挤的状况下,共享单车的出现方便了人们的出行。但是共享单车被拔掉座椅的、卸掉轮胎的,被涂改号码牌、上私锁的情况不断发生。共享单车作为中国首创,没有经验可以借鉴,我们要发展这一行业,离不开规则,需要政府宏观调控,也需要企业的积极配合,更需要用户的循规守矩。)

师:哪个小组先来说说看?

生1:共享单车遭遇同行恶意竞争而被烧毁,属于市场调节的自发性;共享单车处于野蛮生长的趋势,属于滞后性。请问大家对我的回答有质疑或者补充的吗?

生2:我们组认为共享单车的野蛮生长是有利可图之后的一哄而上,不属于滞后性,是盲目性。滞后性是有时间差,赶不上趟,现在正是共享单车发展的时机,并没有错过时机。

生1:是的,我没有考虑清楚,你说得对。

生3:这里咱们虽然讨论的是市场的弊端,但是共享单车的二维码被篡改问题应该归结为消费者诚信体系的建设,这不仅仅是市场的问题。

生1:是的,你说的这一点我们组没有考虑到,考虑得不够全面。

师:刚才三个同学都是从市场失灵的这一方面来分析的,点出了市场调节弊端的三个特点:自发性、盲目性和滞后性。自发性表现为为逐利不择手段,甚至违规违法;盲目性表现为因无法掌握全面信息而"跟风"(不符实际);滞后性则表现为事后调节,生产经营决策落后于形势变化(时间差)。诚然,市场调节可以帮助配置资源,但是,我们也应该知道,市场调节不是万能的,市场解决不了国防、治安、消防等公共物品的供给问题。同时,还有一些物品的生产和流通,也不能让市场来调节,比如枪支、麻醉品等。

师:回到共享单车的话题上来,面对上述困境,如何才能让共享单车走得更远?各位智囊团的成员准备好了吗?

生1:针对押金不知去向且打客服电话无人接听的问题,我们小组建议制定相应的市场规则,因为公平公正的市场秩序依赖市场规则。针对同行间恶意竞争这一问题,我们小组建议要运用经济手段、法律手段以及必要的行政手段,加强科学的宏观调控,以上是我们组的支招。

生2:你刚才说公平公正的市场秩序依赖市场规则,这个观点是没错的。共享单车被同行恶意烧毁这个方面,竞争同行就违反了市场竞争规则。

生3:说的非常有道理。但是我们现在主要谈的是面对乱象如何支招,而不是谈乱象是什么。

生1：同意生3的观点。下面还有要补充的吗？

生4：刚才是从国家层面进行支招。其实，关于押金不知去向、客服无人接听，解决这些问题，不仅需要制定市场规则，企业自身也要做到诚信经营，形成良好信誉和企业形象。企业要制定正确的经营战略，依法经营，争取在竞争中如何脱颖而出，而不是触犯法律。

生1：确实是我们考虑不全面，应当从国家和企业两个主体进行考虑，认同你的观点。

生5：共享单车被加私锁、乱停放、二维码被篡改这些问题说明公民的素质亟待提高，因此，作为合格公民，懂得依法维权的同时，还应当树立诚信的观念，遵守市场规则。

生1：的确，公民是发展共享单车的关键，公民应当增强诚信意识，注意自己的一言一行，为自己积累良好的个人信用。还有要补充的吗？

生：没有了。

生1：那我总结下，为发展共享单车以及克服发展中的问题，我们需要从国家、企业、个人三个主体来考虑，如此才能有效解决问题。谢谢大家！

师：老师想问问大家，企业要依法经营、诚信经营，指的是两个词：法律、道德。公民个人依法维护自己的权益，遵守市场道德、诚实守信，也可以归结为法律和道德。那么国家层面有没有关于法律和道德的关键词呢？

生4：形成以道德为支撑、法律为保障的社会信用制度，是规范市场秩序的治本之策。

师：因此我们要想让共享单车这一新生事物走得更远，从国家层面应该怎么做？

生：制定市场规则，形成道德为支撑、法律为保障的社会信用制度，进行科学的宏观调控。

师：以道德为支撑，那么道德的主体是谁呢？

生：公民个人要树立诚信观念，依照法律来维护自己的权益。

师：不仅个人要讲诚信，企业的诚信缺失也会影响企业的发展。因此，企业要制订正确的经营战略；诚信经营，树立良好信誉和企业形象；依法经营；承担社会责任。

师：在国家、企业和消费者三方共同努力下，共享单车市场一定会形成一个国家有规、行业有谱、百姓有福的良好市场秩序。实现资源有效配置,需要"两只手"的配合,那么实现资源合理配置的这"两只手"是指?

生:是市场配置资源。

师:当市场出现弊端的时候,刚才讨论的国家层面的解决办法是?

生:是进行市场监管、制定市场规则、科学的宏观调控。

师:这位同学目标达成度真高!刚才的内容全记住了!我们把市场配置资源称为"无形手"。将政府的调控称为"有形手"。"一只手",无论是市场这只"无形手",还是政府这只"有形手",都不能最有效地利用资源、最大限度地增进人民的幸福。因此,我们需要"有形手"牵"无形手",两只手手拉手,一起向前走。

(设计意图:通过生生互动,引发学生的思维碰撞,引导学生用更客观、全面、发展的眼光看问题。让学生就共享单车市场中的乱象进行客观评价,帮助学生树立自觉遵守、维护市场秩序与规则的观念,树立法治意识、规则和诚信意识。)

师(总结):这节课我们利用共享经济的相关内容来学习市场配置资源,感悟身在市场经济时代的幸福感。从共享民宿的快速发展中,我们感受到了市场配置资源的力量。在共享单车的野蛮生长中,我们不仅看到了市场调节的弊端,也看到了公众的诚信受到极大挑战。通过分析,可以得知,建立社会主义市场经济体制,就是要使市场在国家宏观调控下对资源配置起决定性作用。这就要把国家计划与市场这"两只手"有机地结合起来,最有效地利用资源,最大限度地增进人民福祉。

第三部分:课例评析

一、学生反响

刚刚接触经济学,受生活经验和知识水平所限,难以全面地认识计划和市场的作用。同时市场配置资源的基本原理和机制较为抽象。通过这节课,老师带领我们解决了三个议题,让我们对本课抽象的知识有了更深刻的认识。通过在熟悉的扬州进行旅游,明晰市场配置资源的优点和局限性,感悟市场经济的优越性;提高对生产决策等经济行为的预测与选择、辨析和评价能力。整节课学下来有收获、有欣喜,增加了学习这门课程的兴趣。

二、同行声音

贾峰：滕洁老师的这一节课基于立德树人的根本任务、基于核心素养的培养目标，通过创设活动路径，以情境问题指引着学生围绕活动议题自主学习、主动参与、合作探究、开拓创新，使学生学会学习、学会合作、解决问题、自主发展。本课能够引起学生的共情还在于情境的生活化、问题的开放性，让学生在对问题的追寻中获得知识、学会思辨、认同方向、升华情感、感悟生活，实现了从知识世界到生活世界的转变，从而达成了知、情、行的三者统一。

三、自我反思

"课堂教学是一门遗憾的艺术"，而科学、有效的反思可以帮助我们减少遗憾。本节课不尽如人意的地方在于：由于知识容量较大，在教学时间安排上显得比较紧张，主要表现在学生回答后教师往往过早评价，而不是由学生来概括、总结和评价。培育学生的核心素养是课堂教学改革的立足点，而活动型课堂的建构是培育政治学科核心素养的主要途径。教学中，笔者仅就活动型课堂中的思维活动进行了简单地探讨，而如何更好地实现学科内容与社会实践活动的相互嵌入，需要进一步研究，以求更好地完成发展学生学科核心素养的任务，完成立德树人的根本使命。

四、专家点评

滕洁老师这一节课将非常枯燥的似乎远离学生生活的内容转化为综合探究课。通过"吃在扬州·共享私厨"、"住在扬州·共享民宿"、"行在扬州·共享单车"等场景体验，让学生真切地体验了资源配置离不开市场，但又不能完全依赖市场。滕洁老师课上组织有序，驾驭课堂能力强，注重实践与运用，很好地实现了知识情景的回归，体现了新课程理念，有效地巩固了本节知识，让生涩的政治课鲜活起来。笔者听滕老师的课，有两个难忘的印象。

1. 创设乐学氛围，激发学生学习兴趣

滕老师这节课的最大亮点是开展课堂讨论甚至辩论，把学习的主动权还给学生，把学生从被动学习的状态中真正解放出来，不仅以此增强了学生课堂学习的兴趣，而且让学生从中感受到温暖与舒畅，真正在课堂上敢说、敢问、敢辩，在潜移默化中增强了学生的自信心，激活了他们的创新欲望。本节课不仅教学气氛活跃，师生关系融洽，教学效率也大大提高了。

2. 改变学习方式，努力开展活动型教学

本节课上，教师根据不同学生的个体特点，积极开展主线式情境教学法，她以共享经济作为主线，并贯穿整节课的始终，使课堂教学呈现出层次性、整体性、有序性的特点，教师不断鼓励学生发挥自主精神、自行设计、自行组织、自行探究，在活动中培养学生发现问题、分析问题、解决问题的能力，培养学生搜集、筛选、整理资料的能力。学生回答问题时，所表现出来的丰富的阅历、独到的见解、逼真的模仿、流利的口才无一不让人感到惊讶。由于教师的放手，激发了学生的参与意识，让学生在活动中得到了充分锻炼，促进了学生综合素质的提高。

滕老师这节课，为学生提供了一片学习的广阔的自由空间，让学生能在知识天空中自由翱翔，在教师关注的目光中蜕变成长，是一节非常成功的课。

【点评专家】王恒富，江苏省中学正高级教师、省特级教师、扬州市教学研究室教研员。

【执教教师】滕洁，一级教师，现任教于江苏省邗江中学。扬州市教学能手、邗江区文综名师工作室成员。曾荣获扬州市优质课比赛一等奖、扬州市基本功大赛一等奖、多次获得扬州市微课大赛一等奖、邗江区说课比赛一等奖。

课例 3 "两只手"的默契：资源配置中市场与政府的关系

第一部分：教学预设

一、教学内容分析

1. 课标要求

评析市场机制的优点与局限性，辨析经济运行中政府与市场的关系，解析宏观调控的目标与手段。可以"为什么'两只手'优于'一只手'"为议题，探究在资源配置中市场起决定性作用，更好发挥政府作用的道理，明确社会主义市场经济体制的特点。可结合企业经营活动的特点，或调研某商品的市场和销售，引用典型案例，说明市场在资源配置中如何发挥决定性作用。可调研某市场，分析市场调节的局限性，就如何更好地发挥政府作用提出建议。

2. 教材分析

《经济生活》第九课《走进社会主义市场经济》，遵循从一般到具体的逻辑顺序，设置两框内容。

第一框"市场配置资源"主要阐述市场经济的共性，下设三目：

第一目"市场调节"主要讲述计划和市场是资源配置的两种基本手段、市场经济的含义、市场配置资源的机制（市场调节这只"看不见的手"的优点）。

第二目"市场秩序"从法律和道德两个角度讲述规范市场秩序的措施，尤其突出形成以道德为支撑、法律为保障的社会信用制度，是规范市场秩序的治本之策。

第三目"市场失灵"，主要讲述市场经济不是万能的，存在着自发性、盲目性、滞后性等固有的弊端。

第二框"社会主义市场经济"重点阐述社会主义市场经济的个性，下设两目：

第一目"社会主义市场经济的基本特征"主要从基本标志、根本目标、内在要求角度讲述社会主义市场经济的基本特征，进而明确社会主义市场经济的优越性。

第二目"科学的宏观调控"从宏观调控的含义、目标、手段角度阐述这只"看得见的手"的作用。

本课是全书的核心,目标是引领学生从宏观上了解社会主义市场经济体制,理解坚持社会主义市场经济和深化经济体制改革的意义。本节课在学生已有知识的基础上,对教材进行重新整合,设置情境,通过议题式教学,探究经济活动中"两只手"的作用,引导学生全面地、辩证地看问题,进而提升学生分析、解决实际问题的能力。

3. 重点与难点

教学重点：市场配置资源的优缺点；宏观调控的目标和手段。

教学难点：市场配置资源的机制；规范市场秩序的必要性。

4. 学情分析

认知能力：高中学生思维活跃,具备分析社会生活中一些具体现象的热情,能够独立形成对经济社会的理解和评价能力。

班级特点：授课班级平时上课较为活跃,学生的参与意识和参与热情都比较高。

认知局限：因受江苏新高考改革的影响,要求按照"新课标、老教材"实施教学。按照新课标要求,《经济生活》仅保留了第四课、第七课、第九课、第十课,其他内容删除,在此条件下学习本课内容,大大增加了教学难度。高一学生受生活经验和知识储备所限,对本课中涉及到的市场机制、价格、供求等知识理解存在难度,难以辩证地、全面地认识经济运行中市场与政府的关系,需要立足现实,贴近学生生活,有意识地加以引导。

二、教学目标分析

1. 通过人体上的"两只手"自然过渡到经济活动中的"两只手",让学生知晓"看不见的手"代表市场调节(价值规律),"看得见的手"代表政府(国家)的宏观调控。

2. 通过探究国内旅游市场火爆的原因,发现背后是"两只手"共同作用的结果；通过列举旅游中存在的不足并提出改进建议,引导学生探究经济活动中为什么"两只手"优于"一只手",增强学生对我国社会主义市场经济体制的认同感,面对市场调节的弊端,培养学生科学精神和法治意识。

3. 通过利用本土资源——徐州市获得2018年联合国人居奖,进一步验证经济运行中"两只手"的默契配合。通过让学生为宣传大徐州撰写广告词,激发学生的参与意识。

三、思路、方法与资源

1. 整体思路

依据《普通高中思想政治课程标准》(2017 版),坚持课程内容活动化与活动设计内容化、学科逻辑与生活逻辑的融合,将"学讲方式"、"做学教"等教学理念贯穿其中,搭建教与学活动的平台。本节课教学由课前热身、导入新课、呈现学习任务单、探究问题、拓展升华、回归书本环节构成。

(1) 精选案例,巧设情境

结合学情基础和课程内容,优化情境设置和学生活动,在遵循学科学习规律的基础上,以生活情境"旅游"为基础,以学科知识为支撑,以问题和任务为导向,引领学生关注社会、关注生活。

(2) 议题贯通,素养落地

围绕经济活动中的"两只手",设计是什么、为什么、怎么办三个问题,通过"为什么'两只手'优于'一只手'"这一议题,创设出学生能够参与体验、自主合作的学习机会,使学生在情境中生发感悟,在小组交流中提升认知水平。

(3) 享受过程,实现"四活"

本课按照新课标的要求和新版教材的调整,对内容进行了整合优化,突出新课标理念,把学生放在课堂的中央,将抽象理论具象化,枯燥灌输互动化,被动接受主动化。通过课堂教学,实现"知识学活"、"情境鲜活"、"思维灵活"、"生命舒活",以达"构建知识、提升能力、培育素养"的价值追求。

2. 模式方法

(1) 教学模式:基于学科核心素养的"四活"课堂教学

高中思想政治以立德树人为根本任务,要提高学生学科核心素养,增强学生理解和参与能力,必须改善课堂教学生态,使学生学习变得更加主动、有趣、活泼,使教学活动更有目的性、针对性、实效性,使老师的教和学生的学变得更加有效,更具教育和生活的意义,实现教育本质的回归。戴尔的"学习金字塔"(Cone of Learning)理论告诉我们:学习方法不同达到的学习效果不同。传统学习方式往往是个人学习或被动学习,学习效果不够理想;而通过合作探究学习、主动学习,则会带来比较好的学习效果。怀特海在《教育的目的》一书中指出:"学生是有血有肉的人,教育的目的是为了激发和引导他们的自我发展之路。"

"四活"教学:"知识学活"——"只有结构化的知识才能被有效激活"。在学习中,需紧扣课标取舍,强化"联"字,以主干知识为轴心,进行横向和纵向联系,打破框题间的局限,防止和克服知识碎片化,让学生由"背知识"转向"整理知识"。在本课教学中围绕"市场经济"和"政府的宏观调控"这"两只手"设置问题串:是什么、为什么、怎么办?从而使知识系统化、结构化。"情境鲜活"——知识的生命之树常青,需根植于生活课堂。怀特海说:"教育只有一个主题——那就是多姿多彩的生活。"习近平总书记在谈到发展时曾提到"地瓜理论",它启示教育者也要转变观念,要跳出教材育人,立足生活情境育人,让整个世界成为育人的教科书。新课程力求构建学科逻辑与实践逻辑、理论知识与生活关切相结合的活动型学科课程,实现"课程内容活动化"、"活动内容课程化",打造知行、学思、提问、寻果、享受过程一体化的具有思维品质的课堂。"思维灵活"——搞好思维高阶化构建,实施课堂教学思维流程再造。流程再造是由美国人迈克尔·哈默提出,在 20 世纪 90 年代达到了全盛的一种管理思想,核心是追求全局最优。变知识立意课堂的"教师引导学习知识→指导学生运用知识"流程为能力、素养立意课堂的"问题切入→情境诊断→升华运用→教材回归→延伸拓展",从而实现学习与考试思维对接。"生命舒活"——让学生的心灵沐浴在真善美的语境下。一方面要营造轻松愉悦的课堂氛围,寓教于乐;另一方面要让从内心出发的评价,带给学生最舒服的体验!因为成功的评价,是知识学活、情境鲜活、思维灵活、生命舒活的催化剂。

打造"四活"课堂,实现"构建知识、提升能力、培育素养"是笔者的价值追求。这样做的目的,是真正地让学生站在课堂中央,让生活融入课堂,让价值引领行为,让评价激励成长。

(2)教学方法:围绕议题,设置情境,展开合作探究式学习

新课程标准要求,课程实施要有整合教育的视野,要充分利用现代信息技术,拓展教育资源和教育空间;要通过议题的引入、引导和讨论,推动教师转变教学方式;通过

问题情境的创设和社会实践活动的参与,促进学生转变学习方式。

本节课以"为什么'两只手'优于'一只手'"为议题,以 2018 年国庆小长假国内旅游市场为载体设置情境,基于可研讨的问题进行小组合作学习。各小组成员在独立思考的基础上,明确已知、发现自己未知或不清之处,通过小组交流,取长补短,从而让独立思考与群体共鸣衍生出智慧之果,最终达成"盲点做亮、误点做对、弱点做强"的学习目标和效果。

3. 推荐资源

(1) (英)怀特海. 教育的目的[M]. 庄莲平,王立中,译. 上海:文汇出版社,2012.

(2) 叶志娟. 选考教学的困惑与改进[J]. 思想政治课教学,2017(1):16—18.

(3) 许大成. 指向核心素养的知识教学新形态[J]. 思想政治课教学,2018(1):15—18.

(4) 沈雪春. 议题式教学的层式架构[J]. 中学政治教学参考,2018(10):32—34.

第二部分 精彩实录

一、课前热身

"房子大了电话小了/感觉越来越好/假期多了收入高了/工作越来越好/商品精了价格活了/心情越来越好/天更蓝了水更清了/环境越来越好……"课前播放歌曲《越来越好》,使同学们感受生活的美好,同时营造一种轻松欢快的学习氛围。

二、导入新课

师:同学们,我校秦晓华校长有一篇文章,题目叫《成人应该是长大的儿童》。其实,每个人都有一颗童心,现在就让我们做回一次儿童,请大家猜一则谜语:"两棵小树十个杈,不长叶子不开花,能写会算还会画,天天干活不说话。"

请同学们猜猜看谜底是什么?

生:是双手。

师：是的，双手对我们每个人来说，都非常重要，是我们的亲密朋友。手势是沟通中重要的肢体语言，PPT上的手势图片表达着不同的寓意。

在经济活动中也有两只重要的手，这节课，我们就来说说经济生活中"两只手"的那些事儿。

（设计意图：通过猜谜语的形式导入，激发学生兴趣，给学生以轻松感，由人体上的两只手过渡到经济生活中的"两只手"，自然顺畅。）

三、呈现学习任务单

呈现如下学习任务单（如图4.3所示），以便让学生对本节课所学内容了如指掌。

> 1. 经济活动中"两只手"分别代表什么？
> 2. 为什么"两只手"优于"一只手"？
> 3. 如何处理好"两只手"的关系？

图 4.3

（设计意图：蒙田说，没有一定的目标，智慧就会丧失。围绕经济生活中的"两只手"设计"3W"问题，环环相扣，目的是让学生有明确的学习目标，做到有的放矢，实现课堂的有效性。）

四、探究问题

（一）探究问题1："两只手"有名字吗？分别代表什么？

学生应答：一只手叫"看不见的手"，又叫"无形手"；另一只手叫"看得见的手"，也叫"有形手"。经济生活中，它们分别代表市场的调节（价值规律）和政府的宏观调控。

师：有句民谚说"有形手，无形手，手拉手，向前走"，意思是说市场调节这只"无形手"要与宏观调控的"有形手"紧紧"握手"。

（二）探究问题2：为什么"两只手"优于"一只手"？（本课重点，主要议题）

师：从教材知识层面看，其理论支撑是什么？

生：市场能够通过价格、供求、竞争三大机制，调动生产者、经营者的积极性，推动科学技术和经营管理进步，促进劳动生产率提高，实现资源有效配置。市场调节的优点说明经济发展离不开这只"看不见的手"。但是市场调节不是万能的，同时存在着自发性、盲目性、滞后性的弊端，单纯的市场调节会导致资源浪费、社会经济不稳定等问题，所以需要政府运用"看得见的手"加强宏观调控，以弥补市场调节的不足。所以，"两只手"优于"一只手"。

（设计意图：通过学生对相关理论的阐述，为下一步理论联系实际奠定基础。准确扎实的学科知识是基石，是载体。）

师：同学回答的非常好。接下来，我们进入现实情境继续探究这一问题。2015年，一封被称作史上最具情怀的辞职信引发了热评，辞职的理由只有10个字："世界那么大，我想去看看"。旅游，本来是个人"玩一玩"的小事，如今，已成为关乎全体人民幸福的大事，李克强总理将其置于五大幸福产业（旅游、文化、体育、健康、养老）之首。下面通过一组图片和一段视频，请同学们感受一下2018年国庆节"黄金周"旅游的火爆场面。

（师展示国庆假期长城、断桥、高速路上等人车满满的图片，播放"上海千人同时过马路场景惊呆国外游客"的视频，呈现数据材料：2018年国庆假期国内游客达7.26亿人次，同比增长9.43%；实现国内旅游收入5 990.8亿元人民币，同比增长9.04%以上。此外，12301全国旅游咨询投诉平台收到投诉736件，同比下降9.25%。有关方面预测，2018—2022年国内旅游收入将进一步增加，涨幅将会达至14.80%。）

（情境探究一　国内旅游市场火爆的原因。）

（要求各小组讨论、分析国内旅游市场火爆的原因，并将要点写在白板上，推选代表向全班展示。讨论、分析过程中，课堂气氛热烈，同学们都有话可说。随后，各组代表走上讲台，将写有要点的白板向全班展示。老师和同学们共同评价，各组对国内旅游市场火爆原因分析合理且数量多，因此得到了肯定，并赢得了热烈掌声。）

师：各组同学都给出了比较充分的理由，老师总结归纳如下：①我国经济不断发展，居民收入增加，生活水平不断提高，消费观念发生转变；②交通便利，降低了出行成本；③休假制度得到落实；④旅游业呈现出新特点：养生游、生态游、文化游、科技游等，吸引旅游者，满足人们的不同需要；⑤近年来利好政策：全域旅游、景点门票降价甚至免费,打击"不合理低价游"力度加大,环境治理成效显著……不难看出,国内旅游市场火爆的原因,既离不开需求推动下的市场调节作用,也离不开国家宏观政策的落实以及环境管理、治理力度的加大,当然也和人民的意愿分不开。总而言之,国内旅游市场火爆正是"有形手"与"无形手"手拉手共同打造的结果。

(设计意图:通过设置情境,让课堂生命根植于生活的土壤。通过小组合作探究、白板展示活动,让学生打开思维,用事实说话,一方面增强学生的合作意识和探究创新能力;另一方面引导学生关注社会、关注生活、关注民生。)

师:但事物都具有两面性。明代地理学家徐霞客两次游黄山,为其留下"五岳归来不看山,黄山归来不看岳"的美誉,但有网友在微博上发表国庆游黄山的感受:黄山归来不看人!有云海更有人山人海!还有网友说,厦门的特色小吃不理想,鼓浪屿景点商业味过浓;高速路上车太多,造成拥堵等等。

(PPT展示微博截图图片。)

(情境探究二 列举旅游中存在的不足并提出改进建议。)

(要求各小组讨论、进行组内交流,在此基础上,推选中心发言人进行全班交流。在此过程中,学生积极主动,建言献策。随后,各组代表踊跃发言。他(她)们从不同角度指出了我国旅游市场存在的不足,并提出了相应对策。)

师:俗话说"群众的眼睛是雪亮的",同学们不仅发现了许多旅游中存在的不足,更重要的是提出了很好的改进建议。老师总结归纳如下:①从游客(公民)角度,同学们列举了旅游中存在乱刻乱画、随地丢垃圾、抢占座位等不文明现象,对此提出要提高个人素质、文明出行的建议;从经营者(企业)角度列举了乱涨价、宰客、服务差等问题,反映了市场调节存在着自发性、盲目性、滞后性等弊端,建议经营者诚信经营,遵守法律、行业规则和职业道德;从国家角度列举了安全设施、景区接待能力、上厕所难等问题,提出了要完善有关设施建设、加大对不良行为的打击和处罚力度。针对拥堵这一突出问题,提出了私家车限行、错峰休假、带薪休假等建议。②我国旅游市场在蓬勃发展的同时,还存在着诸多不足。要解决这些问题,让旅游市场健康有序发展,更好地满足人民的美好需要,必须发挥"两只手"的优势,多方共同努力。

(设计意图:通过"列举旅游中存在的不足并提出改进建议",一方面帮助学生认识市场调节的局限性,反省个人行为,增强规则意识;另一发面引导学生学会观察、思考、解决问题。在对当前国内旅游市场现状的反思中,探究市场主体的责任及规范市场秩序建立社会信用制度的必要性,进而提升自身的科学精神和法治意识。)

(三)探究问题3:如何处理好"两只手"的关系?

师:通过刚才的学习,同学们切实感受到了"两只手"优于"一只手"。请同学们进一步思考:"两只手"是平起平坐的吗?应该如何处理好二者关系呢?在二者关系上,老师觉得有两个字比较恰切。一个字是"亲",另一个字是"清",请同学们谈谈你们的理解。

生:"亲"就是市场和政府不能各自为政,要相互配合,手拉手向前走;"清"就是让市场在资源配置中起决定性作用,政府发挥好宏观调控作用,弥补市场调节存在的不足。

师:是的,政府该管的管好,不该管的要放权,既不缺位,也不越位,要到位。

五、拓展升华

师:同学们,我们所生活的这座城市,见证了"两只手"的默契。徐州市获得了2018年联合国人居奖!这一荣誉的取得,是近年来徐州市坚持生态优先、绿色发展理念,是政府、企业、公民共同努力的结果。请各小组集思广益,为宣传徐州撰写有特色、有创意的广告词。

(播放歌曲《一饮尽千钟》作为背景音乐,渲染课堂气氛。《一饮尽千钟》歌词取自元朝著名诗人萨都剌所作词牌《木兰花慢·彭城怀古》,著名作曲家谷建芬谱曲,著名歌手韩磊演唱。作为2012年徐州市文化建设"四个一"工程之一,这首歌表现出了徐州人从古至今的重情重义,有历史沧桑感,同时高度展现了徐州的历史文脉,很有震撼力。)

(各小组展示撰写的广告词。)

组1:好山好水好彭城。

组2:楚王故里英雄处,锦绣云龙卧徐州。

组3:两汉文化千古传,烙馍撒子卷天下。

组 4:"楚风汉韵"历史悠久,青山绿水人和景明。

……

(设计意图:通过该环节,培养学生的参与意识,激发学生对家乡的热爱之情。)

六、回归书本

师生共同完成本节课书本知识的梳理,再次梳理难点知识——市场配置资源的机制。

师(结束语):习近平总书记说"人民对美好生活的向往就是我们的奋斗目标!"希望同学们在不久的将来,用自己的知识、智慧和能力,为自己、为他人、为我们的国家创造更加美好的生活!

(歌曲《越来越好》再次响起。)

(设计意图:首尾呼应)

第三部分　课例评析

一、学生反响

学生 A:上窦老师的课轻松愉快,课堂气氛活跃。比如欣赏歌曲、猜谜语、看视频都是我们喜欢的,PPT 也很精美,用"两只手"来比喻市场调节和政府的宏观调控,非常形象,容易理解和记忆。

学生 B:设置的旅游情境,比较贴近我们学生生活,有话说,能激发我们参与的兴趣。针对经济生活中"两只手"的"3W"问题,易懂好记。

学生 C:非常喜欢为宣传徐州撰写广告词的环节,可以充分展示我们各组的文学功底和创新思维,能尽情挥洒对家乡的热爱之情。

学生 D:窦老师的课对我们既有扎实的书本知识要求,又有一定的生活体验要求。课堂上看到其他同学的出色表现,我觉得自己以后不仅要读好"圣贤书",还要做到"家事国事天下事,事事关心"。

二、同行声音

李伟：窦老师把徐州市倡导的"学讲方式"教学模式和"议题式教学"有机融合，形式新颖，课堂气氛热烈，既符合学生特点，又符合新课标"综合性活动型学科课程"的性质，教学效果明显。

杨威：窦老师课堂教学环节清晰实用。比如"学习任务单"的呈现，让学生目标明确，精力集中；再比如以问题为导向，以议题为抓手，能够突出重点、突破难点，精准高效。在"拓展升华"环节，各小组成员集思广益，产生思维碰撞，最终凝聚精华，把最好的展示给大家。通过窦老师恰当的点评反馈，增强了学生自信，有利于培养学生的合作意识和创新精神。

周婷：窦老师驾驭教材和课堂的能力是我要学习的。按照新课标要求，教材的跳跃性很大，理论性比较强，学生学起来难度大，兴趣不大。窦老师通过对教材进行整合，以"两只手"来比喻经济活动中的市场调节与宏观调控，生动形象，学生比较容易接受。教学中，学生活动充分，三次小组合作探究及展示，发挥了学生的主体、教师的主导作用。体现了把学生放在课堂中央、以生为本的教学理念。

闫红叶：窦老师在教学上有自己的想法，教学风格智慧灵动，课堂氛围轻松活泼，教学设计非常巧妙，能真切感受到大师的教学风采。本节课在既有基础知识的学习之上，整合教材，打通知识脉络，通过探究议题，强化学生对所学知识的迁移与运用，克服学生死记硬背的短板，效果非常好。

三、自我反思

作家林格伦说过："如果学校不能在课堂中给予学生更多成功的体验，他们就会以既在学校内也在学校外都完全拒绝学习而告终。"小课堂折射出大社会。思想政治课的生命在于贴近学生，贴近生活，贴近时代。

本课按照 2017 版新课标要求，围绕经济活动中"两只手"是什么、为什么、怎么办展开。以"为什么'两只手'优于'一只手'"为议题，以 2018 年国庆小长假旅游市场情况为素材设计情境和问题,引导学生探究市场在资源配置中起决定性作用,同时要发挥好政府的作用,要处理好市场与政府的关系。本节课是活动型学科课程的一次尝试,秉持新课标的基本理念,立足于学生的经验,选择学生熟悉且轻松的话题——旅游,设置情境,设计问题,不仅让学生"学进去",更重要的是,通过设置问题情境让学生"讲出来",把学生放在课堂中央。目的是通过课堂教学,实现"四活":"知识学活"、"情境鲜活"、"思维灵活"、"生命舒活",以达至"构建知识、提升能力、培育素养"的价值追求。

本节课不尽如人意的地方:因为新课标的要求和教材使用的调整,学生对本节课所涉及价格、供求关系、价值规律、市场机制等概念、原理,存在理解上的困难,对一些现实问题和现象的理解缺乏融会贯通。本节课进行了内容上的整合优化,在教与学的方法上采取议题式、合作探究式,旨在着重培养学生在情境探究中加深对理论知识的理解和对实际问题的解决。活动中不难发现,部分学生生活阅历和对社会的关注度都有欠缺,距离理想课堂还存在一定的差距。

四、专家点评

窦月玲老师整合了《市场配置资源》和《社会主义市场经济》两个框的内容。她选择学生熟悉的旅游生活进行议题探究,先从国内旅游市场火爆的原因开始,然后从学生列举旅游中存在的不足并提出改进建议的学习角度,把学科逻辑与生活逻辑紧密结合起来进行设计,这一设计依据课程标准、教材内容和学生学情,彰显学科核心素养的目标,具有鲜明的学科特质和生活气息,充分体现了学生主体的生本理念,有以下特点:

1. 求新

关注学科逻辑与实践逻辑、理论知识与生活关切相结合的活动型学科课程是新一轮课程实践的指导思想。本节课窦老师对照新课标结合新版教材的调整,对内容进行了整合优化。这部分内容是全书的核心,也是培育学科核心素养目标的落脚点,她提出"两只手"的默契:资源配置中处理好市场与政府关系的议题,既体现教学重点(社会主义市场经济健康发展需要"两只手"共同作用),又针对学习难点(市场经济运行主要机制以及市场经济优点与弱点的矛盾性),具有理念新的特点。

2. 求活

窦老师引导学生分析国内旅游市场火爆原因,然后让学生从政府个人、企业角度列举国内旅游市场乱象横生及应对办法,特别是在拓展升华环节,利用徐州获得2018年联合国人居奖这一新闻,来展现近年来徐州市坚持生态优先、绿色发展的理念,从而彰显政府、企业、个人在其中的共同作用。这些都体现了窦月玲老师突出学讲和新课标理念,把学生放在课堂中央,将抽象理论具象化,枯燥灌输互动化,被动接受主动化,真正实现"知识学活"、"思维灵活"、"情境鲜活"、"生命舒活",以达至"构建知识、提升能力、培育素养"的价值追求。课末,欣赏《一饮尽千钟》歌曲的设计,能让学生领略徐州富有历史沧桑感的文化特质,而在此基础上请各小组集思广益,为宣传徐州撰写广告词并展示相关作业设计,则有效地激发了学生的思维,体现了求活特点。

3. 求实

思想政治学科坚持理论与实践相结合的原则,对学生进行马克思主义基本理论教育,需要教师善于引导学生观察、辨析、反思和实践。一方面高一学生受生活经验和知识储备所限,对课中涉及市场机制、价格、供求等知识理解存在难度,难以辩证地、全面地认识经济运行中市场与政府之间的关系;另一方面高一学生思维活跃,具备分析社会生活中一些具体现象的热情,能够形成对经济社会的理解和评价能力。窦老师通过课前热身、导入新课、呈现学习任务单、探究问题、拓展升华、回归书本六个环节来实施教学,尤其是猜一猜——"两只手"作用;旅游市场火爆原因探究、列举乱象及应对办法——市场配置资源机制及优点以及规范市场秩序;"两只手":亲+清——政府和市场要各司其责且注重合作,共谋社会主义市场经济发展美好前景。尤其是徐州获得2018年联合国最佳人居奖见证了"两只手"的和谐。整体设计有效处理了学科知识、学生认知和生活情境问题解决之间的关系,教学实效明显,体现了一名思想政治教师求实的精神追求。

4. 求美

窦老师的教学设计有"风行水上,自然成纹"之美感。一方面追求结构美。如课前学习单的设计简洁却富有学科逻辑美:(1)经济活动中的"两只手"分别代表什么?(2)为什么"两只手"优于"一只手"?(3)如何处理好"两只手"的关系?另一方面追求素养美。她注重用歌曲《越来越好》进行"暖场"和首尾呼应,以期唤起学生的家国情怀；通过探究国内旅游市场火爆的原因，发现背后是"两只手"共同作用的结果；通过列举旅游中存在的不足并提出改进建议，引导学生探究经济活动中为什么"两只手"优于"一只手"，来增强学生对我国社会主义市场经济体制的认同感，面对市场调节的弊端，培养学生科学精神和法治意识的素养。

由于教材的调整和新课标的要求，学生对本节课中涉及的原理、概念，如价格、供求关系、价值规律、市场机制等理解上存在困难，在议题式教学过程中如何及时补充是一个难题。

【点评专家】陈美兰，江苏师范大学教育科学学院教授。

【执教教师】窦月玲，正高级教师、江苏省特级教师，现任教于徐州高级中学。徐州市高中政治学科中心组成员、江苏省教育考试评价专家、江苏师范大学硕士生导师、中小学教师资格面试考官。获江苏省"巾帼建功"标兵、徐州市优秀教育工作者、徐州市首届领军名师等荣誉称号。追求"四活"教学，即"知识学活"、"思维灵活"、"情境鲜活"、"生命舒活"。江苏省政治教学研讨会等高平台上执教公开课并进行专题报告。近年撰写的《核心素养视域下的考与教》等十余篇论文发表在核心期刊上。秉持走进学生的生命的教育理念。

课例4　怎样看待人大和人大代表的作用

第一部分：教学预设

一、教学内容分析

1. 课标要求

了解我国人民行使国家权力的机关是人民代表大会，理解我国人民代表大会的法律地位和职权；了解人大代表是国家权力机关的组成人员，理解我国人大代表的职权和义务。

2. 教材分析

该课是《政治生活》第五课《我国的人民代表大会制度》的第一框，主要讲人民代表大会的地位、职权和人民代表大会代表的法律地位、职权和责任，下设三目：

第一目"人民怎样当家作主"是本框的情境导入部分。教材用人大代表的产生、人民代表大会的活动、公民网络旁听人大常委会会议等一组图文来增加学生对人民代表大会和人民代表大会制度的直观印象。

第二目"人民行使国家权力的机关"是基于上述情境的理论分析，对全国人民代表大会和地方各级人民代表大会的法律地位和职权进行简要表述。

第三目"肩负着人民的重托"，讲述人大代表的法律地位、产生方式、职权和职责。

3. 重点与难点

本课重点是人民代表大会的职权与人民代表大会代表的职权和职责。

本课难点是人民代表大会的立法权和人大代表的职权。

4. 学情分析

（1）学生心智特征分析。本课是苏州市级公开课，对象是高一学生。据班主任反映该班学生平时上课较为活跃，再加上公开课学生比较兴奋，估计学生能够参与"议"的活动。

（2）学生已有知识经验分析。从课前调查中获知，学生对人民代表大会及人民代表大会代表的职责了解不多。宜于课前让学生搜集十三届全国人大一次会议的相关报告及预习教材内容，以便顺利参与课堂活动。从与该班学生交流中发现，该班学生之前没有接触过议题式教学，一方面缺乏课堂讨论经验，另一方面对新颖的教学方法抱有期待。

二、教学目标分析

该课教学目标的定位有两个相互关联的参照维度：核心素养、思想政治学科核心素养。在目标的设定过程中，可以将两个维度形成为思想政治学科素养目标矩阵图（如图 4.4 所示），根据素养目标矩阵设置的教学目标如下：

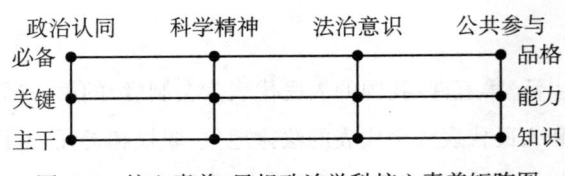

图 4.4 核心素养、思想政治学科核心素养矩阵图

1. 理解和掌握人民代表大会的性质、地位、职权和人大代表的职权、职责;
2. 认同人民代表大会的地位和人大代表的职责;
3. 应用、迁移有关人大职权的知识和人大代表职责的知识,培育学生的政治参与意识。

三、思路、方法与资源

1. 整体思路(以议题式教学卡的方式呈现)

该课在教学流程上遵循"议题描述—议题辩论—议题决策—议题追问"的顺序,具有结构化特征;在学科内容上主要涉及人大的地位、职权和人大代表的地位、职权、义务,对应教材的一个框题,具有结构化特征;在情境设计上,选择了十三届全国人大一次会议、元宵节问题、人大代表节日购物假设等,具有非结构化特征;在议题追问环节,选择了人大代表购物的开放性假设,具有一定的非结构化特征。具体思路如下:

议题:怎样看待人大和人大代表的作用?

议题描述(14 分钟):

议题情境(每组设立主持人、发言人、计时员、记录兼制作,活动成果整理在卡纸上)	主干梳理(将教材的主干知识整理在卡纸上)
连线:十三届全国人大一次会议的部分议程与人大职权、人大代表职权的关系。 "一府两院"工作报告　　　审议 宪法修正案草案　　　　　表决 中央军委主席　　　　　　选举 国务院总理人选　　　　　决定 中国人民银行行长人选　　决定	人民代表大会的职权 人大代表的权力 人大代表的职责

议题辩论（15分钟）：

元宵节，是中国亦是汉字文化圈地区和海外华人的传统节日之一。

2008年6月，入选第二批国家级非物质文化遗产。
十三届全国人大一次全会上，又有代表提出元宵节放假的建议。
辩论：元宵节要不要放假？
（在"鱼骨"的三个顶端分别写上赞成放假三个理由的关键词，在"鱼骨"的三个底端分别写上反对放假三个理由的关键词。）

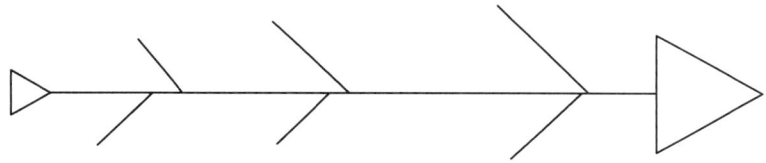

议题决策（15分钟）：

[专题采访]列出采访提纲，寻找听课人员中的人大代表并进行采访（3分钟）。
1.
2.
3.
试写一个关于"元宵节放假"的建议提纲（5分钟）
（在"鱼骨"的三个顶端写上放假的必要性、重要性和紧迫性的关键词；在"鱼骨"的三个底端分别写出三个建议措施的关键词。）

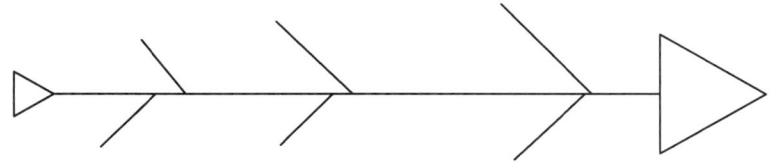

议题追问(1分钟)：

> 　　假如你是人大代表，元宵节和老爸去××镇家具城买家具，看中一套15万的家具，砍价到12万。店主说不开发票还可以便宜2万。你会作何选择？
> A. 坚持开发票；B. 让老爸处理，自己走开；C. 不开发票买下。

2. 模式方法

（1）教学模式：结构化议题式教学

结构化议题式教学是指以议题为引领，以学生的认知结构、知识结构和教学结构为切入口而展开的教学活动，它包括三个层面：一是知识层面，即学生将外在的学科信息内化为个体认知结构的有机组成部分，形成结构化知识；二是思维层面，即学生建立学科知识与已有结构之间的联系，形成具有逻辑关系的整体；三是实践层面，即学生构建具有逻辑假设和实证依据的实践方案。

结构化议题式教学既是系统论在实践中的应用，也是结构主义理念在教学领域中的应用。结构主义代表人物布鲁纳认为，智力活动本身是一个连续不断的构造过程，知识的意义就在于学习者认知结构能够与客观事物相符，并能很好地说明客观事物。因而，结构化议题式教学旨在克服教学中"只见树木，不见森林"的碎片化现象，避免学生疲于题海而导致兴趣丢失，以及教学过程中所出现的学生思辨缺席问题。

教师在议题式教学过程中需要把握三种结构：认知结构、知识结构和教学结构。把握学生的认知结构就是要把学生看作是一个具有一定经验的个体，并把这些经验看作学生的认知起点。教师要了解学情，关注学生已有的认知信息，并将学生已有的经验与教学相关联，作为教学设计取舍的参考。构建合理的知识结构就是要关注知识内容本身的逻辑结构，使基础知识、学科知识和相关知识形成知识体系。在议题式教学中，教师不仅要关注学科知识自身的结构化问题，而且也要关注学科知识和议题情境之间的结构优化问题。优化课堂的教学结构是指优化课堂教学要素和教学环节的组合和序列。一方面，教师要基于学生结构化思维设计学科活动，使学生在教师搭建的"支架"中实现"理解—应用—迁移"的素养提升；另一方面，教师要基于学生实践能力的梯度设计教学环节，让学生把知识、方法和价值观应用和迁移到解决现实问题之中，反思和修正自身经验。

在把握学生的认知结构方面,本课教学设计引入了"元宵节放假"的情境,一方面试图与学生已经学习的"公民的政治参与"知识发生关联,另一方面又与学生"放假"兴趣点发生关联。在构建合理的知识结构方面,教学设计既要考虑人大的职权,又要考虑人大代表的职权,同时将人大的职权、人大代表的职权与"元宵节放假"情境相关联,试图实现知识和经验的同化和顺化。在优化课堂的教学结构方面,教学设计的结构化不仅体现在教学目标设计上,而且也体现在教学过程设计上。在教学目标设计上,教师将一般核心素养、学科核心素养加以整合,形成了主干知识、关键能力和必备品格三个核心素养维度和政治认同、科学精神、法治意识、公共参与四个学科素养维度的融合表达方式。在教学过程设计中,遵循从"人大和人大代表的职权是什么"子议题描述环节,到着眼于"元宵节该不该放假"子议题辩论环节,再到着眼于"我们该如何采访人大代表"、"我们该如何写相关提案"子议题决策环节的思路,展开议题,形成了情境线、活动线和任务线三线贯通并逐层递进的教学结构。十三届全国人大一次会议的情境引入和最后部分的议题追问使该课教学结构呈现了一定的开放性(非结构化)。

(2) 教学方法:探究教学法中的接受式探究法和建构式探究法

① 接受式探究法。"接受式探究主要是通过书本(一般为教科书)或上网查询资料等方式探究问题,旨在让学生获得系统的科学知识和探究能力"[①],其学习的领域是既定的,而学习的方式是探究的。接受式探究的理论基础可以追溯到美国认知心理学家奥苏伯尔提倡的有意义的、主动的接受学习理论。它不同于"授受式教学",而是在有意义学习的基础上形成带有探究式一般特点的教学方式。在"如何看待人大和人大代表的作用"议题教学中,围绕议题,执教者采用了结构优良情境明确人大的职权和人大代表的职权,学生的"议"表现在合作讨论之中,是一种主动将教材知识和情境进行"对接"的过程。因而,这种探究活动具有内容上的接受性和形式上的探究性特征,能够帮助学生理解教材原理,培养探究能力,是当下思想政治课教学普遍采用的方法。

② 建构式探究法。建构式探究是指学生自主地在真实性情境中发现问题、搜集数据、形成解释、获得答案、交流经验的一种探究性学习。与接受式探究相比,建构式

[①] 丁邦平. 探究式科学教学:类型与特征[J]. 教育研究,2010(10):81—85.

探究的情境往往是非良性结构的,它的具体内容具有复杂性,探究过程具有不确定性。在建构式探究教学中,教师不重知识传递而重支架建构,强调在学生兴趣和前概念的基础上开展"支架式"教学。按照思维定位不同,建构式探究可以分为争论性探究、决策性探究和反思性探究,等等。本课采用的是争论性探究和决策性探究的方法。争论性探究主要适用于冲突性较高的议题,通过互换立场、小组诘问与协商进行结构性争论,比如对"元宵节该不该放假"问题的探究就属于争论性探究。决策性探究,主要适用于方案类议题,教师可以引导学生寻找可能的解决方案,评估各种方案并最终产生价值导向。比如,议定一个采访提纲现场采访人大代表的环节、"如何就'元宵节放假'问题写一个议案"的环节就属于决策性探究。

3. 推荐资源

(1) 丁邦平老师的《探究式科学教学:类型与特征》[教育研究,2010(10):81—85.]文章,该文主要介绍了探究式教学的类型(接受式探究、建构式探究和发现式探究)以及三种类型的探究式教学的特征。

(2) 陈明青老师的《结构化教学在中学时政专题教育中的实践研究》[教育参考,2018(2):49—52;74]文章,该文主要论述了基于学生合理心理结构的教学切入口:认识结构、知识结构和教学结构。

(3) 朱玉成老师的《社会性科学议题(SSI)之议题中心教学模式初探》[教育科学,2013,29(6):21—25]文章,该文主要介绍了社会性科学议题的内涵特征、议题中心模式与学科基础模式的比较,介绍了三种常见的议题中心教学法:结构性争论模式、做决定模式、反思探究模式。

第二部分　精彩实录

一、授课过程

(一) 议题描述

老师分发议题式教学卡(16K 双面彩色铜版纸,页尾部分有"灵动、精致、滋润"字样,卡上有学习目标、议题描述、议题辩论、议题决策、议题追问五个部分)

师：同学们，今年刚召开的人代会叫什么名称？

生（齐）：十三届全国人民代表大会一次全会。

师：刚发的议题式教学卡上有关于此次人民代表大会的部分议程，请大家根据教材上人大和人大代表职权的知识内容，将十三届全国人民代表大会一次会议的部分议程与人大职权、人大代表职权用连线的方式进行关联。先独立自学教材相关段落，再以四人为小组进行讨论，并请各组代表作好汇报准备。

（教师参与其中一组讨论。）

（5 分钟后，老师请两组代表陆续上讲台，学生以实物投影方式展示教学卡并讲解。）

师：除了材料所列的职权外，人大和人大代表还有哪些权力呢？老师请另外小组回答。

生：全国人大除任免权和决定权外，还有立法权和监督权。人大通过立法的决定属于立法权，通过人事变动的决定属于任免权。人大代表在会议期间行使除审议权和表决权外，还有提案权和质询权。

师：关于人大和人大代表的职权，老师写了一首打油诗送给大家，帮助大家辨别和识记。

（别有"决定"就决定，立法任免监督紧；人大代表履职季，提、审、表决又质询。）

（二）议题辩论

师：人大代表作为公民，在日常生活中也有监督权。但在人大开会期间，他（她）行使的是审议权、表决权、提案权和质询权。据网上消息，在十三届全国人大一次会议上，又有代表提出元宵节放假的议案。你们觉得元宵节要不要放假？请各组分别寻找赞成和反对的理由，并把关键词写在教学卡的"鱼骨图"上。

（学生小组内讨论。）

师：下面请第一组和第二组分别出三位同学进行辩论，其中第一组为赞成方，第二组为反对方。

赞成方：元宵节是中国亦是汉字文化圈的地区和海外华人的传统节日之一，是国家级非物质文化遗产；放假有利于人民的身心健康，有利于拉动内需；清明节已经放假了,元宵节是传统节日也应该放假。

反对方:元宵节离春节太近了,刚上班又要放假不妥当;对于中国学生来说,刚放好寒假又放元宵,相隔有些近。

师:下面请第一组和第二组互换辩论,第一组为反对方,第二组为赞成方。

(结果与第一次辩论基本相同。)

(三)议题决策

师:看得出来,大家还是倾向于元宵节放假的。大家知道人大代表是有提案权的,而今天听课的老师中正好有人大代表。你不妨就这个问题现场采访一下这位代表,我把讲台上的话筒("小蜜蜂"扩音机)借给你,代表由你自己找。请先写好采访提纲。

(半分钟后,一位男生拿了讲台上的"小蜜蜂"扩音机,走到了听课老师处。)

生:请问您是人大代表吗?

听课老师:不是。

问了两位老师后,男生稍作了一下停顿,然后走到离学生最近的那个听课老师面前。

生:老师,我觉得您肯定是人大代表。

(也许是蒙的,也许两人有过眼神交流。)

听课老师:你怎么看出来的?

生:我感觉您很有人大代表的范。(笑声起)

听课老师 W:你很聪明,我是姑苏区人大代表。请问你想采访什么问题?

生:请问您平时主要研究什么?

听课老师 W:教书、考察、反映民情、搜集提案,等等。

生:您是如何履行人大代表职责的?

听课老师 W:为大家服务啊,比如现在就在为同学们服务。(笑声起)

生:请您谈谈对元宵节放假的看法?

听课老师 W:我个人也赞成放假啊。你可以把写好的提议寄给我,我找机会把提议向全国人大代表反映,看他能不能将你们的提议作为议案呢?

生：那谢谢您！

师：那我们何不现在就列个提议的提纲？

（学生以小组为单位商议提纲。）

（两个学生小组代表展示提纲。）

师：同学们，你们觉得这个人大代表会将我们的建议反映上去吗？

生：会的，因为人大代表有义务的。

师：那请大家把教材上人大代表的义务梳理出来，并写在卡上。

师：同学们写的提议我会交给人大代表，我们请人大代表在下一届的人代会上将我们的意见以恰当的方式表达出来。

（课堂上学生 A 举手。）

生 A：老师，我爸说清明节、端午节放假是由国务院令规定的，不是全国人民代表大会立法规定的。

师：你这么一说，我还真的需要求助了。我们有三条途径来解决问题：相互讨论、咨询听课老师、上网络查询，大家各就各位共同解决问题。

（学生们在讨论，听课老师在查手机，执教老师在查电脑，不同的人员间在交头接耳，……2 分钟后）

生 B：老师，这位老师（听课人员）查到清明节放假的提案是政协委员提出的，在 2007 年底被国务院纳入法定节假日。

生 C：老师，这位老师（听课人员）查到人大代表连续多年提出将元宵节纳入法定假日建议。

师：这样说来，我可以松口气了。现在我们可以理出结论了，关于传统节日放假的提案，人大代表和政协委员都可以做，关于传统节日放假的决定目前是由国务院令颁布。

（四）议题追问

师（追问）：顺便问一下，假如你是人大代表，元宵节和老爸去××镇家具城买家具，看中一套 15 万的家具，砍价到 12 万。店主说不开发票还可以便宜 2 万。你会作何选择？A. 坚持开发票；B. 让老爸处理，自己走开；C. 不开发票买下。

二、板书设计

板书设计如图 4.5 所示。

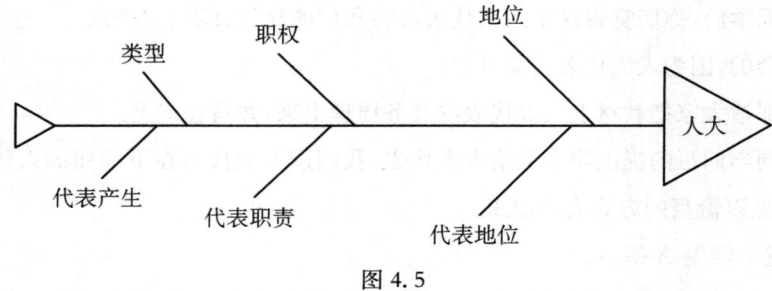

图 4.5

三、作业设计

如果你是人大代表,就你所关心的问题写一份提案的提纲。

(注:该作业强调知识的应用和迁移。)

第三部分　课例评析

一、学生反响

沈老师很幽默好玩,比如那首打油诗,又比如那根"鱼骨头",很好玩也有助于记忆。活动多,很有劲,特别是采访人大代表,感觉很爽。

二、同行声音

陈利昌:沈老师倡导的议题式教学课终于一睹真容了。整堂课发挥了学生的主体作用,采访人大代表的巧妙设计更是课堂上的点睛之笔。

忻之涓：沈老师摒弃公开教学常用的 PPT，取而代之"议题式教学卡"，以"怎样看待人大和人大代表的作用"为议题，引入十三届全国人大一次会议、元宵节等情境引导学生开展活动教学，教学形式新颖，课堂气氛活跃，使学生在"探究、讨论、提问"过程中提升学习能力和学科素养。这让我对"议题式教学"有了初步认识，这种教学模式符合新课标"综合性活动型学科课程"性质。但是这种模式在充分发挥学生主体作用的同时，相对弱化了学科知识的全面性和系统性讲解，学生活动的不确定性也为教学环节的安排，特别是教学时间的安排带来不确定性。

张晏华：什么样的课才是好课？教学设计滴水不漏，教师表现无懈可击，教学过程流畅，师生互动精彩，课堂热闹、欢声笑语不断，这样的课是好课吗？今天听了沈老师开的一节课，我觉得，真正的好课应该是大道至简，把课堂还给学生，教师引导学生自主生成知识，而不是教师的表现精彩。沈老师的这节课，着重引导学生自主探究知识，教师的角色是一个好的引导者和衔接者，学生学的过程比老师讲的过程更重要。

陈晓：来到美丽的吴江中学，如愿听到了沈老师的课，真切感受到了大师的教学风采。沈老师以议题式教学卡为载体，践行"好玩—玩好"的理念，对学生放手，"玩"转课堂，实现了预设与生成的高度统一。自编的顺口溜，彰显其深厚功力。景行行止，虽不能至，心向往之。

三、自我反思

本课的成功之处：设置了四种饶有兴味的"议"境。

1. 思辨性的问题情境：关于元宵节该不该放假的辩论

对于学生来说，对元宵节的认识也许并不深刻但有生活积累，对元宵节是否放假的问题则很感兴趣，因而"元宵节到底该不该放假"的辩论具备了学生真实和主动参与的心智前提。小组辩论活动中藏着四个小环节：独立思考—讨论合作—组际辩论—组际互换辩论，四个小环节使得学习动静相宜、层层深入；尤其是组际互换环节的突现，使得课堂的"思辨"氛围瞬间走强。

2. 两难性的问题情境：关于买家具开不开发票的思辨

选择"不开发票便宜 2 万"，还是"多付 2 万开具发票"？对于人大代表来说，这是个两难问题。而在人大代表的职责里,甚至在公民的义务里,"开发票"是履职和尽义务的需要。定位于"人大代表"的角色进行选择能够引发选择者的内心体验和冲突,当"两难"情境所带来的"深刻的无奈"内化为"洞悉生存秘密后的主动"的时候,"法治意识和公共参与"等学科核心素养便会悄然生长。素养是不可测的,让学生在个人利益和社会责任的"两难"面前进行选择,有助于他们在利益冲突的思考中养成内在的科学精神;教师"趁热打铁"的点评旨在借助具体情境进行"公共参与"意识的引导,注重思想政治学科的心育功能。从该框学习目标达成的角度看,这一"两难"情境至少起到了两方面的作用,一方面通过"是否开发票"的情境来理解人大代表的职责,另一方面通过让学生在"两难"中进行角色代入以培育其社会责任感和担当。

3. 劣构性的问题情境:对人大代表现场采访

在布置采访任务中,老师没有给学生提供采访的纲要和办法,其结果反而给学生制造了自由思考的空间。为了能够采访到人大代表,学生群策群力地快速拟定了采访提纲。在寻找人大代表过程中,老师并没有给予学生任何暗示,结果学生还是通过自己的智慧找到了人大代表,于劣构情境中寻找突破。在采访过程中,采访者和人大代表之间的互动非常自然,采访的内容既涉及元宵节放假问题,又涉及人大代表的权力和职责问题,实现了对本节课所学教材知识的迁移。在采访结束时,学生正式向人大代表表示他们想写一个建议,希望人大代表将同学们联合签名的关于"元宵节放假"的建议在下一年的两会上提出来,这个出乎老师意料的问题透露着学生"公共参与"的意识和能力,弥足珍贵,也给听课老师留下了深刻印象。

4. 生成性的问题情境:关于传统节日放假的决定由人大常委会决定还是国务院令决定的质疑

该问题由学生突然提出成为了出乎意料的"生成"。面对"生成"的到来,执教者没有放过或故意漏掉学生提出的问题,听课者没有作"壁上观"而积极辅助解决问题,学生则自觉打破了陌生人心理壁垒与听课人员进行互动,多种教学力量的联动使课堂进入了动态生成模式,学生的合作意识、公共参与意识、自主发展能力和政治认同感在非线性活动中发生美丽的"羽化",课堂也在"漂移"中实现了它亮丽的"转身"。

本课的不足之处:课堂活动品质不够高。

1. 材料搜集的开放性不够

关于传统节日的放假问题、元宵节的重要意义、十三届全国人大一次会议的相关报道等，网上有大量材料可供搜集，但由于没有做到学生人手一台移动或网络终端，致使课堂上无法即时性地获取资料。有关信息基本赖于课前准备和学生的生活经验。

2. 互换辩论的深刻性不够

互换辩论是议题式教学解决争论性问题时采用的一种标志性"议"法，效果因方法不同也相异。尽管本课中采用了互换辩论的方法来处理"元宵节该不该放假"问题，但学生第二轮的论据与第一轮相比没有实质性变化，只是角色不同而已，辩论过程没有形成学生欲罢不能的投入感。

3. 活动时间控制的精准性不够

教师将学生议的过程设置为四个小环节：思考—讨论—展示—评价。其中，思考环节耗时约2分钟，讨论环节耗时5分钟以上，展示环节耗时2分钟以上，评价环节耗时约1分钟，而"议题决策"活动中又包含两个小"决策"，耗时偏长。

四、专家点评

沈雪春老师的驾驭能力和别出心裁，让你感觉到"吾尝终日而思矣，不如须臾之所学也"。本课内容是初高中衔接内容，在初中道德与法治、高中思想政治教学中有不少是相同的内容，但课程的逻辑起点和课程要求不同，沈老师面对新高一学生和下面听课的初高中老师，以独特视角展现亮眼的一幕。原来课可以这样上！课堂可以这样玩！

1. "议题式教学卡"的教学方式，彰显了新课标的"活动型"味道

新的高中思想政治课程标准（2017年版）把高中政治课程性质表述为："以立德树人为根本任务，以培育社会主义核心价值观为根本目的，是帮助学生确立正确的政治方向……综合性、活动型课程。"沈老师用"元宵节该不该放假"为切入口，让学生围绕议题自由表达。与其说是上课，不如说是交流。放出的风筝，自由地飘，沈老师只是随意地牵着那根线，让学生寻觅"月上柳梢头，人约黄昏后"元宵节的那种美景，下面听课的老师也回味了"众里寻他千百度"的自古就有的元宵节日，一起思考：能否让这传统

佳节成为法定节假日？

2. "助产术"的教学方法，在"玩"中感受"议题式"气息

苏格拉底的"助产术"，以独特的教导方式启迪人们对问题的思考，实则体现了一切都经自己思考的人文精神。沈老师抛出的"元宵节该不该放假"子议题包含了很多话题，也隐含着许多问题：为什么要提出这一想法？如何能成为法定假日？如果你是提议人，你如何阐述观点？如果你是人大代表，如何应对这一提议？课堂上学生好像是在学，又好像在"玩"。不断比较，不断辨析，不断反思，不断追问。我不由想起泰戈尔的名言："水尝无华，相荡乃成涟漪；石本无火，相击而发灵光"。如此，在价值冲突中深化理解，在比较鉴别中提高认识，知识构建，情境浸润，行为引导，也就水到渠成了。

3. "生活化"的开放课堂，在师生角色转化中体验教学的智慧

有一种爱叫放手。其实，教学和人生一样，知之者不如好之者，好之者不如乐之者。往往教师急于给学生东西，学生不一定愿意接受，尤其政治学科需要培养的素养，如政治认同、公共参与。沈老师一节课没有几张幻灯片，很节俭，甚至说"吝啬"，但犹如钓鱼，欲擒故纵，因为他发现了课堂应该是生活的，课堂生活之美，在于情趣，在于提炼，在于回归。听课的老师，也感受了"弟子不必不如师，师不必贤于弟子"道理。沈老师，玩得开，让学生问听课老师，让学生了解教师中的人大代表，对课堂提议的看法，也切身感受到听课也要跟学生一样认真的！听完，我们再反思，一节好课，不是要准备多华丽的材料，而是让学生能从生活之中自主寻找。最美的教育，不是给人最美的景色，而是给人可以努力的目标！

沈老师的课，放得开收得拢，让我们感受到了"博学而约取，厚积而薄发"的大师境界。作为学校书记，坚持一线上课，初心可见。沈老师是特级教师、正高级教师，坚持学习新东西，创新课堂，给我们的示范是多方面的，也希望我们年轻老师能够在政治教学中"无问西东"，坚守那份执着；更希望我们年轻老师"莫负芳华"，青出于蓝而胜于蓝。

【点评专家】殷久华，江苏省中学正高级教师、省特级教师现任教于昆山市教育局教学研究室。

【执教教师】沈雪春，江苏省苏州市吴江中学党委书记，江苏省特级教师、正高

级教师,苏州市政治名师共同体主持人,苏州市乡村中学政治骨干教师培育站负责人,吴江区政治名师工作室领衔人。长期坚守教学一线,致力于主题情境教学、主题型活动教学和议题式教学的研究,从一线教师视角寻求核心素养下课堂架构的践行方式。主持江苏省"十二五"规划重点资助课题和江苏省"十三五"规划重点课题的研究,负责三个市区级政治名师共同体的建设和管理,培养正高级教师1人、市名教师3人、区学科带头人5人。

课例5 穿越时空的访谈:唯物主义和唯心主义

第一部分:教学预设

一、教学内容分析

1. 课标要求

《普通高中思想政治课程标准(2017年版)》规定如下:"说明思维和存在的关系问题,阐释世界的统一性在于它的物质性,表达无神论立场。阐明马克思主义哲学是科学的世界观和方法论。"目前,新教材以哪些具体内容表达这一要求还不明朗。因此,本课教学设计借鉴《普通高中思想政治课程标准(实验)》中的要求:"援引经典作家的言论,说明对世界的不同看法形成不同的哲学。"

2. 教材分析

本课作为《生活与哲学》第一单元第二课第二框的内容,它承载着通过对该框的学习激起学生对哲学思想、哲学思维、哲学探索的重任。本课教学内容也是中西方哲学史的浓缩,学生通过阅读、感悟、理解、反思、交流,逐步明晰唯物主义和唯心主义的基本观点,知道它们在何种范围使用才有意义。本课初步介绍了唯物主义和唯心主义之争与辩证法和形而上学斗争之间的关系,对于学生初步认同马克思主义哲学是科学的世界观和方法论,进而理解后面各单元马克思主义哲学的基本观点发挥着重要作用。

3. 重点与难点

结合唯物主义和唯心主义基本派别的形成和发展，理解唯物主义和唯心主义的基本观点，初步认同马克思主义哲学是科学的世界观和方法论，既是本课教学的重点，也是学生学习的难点。

4. 学情分析

进入高二，学生的思维能力有了一定的发展，在历史课程中学生也接触一些思想家的观点。但领悟哲学、把握世界的独特方式依然是学生学习的难点，特别是学生对西方近代形而上学唯物主义的观点比较陌生。本节课的教学设计，尝试通过环环相扣的活动和有阶梯的问题驱动，引导学生感悟哲学的基本问题与生活息息相关，增强学生学习哲学的兴趣和信心。

二、教学目标分析

本课教学目标侧重培养学生的科学精神。

通过援引不同时期哲学家的经典言论，感受不同的哲学思想，初步了解哲学家们对世界本原的看法，感悟唯物主义和唯心主义的基本观点，进而研判唯物主义的根本方向是正确的，唯心主义的根本方向是错误的，坚持唯物主义基本立场和无神论立场。

通过对不同时期哲学家观点进行批判性解读，感知哲学发展的内在逻辑要求克服唯物主义和辩证法的分离，实现唯物主义和辩证法的有机统一，初步认同马克思主义哲学是科学的世界观和方法论。

三、思路、方法与资源

1. 整体思路

柏拉图说："惊讶，这尤其是哲学家的一种情绪。除此之外，哲学没有别的开端。"《苏菲的世界》也用"你是谁？"、"世界从何而来？"引发读者的惊讶之情。本课教学设计就把整个世界包括人自身用"我"代指，以"穿越时空的哲学访谈"为议题，以"我是谁？"为主线，围绕情境和问题将学生活动结构化为三站访谈，环环相扣，师生共同探讨唯物主义和唯心主义。教学设计力求将学科逻辑与实践逻辑、理论知识与生活关切相结合,通过一系列活动及其结构化设计,实现"课程内容活动化"、"活动内容课程化"。具体思路如下:

访谈第一站:"我可能是谁",了解古代著名哲学家对世界本原的回答,初步懂得唯物主义和唯心主义的基本观点。这属于学生的课前探究活动内容,课上安排分享,用评价促进学生素养的培养。

访谈第二站:"我应该是谁",通过批判性地分析费尔巴哈、黑格尔的观点,学生在对比、归纳、演绎等多种方式中,进一步了解近代唯物主义和唯心主义的发展状况,同时懂得近代哲学家探讨世界本原的思维方法存在着差异。这是本课探究学习的难点部分。

访谈第三站:"重要的不是我是谁,而是我应该作为谁",围绕学生分享的马克思相关观点和资源,初步了解马克思主义哲学的基本特征,坚定对辩证唯物主义和历史唯物主义的正确态度。这是学习的重点。

查找、了解笛卡尔、加缪、海德格尔等哲学家对世界本原的回答,可以作为学生的课后拓展活动,也是下一节课的课前活动。

上述结构化情境创设是基于教师发现教材中学生自己学习时可能学不懂、学不到的地方而精心组织的,包含学科知识的内在逻辑关系,材料和问题组都做到由浅入深、由表及里,表达了教师对学情的了解、对教材的解读和对教学内容广度和深度的合理把握,从而为学生探究性学习架设了必要的思考阶梯,提供了具有逻辑性的思考环境。

2. 模式方法

本课教学设计运用图式思维设计议题式教学,以"我是谁?"为主线,将"我可能是谁"、"我应该是谁"、"重要的不是我是谁,而是我应该作为谁"等环环相扣的活动情境,由简单到复杂加以结构化、序列化设计,以任务群为核心驱动学习,从而加深学生对唯物主义和唯心主义基本观点的理解。本设计对课前、课中、课后的探究性学习作了差异创设和引导。课前布置学生阅读相关书籍,调动学生探究的能动性;课中情境和问题设计使学生能够有效地思考、表达、解释、分享、辩论,学科思维能力在参与探究活动中得到提升;课后适当拓展学生视野,突破学生思维定势,引导学生反思,彰显培养学生思辨精神的重要性。通过上述开放、探究的学习过程,帮助学生不断地提高自己发现问题、分析问题、解决问题的能力。

3. 推荐资源

(1)（挪威）乔斯坦·贾德. 苏菲的世界[M]. 萧宝森, 译. 北京：作家出版社, 2017.

(2) 王芳. 哲学原来这么有趣：颠覆传统教学的 18 堂哲学课[M]. 北京：化学工业出版社, 2013.

(3) 冯友兰. 中国哲学简史[M]. 北京：北京大学出版社, 2012.

第二部分　精彩实录

一、教学过程

（一）导入新课

师：对于头顶的天空、浩渺的宇宙，人类充满好奇，从古至今这已经成为人类的"不治之症"。地球以外有其他星球，其他星球以外会是什么呢？"以外"的以外又是什么？人们不断追问，总想着世界无论怎样变化，似乎应该有一个不变的内核，使它仍然成其为世界。古今中外很多哲学家都积极参与思考，并对"世界的本原是什么"作出回答。他们把这种不变的、统一的东西起了名字，叫做"本原"、"本质"、"本根"、"本体"、"实体"，等等。本节课我们师生就徜徉于历史的长河，与哲学家们进行一次"穿越时空的访谈"，听听他们对世界本原的解读，了解唯物主义和唯心主义的基本观点。为了方便对话，我们把整个世界包括人自身用"我"代指，以"我是谁？"为主线，访一访哲学家们："我"是谁？

（二）探访第一站："我"可能是谁（课件如图 4.6 所示）

【探访第一站："我"可能是谁】

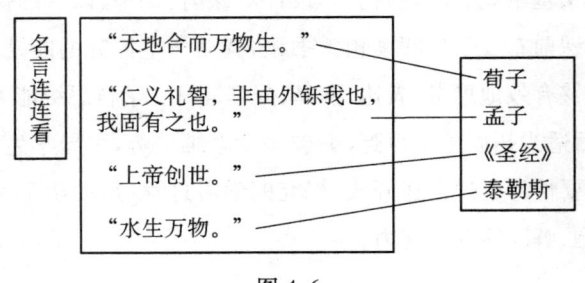

图 4.6

师：我们探访的第一站是与古代先哲对话。课前已经布置同学们进行相关阅读，请同学们通过"名言连连看"方式来介绍古代先哲是怎样回答世界的本原的。

（学生活动：学生一一将名言和哲学家连起来。）

师：恩格斯说："凡是断定精神对自然界来说是本原的，从而归根到底承认某种创世说的人……组成唯心主义阵营。凡是认为自然界是本原的，则属于唯物主义的各种学派。"同学们认为"名言连连看"中哪些观点属于唯物主义，哪些观点属于唯心主义？说说理由。

（学生活动：小组简单讨论）

生："天地合而万物生"、"水生万物"，属于唯物主义观点，这两种观点都认为自然界是本原的；"仁义礼智，非由外铄我也，我固有之也。"、"上帝创世"属于唯心主义观点，这两种观点都断定精神对自然界来说是本原。

师（追问）：在古代，人们常常用神秘力量（如神话、宗教）解释世界的产生，泰勒斯从可观察到的水出发提出"水生万物"，你认同"水生万物"吗？相比同时代的人，泰勒斯的贡献是什么？请各小组讨论并分享。

小组1：生物课上观看的视频，万物产生和水有关，如果是水产生了万物，水又是哪来的呢？物理学上有宇宙大爆炸的说法。

小组2：神秘力量看不见摸不着，泰勒斯从身边的水出发研究问题，这是研究问题的正确方法。

师：在西方哲学史上，泰勒斯第一个提出了"世界的本原是什么"并给出了自己的答案，将当时人们的思想从神话中或神中解放出来，引导人们从客观出发探索世界的本原，坚持唯物主义立场。把水这一具体事物作为世界的本原，泰勒斯的思想可贵，但是朴素、猜测特征明显。因此，这类观点在哲学史上通常又称为古代朴素唯物主义。

师（追问）：同样是唯心主义观点，孟子持有"仁义礼智，非由外铄我也，我固有之也"，而有的宗教认为"上帝创世"，你发现他们对世界本原的回答有什么差异性？

生：孟子强调人的力量，宗教强调神秘力量。

师：有的把客观精神（如上帝、理念、绝对精神等）作为本原，这类观点称之为客观唯心主义；有的把主观精神（如人的目的、意志、感觉、经验、心灵等）作为本原，这类观点称之为主观唯心主义。他们都把精神（意识）视为世界的本原，坚持的是唯心主义立场。

学生活动：同桌相互说说唯物主义、唯心主义的基本观点，古代朴素唯物主义、主观唯心主义、客观唯心主义基本观点。

师：哲学家们对世界本原的思考继续向前推进。近代特别是西方近代，自然科学研究成果例如牛顿的物理学成就对哲学的影响很大。英国诗人波普为牛顿写的两行墓志铭体的诗这样讴歌牛顿：自然和自然律隐没在黑暗中；神说"要有牛顿"，万物俱成光明。西方近代哲学家们试图用牛顿等自然科学家的研究方法论证世界的本原应该是什么，让我们探访穿越对话的第二站，聆听他们对世界本原的解读。

(三) 探访第二站："我"应该是谁

师：近代西方是人类历史上唯物主义和唯心主义斗争最为激烈的一段时期。哲学的天空里明星璀璨，思想深邃。我们选择费尔巴哈和黑格尔的经典观点，以漫画形式简洁呈现。费尔巴哈说"自然神不是别的，就是自然本身"。请第一活动小组带着同学们"看图说话"，了解费尔巴哈的思想。

（学生活动：小组代表上讲台结合漫画（如图4.7所示）①讲解。）

图 4.7

---

① 王芳.哲学原来这么有趣[M].北京：化学工业出版社，2014.

费尔巴哈认为,宗教产生的心理根源在于人对自然的依赖感,在这一点上,费尔巴哈坚持的是唯物主义立场,也是无神论立场。他认为在人类的早期,人类既依赖自然,又畏惧自然的灾难,对自然依赖和畏惧同时并存,人类就期望自身的力量能够达到和自然相等,甚至超越自然。于是,人把超越自然的力量赋予了神,神就成了一个独立的精神实体。可见,神所具备的超能、全能,其实就是人的理性和意志无限扩张的结果,是人创造了神,人不应该拜神,而应该崇拜人自身,这也是费尔巴哈的人本主义思想。

师:近代西方,一些人继续用神学解释世界的产生,费尔巴哈立足自然解释世界本原,回答神学产生的原因,你认同费尔巴哈的观点吗?费尔巴哈由反对拜神转而崇尚拜人,让人的意志主宰世界,你发现他前后的立场有哪些差异?请小组讨论并分享。

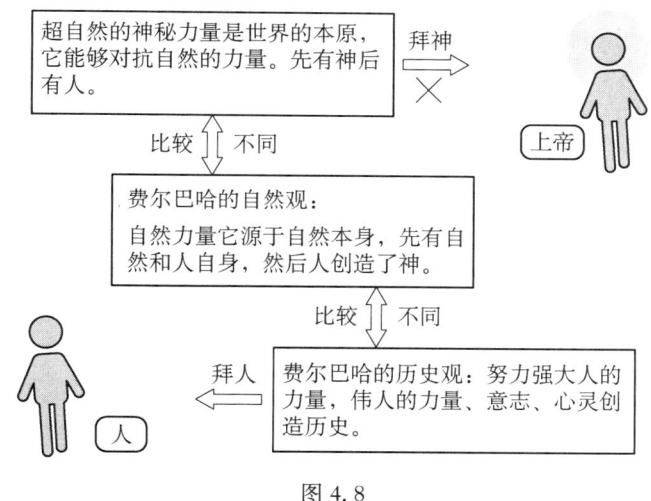

图 4.8

小组1:我们小组认为费尔巴哈立足自然解释世界本原,回答神学产生的原因是有道理的,生活中我们也感受到恐惧会让人胡思乱想,他坚持了唯物主义立场。

小组2:我们小组也认为费尔巴哈对产生神的原因分析有道理,神是人创造的,印度的神、中国的神、梵蒂冈的神都和他周边的人长得相似。

小组3:费尔巴哈崇尚拜人,让人的意志主宰世界,是主观唯心主义的观点,他前后的思想不一致。

生:老师,费尔巴哈前后立场不一致,他到底是唯物主义者还是唯心主义者呢?

师：费尔巴哈从自然本身出发，明确地阐述了物质第一性、意识第二性的唯物主义基本原理，在自然观上坚持了唯物主义立场。但在社会历史领域里认为伟人主宰历史，又走向历史唯心主义观点，没有把他的唯物主义思想贯通于自然观和社会观。你们在课前探究学习中，是否关注到这种思维方法的不足？

生：我读到，哲学上通常把用孤立、静止、片面的观点看问题的思维方法称为形而上学，费尔巴哈的思想呈现了形而上学的局限性，只是还不是特别理解。

师：第三单元"思想方法与创新意识"有这方面的具体内容，有兴趣的同学可以提前学习并思考。费尔巴哈与黑格尔是有交集的，他曾经不顾家人反对，到柏林跟黑格尔学习哲学，并成为"青年黑格尔学派"成员，但他并没有借鉴黑格尔的辩证思维方法打通其自然观和历史观。请第二活动小组带着同学们"看图说话"了解黑格尔的思想。

（学生活动：小组代表上讲台结合第二幅漫画讲解。）

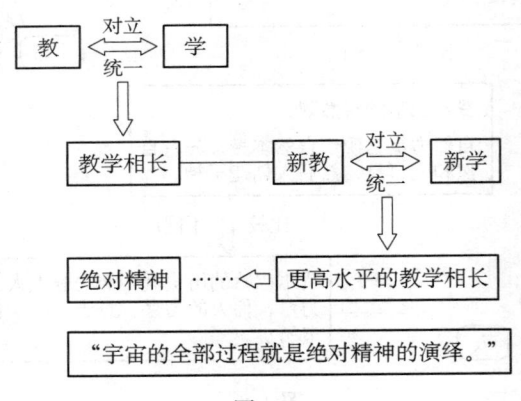

图4.9

生：我们小组课前认真阅读王芳老师写的《哲学原来这么有趣》，黑格尔的观点很深奥，我们只能就自己看懂的地方说说。以教与学为例，老师的教与学生的学是紧密联系的。通过教学活动学生学到不少知识，也提高了能力，老师从学生的精彩分享中得到启发可以改进后面的教学。教与学对立统一，教学相长。当然，不是这节课结束教与学的转化就完成了。教者、学者，万事万物都不断摒弃自身的不足，追求发展，追求完美。万事万物的"正—反—合"辩证运动的最终方向就是至善至美的绝对精神。所以，黑格尔说"宇宙的全部过程就是绝对精神的演绎"，绝对精神就是世界的本原。

我们还查到：哲学上通常把用联系、发展、全面的观点阐述世界变化发展的思维方法称作辩证法。

师：黑格尔把世界的本原最终归于绝对精神这一神秘力量，你认同吗？黑格尔坚持用联系、发展、全面的观点辩证地看问题，你赞成吗？具体说说你的理由。请各小组讨论并分享。

小组1：黑格尔坚持的是客观唯心主义，我们小组比较认同。

小组2：教与学关系的分析很有道理，我们小组认为这样的论证方法很棒。

师（追问）：对于费尔巴哈和黑格尔的哲学思想，要继承什么，摒弃什么，创新什么？

生：对费尔巴哈思想，继承自然观上的唯物主义，摒弃历史观上的唯心主义，以及形而上学的思维方法。对黑格尔的思想，继承辩证法的思维方法，反对唯心主义。把两者结合起来就好了。

师：通过前面的讨论发现，在马克思主义哲学产生以前，唯物主义往往受到形而上学的束缚，辩证法则常常被唯心主义所窒息。在古代虽然有过唯物主义和辩证法的结合，但那是朴素的结合。后来，朴素唯物主义被形而上学唯物主义所代替，朴素辩证法被唯心主义辩证法所代替，唯物主义和辩证法分离了。纵观哲学发展的历史，我们除了看到唯物主义和唯心主义的斗争外，还可以看到辩证法和形而上学的对立。相对于唯物主义和唯心主义的斗争，这种斗争具有从属意义，哲学的基本派别是唯物主义和唯心主义。通过对费尔巴哈和黑格尔哲学思想的对比分析可知，哲学发展的内在逻辑要求克服唯物主义和辩证法的分离，实现唯物主义和辩证法的有机统一。我们把目光转向马克思主义哲学家，主要访谈马克思，听听他对世界本原的回答。

（费尔巴哈和黑格尔哲学思想的对比如表4.2所示）

表4.2

	自然观	历史观	思维方法
费尔巴哈	唯物主义	唯心主义	形而上学
黑格尔	唯心主义	唯心主义	辩证法

(四) 探访第三站:"重要的不是我是谁,而是我应该作为谁"

师:2018 年是马克思诞辰 200 周年,有关马克思的资料和研究活动比较丰富。课前,老师推荐电影《青年马克思》和电视节目《马克思是对的》请同学们观看,下面请小组从"世界的本原是什么"角度分享观后感,谈谈马克思的观点。

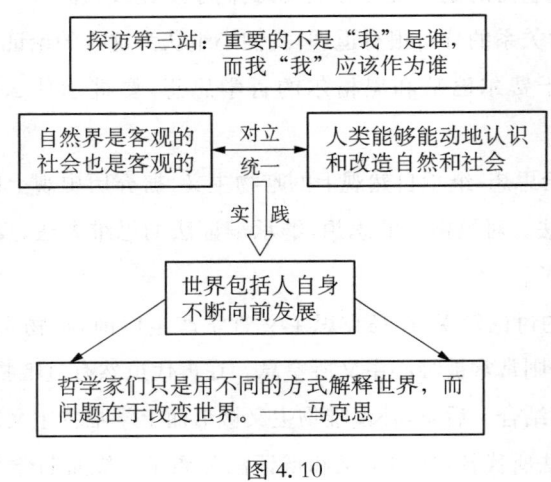

图 4.10

小组 1:我们小组看了电影《青年马克思》,我们在影片中看到,1843 年马克思移居巴黎后积极参与工人运动,在革命实践和理论探索结合中完成了从唯心主义到唯物主义、从革命民主主义到共产主义的转变。1845 年,马克思、恩格斯合作撰写了《德意志意识形态》,第一次比较系统地阐述了历史唯物主义基本原理。1848 年,马克思、恩格斯合作撰写了《共产党宣言》,一经问世就震动了世界。

小组 2:我们小组观看了《马克思是对的》,节目里有一点内容介绍给大家:马克思在总结工人运动的丰富经验和自然科学最新成果的基础上,批判地吸取了黑格尔辩证法思想的合理内核和费尔巴哈唯物主义的基本内核,创立了辩证唯物主义和历史唯物主义。马克思主义极大推进了人类文明进程,马克思至今依然被公认为"千年第一思想家"。

师:从《共产党宣言》发表到今天,170 年过去了,人类社会发生了翻天覆地的变化,马克思主义对我们的生活和国家的发展还有指导意义吗?请同学们举例说明。

学生 1:我看到《马克思是对的》节目里说,马克思特别强调实践的重要性,我特别认同这个观点。如果我们的目标始终停留在头脑中,只有心动没有行动目标是不会实现的。

学生 2:我也看到这个节目里特别介绍了马克思的名言"哲学家们只是用不同的方式解释世界,而问题在于改变世界",我们国家以马克思主义为指导,国家建设得越来越好。

师:正如同学们所说,马克思的实践观非常了不起,在实践基础上,唯物主义和辩证法实现了有机结合。辩证唯物主义和历史唯物主义既是科学的世界观又是科学的方法论。更多具体内容同学们会在今后的哲学课中学习和领悟到。

师:从《共产党宣言》发表到今天,170 年过去了,人类社会发生了翻天覆地的变化,但马克思主义所阐述的一般原理整体来说仍然是正确的。只有马克思主义哲学在实践的基础上,第一次实现了唯物主义与辩证法的有机统一,唯物辩证自然观与唯物辩证历史观的有机统一。恩格斯说:"只要进一步发挥我们的唯物主义论点,并且把它应用于现时代,一个强大的、一切时代中最强大的革命远景就会立即展现在我们面前。"前进道路上,我们要继续高扬马克思主义伟大旗帜,让马克思、恩格斯设想的人类社会美好前景不断在中国大地上生动展现出来!

二、作业布置

读书并分享。对"世界本原是什么"的回答,有唯物主义思想和唯心主义思想,还有诸如笛卡尔二元论、加缪荒谬论、海德格尔存在主义,等等。选择本节课所涉及的哲学家著作,或者你所感兴趣的其他哲学作品、文学作品读一读,两周后在读书分享会上分享读书感受。分享的内容包括:选择某书的缘起、简介该书的作者和作品、读书的感受,和同学们读上一小段。

第三部分　课例评析

一、学生反响

（以读书分享会上一位同学的分享为例，说说学生学习该课后的反响。这位同学选择阿尔贝·加缪的《局外人》一书交流读书心得。）

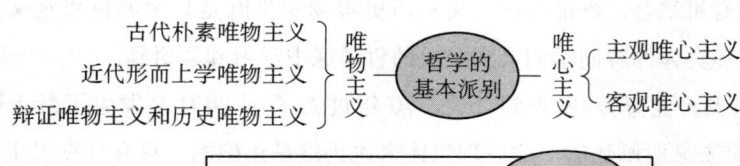

图 4.11

"唯物主义和唯心主义"一课的学习让我觉得哲学很有味道，唯物主义和唯心主义的思想都值得品味。《局外人》之前读过，就当成小说看，还看不懂。现在再从哲学视角看，发现很有趣、很深刻。阿尔贝·加缪通过塑造莫尔索的行为惊世骇俗、言谈离经叛道的"局外人"形象，充分揭示了这个世界的荒谬性及人与社会的对立状况。莫索尔的种种行为看似荒谬，不近人情，实则正是他用来抗击这个荒谬世界的武器。对照这个故事再来理解加缪的名言"荒谬是人与世界联系的唯一纽带"，能够更加深刻懂得加缪的"荒诞观"：人因荒诞而感到绝望，但最终能反抗荒诞，把一切精力都投入到生活之中。"唯物主义和唯心主义"这节课的学习让我明白加缪获得诺贝尔文学奖的原因之一，就是他以文学形式科普他的哲学思想，文学和哲学成就都熠熠生辉。现在我也会不自觉地从哲学视角去读文学作品，能读出不一样的感觉来。哲学确实是有用之学、智慧之学。

二、同行声音

陈晖：对于本课的教学，无论是所收集的课件资源，还是自己的尝试，大多是围绕唯物主义和唯心主义的基本观点进行知识教学，帮助学生判断哪些观点或者生活现象属于唯物主义、唯心主义，基于情感态度与价值观同知识与技能、过程与方法基础上的科学精神素养培育较少。陈静老师的教学设计与实施，以丰富有趣的情境为载体，以任务群完成为目标指向，以小组间、师生间非量化整体性评价为助推剂，驱动学习者迅速地分析问题、探究问题、解决问题，促进学生核心素养的培养。陈静老师对近代形而上学唯物主义局限性的讲解生动有趣、入情入理，培养学生在比较中澄清认识、在探究活动中拓展视野，这对我改进教学很有启示。将费尔巴哈历史唯心主义、黑格尔否定之否定、马克思的实践观生活化地融于本课教学中，对于帮助学生初步形成哲学思维很有意义。观摩本课的教学，觉得要培养学生的哲学思维，教师需要大量地阅读经典，思考社会现象，提升教师自身的哲学素养。

三、自我反思

设计并实施本课后，深深领会到在教学目标的制订与评价方式的选择上，聚焦学生思想政治学科核心素养的发展，整合知识与技能、过程与方法、情感态度与价值观，力求运用多种方式、方法，引导学生自主学习、合作学习和探究学习是非常必要又有价值的。教师借助一定的活动情境带领学生超越表层的知识符号学习，进入知识内在的逻辑形式和意义领域，挖掘知识内涵的丰富价值，彰显课程教学的情感熏陶、思想交流、价值引导功能，对真正提高教育质量，实现学生的全面发展具有重要意义。当然，实现本课的预设向生成转变，需要教师自身要加强阅读和积累，在课前、课中、课后作精细化指导，引导学生在思维碰撞中感受哲学思维的魅力。

四、专家点评

本节课着眼于活动型学科课程的构建和议题式教学,通过设计和引导学生完成学科任务,实现教学目标。本节课在设计上有三个亮点:

1. 围绕议题展开学习过程,并对学习内容作结构化处理

"唯物主义和唯心主义"这一框题中涉及名人名言、基本观点、基本概念多且难,基本上是东西方哲学史的浓缩。如何处理这些内容?课上,教师遵循教材又不拘泥于教材,以"我是谁"为主线,设计环环相扣的访谈活动,知识学习伴随着议题的深入分析展开,在问题解决中推进,在问题解决中活化,知识的内化在问题解决中完成。

2. 活动设计实现学习情境、学科任务、学科知识的有机融合

陈老师利用"名言连连看"系列对学生进行自主学习的评价,通过搭建"看图说话""观后感"等活动情境,生成学科任务群,引导学生在完成一系列任务过程中构建学科知识体系,培养学科核心素养。陈老师的活动设计符合学科逻辑,为学生提供真实而复杂的情境,为学生提供可以动手参与、动脑思考的学习任务。

3. 在体验与思考中提升学科思维能力

本课设计针对不同时期哲学家言论,设计了一系列培养学生比较思维方法的问题,引导学生追问其本质属性是什么,以便学生对概念内涵有更加准确的把握。诸如"近代西方,一些人继续用神学解释世界的产生,费尔巴哈立足自然解释世界本原,回答神学产生的原因,你认同费尔巴哈的观点吗?费尔巴哈由反对拜神转而崇尚拜人,让人的意志主宰世界,你发现他前后的立场有哪些差异?"在学生对唯物主义、唯心主义基本观点有了初步理解基础上,又设计一系列培养学生批判性思维能力的问题,引导学生敢于对哲学家的认识提出批判性挑战,辩证认识,评估他们已经取得的认识成果。诸如"对于费尔巴哈和黑格尔的哲学思想,要继承什么?摒弃什么?创新什么?"充分拓展了学生的思维空间,提升学生在复杂情境下分析问题、创造性解决问题的能力。

【点评专家】杨维风，全国优秀教师、江苏省中学正高级教师、省特级教师，现任教于南京市第十三中学。

【执教教师】陈静，南京市第三高级中学正高级教师、南京市"斯霞奖"获得者、南京市政治学科带头人、南京师范大学研究生实践导师。从教30年，长期坚持在教学一线，在高三教学与高考评价方面积极探索并取得一定成绩，主持和参与多项课题研究，发表多篇教育教学文章。

课例6　与自然和谐共生：认识运动　把握规律

第一部分：教学预设

一、教学内容分析

1. 课标要求

描述世界是普遍联系、永恒运动的，领会全面地、发展地看问题的意义；可创设辨析性情境，剖析孤立地、静止地、片面地看问题的错误；以"为什么要具体问题具体分析"为议题，探究实事求是的观点，坚持实事求是的态度。

2. 教材分析

本课内容为必修4《生活与哲学》（人教版）第二单元第四课第二框题。本框知识点较多，教学容量较大，涉及三个概念和三个观点（即原理），且容易混淆，如运动的含义、静止的含义、规律的含义等与日常生活中所讲的内容有区别，学生在学习时要转变观念，这样才能为学习三个观点奠定基础，同时对这三对关系要辩证地理解。

本框难点较多，学生尚没有学习辩证法知识，对如何理解物质和运动关系、运动和静止关系、尊重规律与发挥人的主观能动性关系有一定难度。因此，需要教师在教学过程中充分考虑学生的认知水平，在探究过程中引导学生通过实例感受从具体到抽象，再通过理论联系实际体会从抽象到具体。

总之，通过本课学习，要让学生全面理解世界是物质的世界，世界的真正统一性在于它的物质性，而物质又是运动的，物质运动不是杂乱无章而是有规律的，规律是客观的，人要尊重自然，尊重规律，做到人与自然和谐共生。在学习知识过程中，围绕核心素养要求，培养学生的政治认同、科学精神及公共参与素养。

3. 重点与难点

重点：发挥主观能动性和尊重客观规律之间关系。确立依据：唯物辩证的运动观是唯物辩证法的重要内容之一，搞好这一问题的教学，可以为以后学习联系的观点、发展的观点、矛盾的观点以及理解其内部关系奠定基础。

难点：物质与运动、运动与静止关系。确立依据：由于生活中的感性体验，学生容易将物质与运动、运动和静止割裂开来，不能看到它们的辩证关系；另外，学生初学哲学，还没有树立一定的辩证思维，理解这些问题的难度较大。

4. 学情分析

高二学生刚刚开始学习哲学，学生的哲学知识基础比较薄弱，哲学知识体系还没有建立。特别是学生还没有学习辩证法知识，缺乏一定的辩证思维能力，还不能全面客观地看问题，因而需要通过教学增强学生全面认识事物的能力；学生认识事物的思维还处在认识具体的、形象事物的阶段，抽象思维能力还比较弱，因而教师要注意从现象入手，培养学生透过现象看本质的能力；当然，学生通过前面内容的学习，已经初步具备了自主探究、合作学习的意识与能力，因此，课堂教学中要充分发挥学生的主体作用。

二、教学目标分析

本教学设计以发展学生核心素养为指导，以"水"为主线，以古诗、歌赋为教学素材，通过创设情境，遵循由具体到抽象的思维过程，来学习唯物论三个重要的概念：运动、静止、规律，以及物质与运动不可分、运动与静止相统一、客观规律性与人的主观能动性相统一的三个观点。

1. 在认识水篇中，通过创设情境，了解古人眼中的"水"，向学生展示古人描写"水"的诗句，激发学生的学习兴趣，也激起学生对我国古诗词的热爱，培养学生的文化认同；同时，也为学习物质和运动不可分的观点，作好了铺垫，从具体到抽象，有助于培养学生的科学精神。

2. 在赞水篇中,通过创设情境,让学生自主探究古人赞美水的诗句并加以朗诵。能够激发学生对优秀传统文化的热爱,进而升华为对祖国的热爱;同时,通过分析鉴赏这些诗句,进一步理解这些诗句所能够表达美的原因在于动静结合,培养学生的科学精神。

3. 在治水篇中,通过创设情境,向学生展示,古往今来的人们成功治理水患、兴修水利的典型事例,让学生合作探究人类能够成功治水的原因,从而为规律的学习,以及尊重规律,按客观规律办事这一重要观点提供知识铺垫。既培养了学生对祖国的热爱,和政治认同感,又能够培育学生公共参与的意识。

三、思路、方法与资源

1. 整体思路

本节课在构思上打破了传统教学方式的局限,独具匠心,选取自然界中"水"为本节课的教学主线,引用诗词、歌赋为教学素材,通过让学生吟诵古诗,学习和感悟哲学道理,激发学生学习热情,提高学生学习兴趣,帮助学生逐步树立全面地、联系地、发展地看问题的意识,克服孤立、静止、片面地看问题的错误倾向。

同时,这节课在主题上紧紧围绕新课程标准,着力提高学生学科核心素养,通过课堂上让学生吟诵诗词、歌赋,激发学生对我国优秀传统文化的热爱,以及对祖国的热爱,提高学生对中华文化的认同感和归属感,增强了学生的文化自觉和文化自信。在教学过程中,围绕"水"这一主线,联系生活,在领会和把握哲学知识的同时,不断提高学生的思想觉悟和道德水准,更加热爱自然,尊重规律,努力做到人与自然的和谐共处,培养了学生的科学精神,也提高了学生的公共参与素养。

依据新课程的基本理念,教学方式是开放互动的,学生的学习过程是学生主动获取知识的过程;学生是课堂的主体,教师是课堂的组织者和引导者,因此,本节课在设计过程中特别注重在原有知识基础上,引导学生自主思考和探究,从而突破难点、突出重点,并在生活实践中加深理解规律的作用,培养学生的学科思维和学习方法。

2. 模式方法

采用情境教学法、议题式教学法,理解物质与运动、运动与静止、规律与现象的区别与联系;小组合作学习与自主探究相结合;使用多媒体辅助教学。

3. 推荐资源

(1) 中共中央宣传部. 习近平总书记系列重要讲话读本之:绿水青山就是金山银山[M]. 北京:学习出版社,2014.

(2) 陈鼓应. 老子注译及评介[M]. 北京:中华书局,2015.

(3) 董洪杰著. 人一生要读的古典诗词[M]. 北京:红旗出版社,2017.

第二部分　精彩实录

一、导入新课

师:老子在《道德经》中提出"上善若水"的观点,即最高境界的善行,就像水的品性一样,泽被万物而不争名利。因此,做人,就要有"水"这样的崇高境界,乐于奉献,不求名利。今天这节政治课,我们就走进水,以水为主线,并且以古代诗词、歌赋为主要素材,通过吟诵古诗词来认识水,赞美水,学会在与水和谐共生中,体会其中包含的哲学道理。

(一) 识水篇

教师创设情境,投影古人眼中的"水",展示古人描写"水"的有关诗句,导入新课。

山无静树,川无停流。——《世说新语·文学》

译文:山上没有静止不动的树,山川里没有停止流动的水。

逝者如斯夫,不舍昼夜。——孔子

译文:时间就像这奔流的河水一样,不论白天黑夜不停地流逝。

流水不腐,户枢不蠹,动也。——《吕氏春秋·尽数》

译文:常流的水不发臭,常转的门轴不遭虫蛀。

教师让学生自主探究:想一想,哲人眼中的"水"体现了什么样的哲学道理?

(创设这个情境,是为学生学习后面的知识作好铺垫,通过引用古诗词方式,以"水"为素材,激发学生的学习兴趣,激起学生对我国古诗词的热爱。)

生:世界上一切事物都是运动的,运动是事物的固有属性和存在方式。

......

学生回答完以后,教师总结并投影马克思的一段话,帮助学生进一步理解这个观点。

一切存在物、一切生活在地上和水中的东西,只是由于某种运动才得以存在、生活。

——马克思

然后,教师在学生回答基础上,让学生自主探究:

1. 哲学上"运动"是什么含义?
2. 物质和运动之间是什么样的关系?

(设定第一个问题,是因为这是本节课的一个基本概念,为学习其他观点提供铺垫,学生自己通过自主探究,就可以完成。第二个问题,教材表述也比较清楚,层次分明,学生通过自主探究能够完成。)

教师在学生回答的基础上指出,哲学上所讲的运动与生活中所说的运动含义不同。哲学上所讲的运动是指宇宙中一切事物现象的变化和过程。

第二个问题,是本节课的难点,为了帮助学生理解该知识,教师先让学生思考"流水不腐,户枢不蠹"、"生命在于运动"表明了什么样的哲学道理?

教师在学生回答后指出:物质是运动的,运动是物质的固有属性和存在方式,不运动的物质是不存在的。接着,教师创设了一个情境,展示表4.3让学生思考:机械运动、物理运动、化学运动、生物运动、社会运动、思维运动的主体(或说载体)各是什么?有没有离开物质的运动存在?

表 4.3

运动形式	运动主体
机械运动	宏观物体
物理运动	分子、原子、基本粒子和场
化学运动	原子、离子、原子团
生物运动	蛋白质、核酸、生物个体、生物种群
社会运动	物质资料的生产方式
思维运动	人的大脑

通过创设这个情境,学生很容易得出结论:运动是物质的运动,物质是运动的主体,是运动的承担者,没有离开物质的运动存在。

教师让学生归纳物质和运动的辩证关系:物质是运动的,运动是物质的固有属性和存在方式;运动是物质的运动,物质是运动的承担者。物质和运动是不可分的。

最后,为了让学生深入理解物质和运动的辩证关系,教师投影了两幅图片,让学生思考两幅图片中的主人公犯了什么样的哲学错误,以此来帮助学生进一步拓展知识。

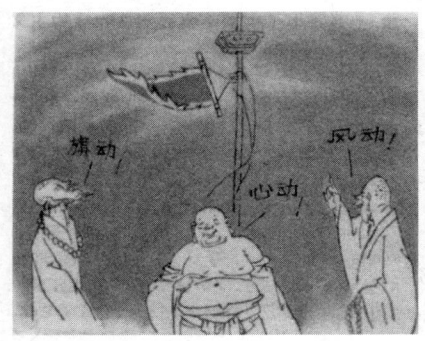

图 4.12　　　　　　　　　　　　　图 4.13

问题 1:风吹幡动,一僧曰风动,一僧曰幡动,议论不已,慧能曰:"非风动,非幡动,仁者心动。"请问《坛经》中记载的这段话旨在说明什么?

问题 2:《刻舟求剑》故事中的那个楚国人在物质和运动关系上犯了什么错误?

学生讨论后答:慧能和尚和刻舟求剑者都割裂了物质和运动的关系,前者是离开物质谈运动,犯了唯心主义的错误;后者是离开运动谈物质,犯了形而上学唯物主义的错误。

教师引用恩格斯的名言,来进一步说明物质和运动关系,帮助学生加深对该知识点的理解。

没有运动的物质和没有物质的运动同样,是不可想象的。

——恩格斯

(二) 赞水篇

我国古代赞美水的诗词、歌赋很多,首先,教师让学生自主探究古人赞美水的诗词并加以朗诵。

学生：滚滚长江东逝水,浪花淘尽英雄。(杨慎《临江仙·滚滚长江东逝水》)

学生：大江东去,浪淘尽,千古风流人物。(苏轼《念奴娇·赤壁怀古》)

学生：竹外桃花三两枝,春江水暖鸭先知。(苏轼《惠崇春江晚景/惠崇春江晓景》)

学生：枯藤老树昏鸦,小桥流水人家,古道西风瘦马。(马致远《天净沙·秋思》)

学生：落霞与孤鹜齐飞,秋水共长天一色。(王勃《滕王阁序》)

学生：春江潮水连海平,海上明月共潮生。(张若虚《春江花月夜》)

学生：独立寒秋,湘江北去,橘子洲头。(毛泽东《沁园春·长沙》)

……

接着,教师投影《将进酒》、《忆江南》、《望庐山瀑布》等几首赞美水的古代诗篇。

(创设这个情境,既是为了内容过渡,同时也是为了能激发学生对古诗词和优秀传统文化的热爱,并上升为对祖国的热爱。)

然后,教师让学生合作探究以下几个问题：

1. "遥看瀑布挂前川"中的"挂"体现了什么样的哲学道理？
2. 什么是静止？试举例说明。
3. 运动和静止之间的辩证关系是什么？

(设置第一个问题,是让学生在吟诵古诗词中领会哲学道理,同时,激发学生对我国古代优秀文化的热爱;设置第二个问题,是让学生通过列举典型事例理解哲学中静止的含义,为学习运动和静止关系作好铺垫;设置第三个问题,是让学生准确把握运动和静止的关系。)

学生在充分合作探究基础上,踊跃举手回答第一个问题,指出诗中的"挂"体现了动静相统一的哲理。一方面诗人描写了瀑布从山上落下,"飞流直下三千尺",这是"动";另一方面诗人又描写了瀑布好像"挂"在眼前,这是"静",动静结合,彰显古诗的魅力,体现了运动和静止的辩证关系。

为了更好地帮助学生深入理解静止的含义，接着，教师在学生回答及列举事例基础上，借用贺知章《回乡偶书》、李白《朝发白帝城》以及杜甫《绝句》等古诗，让学生体会其中的意境，符合静止的哪一层含义。学生在欣赏古诗词的同时，也进一步理解了诗人在诗中所描写的静止的意蕴。

最后，教师为了让学生真正理解和掌握运动和静止的辩证关系，再次围绕"水"，引用了古希腊的两位哲学家对"人能否两次踏进同一条河流"的著名论断，让学生合作探究，判断正误，并说明其中所包含的哲学道理。

赫拉克利特："人不能两次踏进同一条河流。"

克拉底鲁："人一次也不能踏进同一条河流。"

（设置这个问题，是因为两位哲学家关于"人能否两次踏进同一条河流"的著名论断是理解运动和静止的辩证关系原理的经典观点，可以有效帮助学生突破难点。）

学生讨论后回答：（略）

教师总结：判断这两句话的正误，要充分运用动静相统一的观点来分析，前者坚持了动静的统一，既看到了河水是运动的，同时又看到了河水有相对静止的一面，因而是正确的。后者只看到了河水是运动的，但没有看到河水相对于人有相对静止的一面，因而是片面的，克拉底鲁犯了形而上学相对主义和诡辩论的错误。

（三）治水篇

水能灌溉农田，造福百姓；水也会泛滥成灾，祸害百姓。

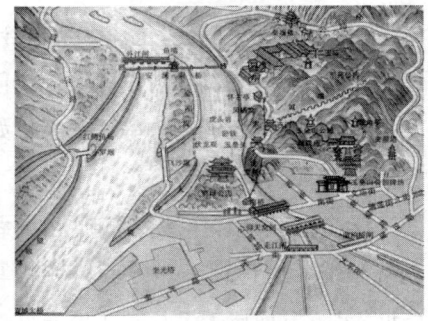

图 4.14

首先,教师投影并介绍了历史上和今天人们成功治理水患、兴修水利典型事例的图片:大禹劈开九座大山引导洪水流入大海;李冰父子建造了都江堰水利工程,实现了分洪、灌溉目的;今天我们在长江上修建了三峡大坝,既提高了长江的通航能力,同时还具有防洪、发电的功能。然后,教师让学生探究:人类能够成功治水,体现了什么样的哲学道理?

(设计这个问题,既是一个过渡,也是让学生在了解祖国灿烂文化的同时,更加热爱我们的祖国,激发学生更加积极地投入到建设富强、民主、文明、和谐、美丽的国家建设中,另外,创设这个情境也为学习后面的知识作好了铺垫。)

学生回答:人类要尊重规律,按客观规律办事。同时,人类还要充分发挥主观能动性,在认识和发现规律基础上,利用规律、造福人类。

其次,教师肯定了学生的回答,并让学生自主探究以下问题,进行相关知识的学习:

1. 规律的含义;
2. 规律客观性和普遍性的原理及方法论;

学生自主探究并回答问题。

学生:规律是事物运动过程中固有的、本质的、必然的、稳定的联系。

学生:规律的客观性是指规律是不以人的意志为转移的,它既不能被创造,也不能被消灭;规律的普遍性是指自然界、人类社会和人的思维,在其运动、变化和发展过程中,都遵循其固有的规律。

学生：规律的客观性和普遍性要求我们必须尊重规律，按客观规律办事；同时，要发挥人的主观能动性，认识规律，利用规律，造福人类。

教师在学生回答的基础上，投影图表如图4.15来评价、总结学生的学习情况。

知识整理：

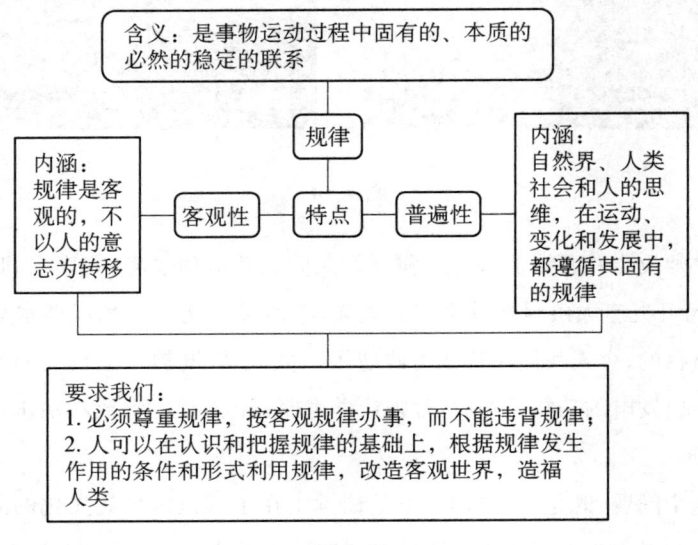

图4.15

教师在学生回答的基础上作总结，我们可以认识和利用规律，以改造世界，造福人类，这方面成功的事例很多，除了刚刚列举到的三峡大坝事例，南水北调、西气东输、发射卫星、建造船舶等也是如此。

最后，教师再次投影图片并让学生思考下列问题。为何现在有的地方的人们需要寻找可游泳的河流？

（设置这个问题的目的，是让学生进一步认识规律的客观性及普遍性原理，懂得要尊重规律，尊重自然，做到人与自然的和谐。）

学生回答：人类活动若不尊重规律，违背规律，是会受到规律的惩罚的，由于人类大量向河水排放污水，污染了环境，破坏了生态平衡，导致今天有的地方的人们需要寻找可游泳的河流。

教师肯定学生回答，并作出进一步总结，规律是客观的、普遍的，要求我们尊重规律,尊重自然,做到人与自然的和谐相处。人类只有在尊重规律、尊重自然的基础上,才能更好地改造世界、造福人类;如果人类违背规律、违背自然,过度地对自然索取,就会破坏自然界的生态平衡,人类的生存环境也会恶化。"寻找可游泳的河"就是现实生活中,由于人类过度排放废物,不注重生态环境保护,导致水源严重污染而出现的严重问题。

(四) 展望未来篇

教师用一首小诗结束新课,并进一步渲染本节课的主题——尊重自然、尊重规律,人与自然和谐相处,同时再一次回到"水"的主线上来。

建设美丽中国/是不是梦/人与水能否和谐相处/不取决于水/而取决于人/上善若水/道法自然/请珍惜爱惜每一滴水/水是一切生命之源/请珍爱自然/与自然和谐共生!

二、板书设计

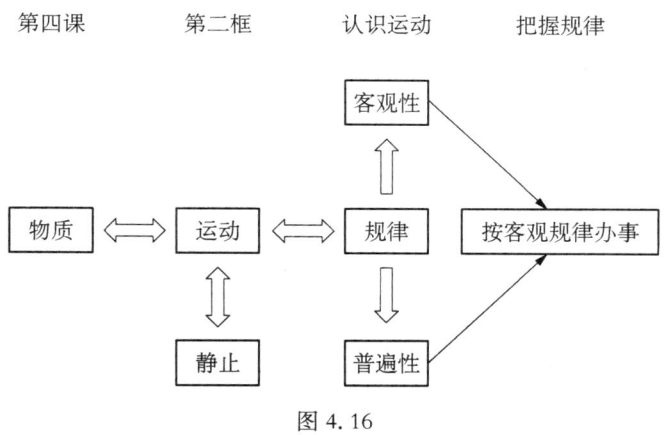

图 4.16

三、作业设计

1. 根据材料,请简要说明物质、运动和规律三者之间的关系。

材料一:"没有运动的物质和没有物质的运动同样,是不可想象的。"——恩格斯材料二：天地之变，寒暑风雨，水旱螟蝗，率皆有法。

2. 针对本地沿海一些化工企业乱排污水、严重污染周边环境的情况，请结合所学原理，给地方政府部门写一个倡议书，呼吁人们行动起来，保护环境、爱护家园。字数600字左右。

第三部分　课例评析

一、学生反响

这节思想政治课很有趣味，一改往日的教学方式，通过让学生读诗、背诵诗词来领会深奥的哲理，让我们感觉不是在上政治课，好像是在上语文课。一节课下来，我们都能积极参与到课堂教学中，学得很轻松，也很认真，课堂上基本能按照老师设计的思路去听课，感觉收获很大，既学习了很多知识，同时也懂得了一些道理，深刻领会了一些诗词所包含的哲理。

二、同行声音

张磊：通过这节课学到了很多东西。首先，这节课在构思上独具匠心，与众不同，将哲学原理与博大精深的中华文化结合起来，在与学生共同赏析古典诗词的基础上，深刻理解哲学原理，效果很好。其次，这节课的教学内容较多，重难点也较多，用一节课的时间来完成三个概念和三个观点，对于初学哲学的高二学生来说，难度确实很大，但这节课创设的教学情境贴近学生的生活，引发学生极大的关注，激发学生的学习兴趣，教师创设的各种情境以及设置的问题，学生都能积极参与并有效解决，教学效果很好。同时，这节课教学语言精练，教学环节清晰，内容过渡自然，确实是一节好课。

三、自我反思

这是一节同课异构的比赛课，由于课前作了充分准备，特别是在构思上比较新颖，以水为主线,大量引用诗词、歌赋,努力走进学生的生活,激发学生浓厚的学习兴趣,教学中能够调动学生参与课堂活动,积极思考问题,教学效果较好。但本节课也有不足之处,内容比较多,包括三个概念:运动、静止、规律,三个观点:物质和运动是统一的、运动和静止是统一的、规律的客观性与人的主观能动性的关系,因而造成课堂教学时间较紧;同时,"合作探究"这一环节完成得不充分,没有达到预期效果,也没有取得很好的生成。有少部分学生是在自己阅读,没有参与到讨论中去;对学生已有知识的预期把握不够,比如,在讲绝对运动和相对静止时,学生顺着老师的思路很快理解了此问题,但是有部分学生还没有掌握。教学中,教师虽然能够调动学生思考问题,但是学生的思考还较为被动,特别是对三对辩证关系的理解上。在今后的教学中,我要不断克服自己的不足,更好地践行新课程理念。

四、专家点评

这节课总体感觉教学设计很新颖,很有创意。以"水"为主线,以诗词、歌赋为教学素材,阐明一定的哲学道理,帮助学生理解深奥的哲理,既表达出浓浓的文化味道,也反映出教师扎实的哲学功底和深厚的文化底蕴,这节课看起来好像是语文课,跟学生交流诗词歌赋,但是实际上利用这种形式,让学生学习哲学知识,是一节政治课。同时,这节课运用了从具体到抽象的思维方式,归纳和概括出一定的哲学道理,并结合哲学典故,上出了哲学课应有的味道。另外,这节课能走近学生的生活,根据教学需要和学生兴趣创设教学情境,极大地调动了学生的学习兴趣,充分发挥了学生的主体作用,体现了新课程标准所提出的提高学生核心素养的要求,教学方法灵活多样,值得广大教师学习和借鉴。这也启示我们,课堂教学要不断地创新,大胆地尝试,不能安于现状,按部就班。课堂教学要关注学生,走进学生生活,知道学生喜欢什么,需要什么,培养学生的学习兴趣。课堂教学还要学习新的课程标准,领会课程标准中新的变化,理解学生核心素养的内容及其表现,并贯穿于教学过程中。

> 【点评专家】崔维云，江苏省中学正高级教师、连云港市教研室教研员。
>
> 【执教教师】张俊才，连云港外国语学校教学质量监控中心副主任、中学政治学科高级教师、江苏师范大学思想政治教育硕士。2001年获连云港市首届教师专业技能大赛高中政治学科一等奖；2013年被评为连云港市中小学高层次"333工程"骨干教师；2014年被评为连云港市政府第五期"521高层次人才培养工程"第三层次培养对象；2017年获江苏省教科研先进个人称号。近年来，在全市开设公开课、讲座10次以上，在《中学政治教学参考》《思想政治课教学》《教育理论与实践》等核心期刊发表文章近20篇；主持并参与多个省级课题，均已结题。

课例7 学以致用：用发展的观点看问题

第一部分：教学预设

一、教学内容分析

1. 课标要求

《普通高中思想政治课程标准》（2017年课标）描述世界是普遍联系、永恒运动的，领会全面地、发展地看问题的意义，学会运用矛盾分析法观察和处理问题的规定。

2. 教材分析

本课为人教版《思想政治》必修四《生活与哲学》第三单元第八课内容。发展的观点是上一课联系观点的逻辑延伸。世界是一个普遍联系的有机整体，事物联系构成了运动、变化和发展。联系的观点和发展的观点是唯物辩证法的总特征，是人们考察事物、分析问题的基本原则。

本课第一框从世界观角度分析唯物辩证法的发展观点；第二框从方法论角度说明用发展的观点看问题。既要看到事物发展的前途是光明的，又要知道事物发展的道路是曲折的；既要懂得脚踏实地作好量变的准备，又要抓住时机促成事物的质变，促进事物的发展。

在理解发展本质和领会世界是永恒发展观点的基础上，通过对物质世界发展本质的考察，帮助学生领悟发展的观点，学会用发展的观点看问题——看待人生，看待社会，看待周围的人和事，运用乐观、积极、向上的人生态度看待生活，拥有脚踏实地处理问题、实现梦想的平和心态。

3. 重点与难点

教学重点：运用"量变与质变的辩证关系"原理，科学理性地分析解决现实生活中的实际问题。

教学难点：学会以科学精神对待人生道路上的曲折，努力追求光明的前景。

4. 学情分析

学生已有的认知及能力状况。高二学生已经学习了前两单元内容，具有了相应的知识铺垫，具备了一定的哲学基础知识，为本课学习作好了知识准备。高二学生有一定的生活体验，具备一定的信息收集和筛选能力、阅读能力、语言表达能力；具备一定的逻辑思维能力、探究能力和团队合作能力。

学生具有的求知及价值需求。高二学生的思维已基本接近成年人，对个人发展以及社会发展已有了初步认识，这个阶段的学生，血气方刚，满腔热情，抱负远大，而且有着强烈的求知欲望，渴望了解世界，探索世界。同时，由于学生知识与阅历的局限，看待问题不是很全面，教师要帮助学生学会全面地分析问题。同时高二学生处于人生观、价值观逐步成型阶段，对学习生活中的失败与成功、困难与挫折、奋斗与机遇等现实问题存在迷茫和困惑，本课的教学不仅要"传道、授业"，更要"解惑"。

二、教学目标分析

该课教学目标的定位有两个相互关联的参照维度：思想政治学科核心素养和三维目标。参照以上两个维度，将教学目标制定如下：

1. 能够区别新、旧事物；理解量变与质变的含义。
2. 能够运用"事物的发展是前进性和曲折性的统一"、"量变与质变的辩证关系"

原理,科学理性分析解决现实生活中的实际问题。

3. 学会以科学精神对待人生道路上的曲折,努力追求光明的前景。

三、思路、方法与资源

1. 整体思路

基于核心素养下的活动型学科课程的实施是 2017 版课程标准的突出变化,也是一大特色。教学设计能否反映活动型思想政治学科课程实施的思路,关键在于确定开展活动的议题。活动设计应有明确的目标和清晰的线索,统筹议题涉及的主要内容和相关知识,并进行序列化处理。要了解学生对议题的认识状况及原有经验,以提高教学针对性、实效性;还要了解议题的实践价值,创设丰富多样的教学情境,引导学生面对生活世界的各种现实问题,以促进学生学习方式的转变。

据此,选择议题应坚持"四个要求":一是要具有鲜明的学科主题;二是要坚持正确的价值导向;三是要有利于有效学习过程的展开;四要有利于培育学科核心素养。流程设计是活动型思想政治课程实施的关键环节。本课在教学流程上采用"(议题准备:自主先学)—(议题巩固:例证和质疑)—(议题拓展:探究生活)—(议题深化:学以致用)—(议题总结:收获反思)"五个环节;在情境设计上,选择了网络外卖行业的成长与发展。

具体思路如下:

新课导入

小调查:网上订外卖。

(1) 环节一　议题准备:自主先学

(投影展示:学习目标)

① 能够区别新、旧事物;理解量变与质变的含义。

② 能够运用"事物的发展是前进性和曲折性的统一"、"量变与质变的辩证关系"原理,科学理性地分析解决现实生活中的实际问题。

③ 学会以科学精神对待人生道路上的曲折,努力追求光明的前景。

(2) 环节二　议题巩固:例证和质疑

(投影展示：例证和质疑)

① 列举能体现"事物发展是前进性与曲折性的统一"的古诗词、成语或俗语等，并简要解释。

② 列举能体现"事物发展是量变和质变的统一"的古诗词、成语或俗语等，并简要解释。

③ 质疑。要求：A. 小组合作完成，记录在白板上，并作简要说明；B. 确定中心发言人；C. 时间5分钟。

(投影展示：备用疑问)

① 事物发展就是从量变到质变的过程。

② 事物的发展必须通过质变实现，因此，质变比量变更重要。

(3) 环节三 议题拓展：探究生活

① 合作探究一 创业：敏锐与激情

以"饿了么"的创办之路为例。

问题：网络外卖与传统外卖有什么区别？外卖行业迅速发展的原因有哪些？这给我们哪些哲学启示？

② 合作探究二 成长：危机和出路

以"饿了么"迅速发展引发的问题为例。

问题：网络外卖行业还存在哪些突出问题？你认为该如何解决？这给我们哪些哲学启示？

(4) 环节四 议题深化：学以致用

在现实生活中，从个人成长到国家经济、政治、文化等领域，也都存在着许多矛盾和问题。请您选择其中某一领域，举例说明应如何用发展的观点来认识和解决这一问题？

分组完成：1、2组侧重个人成长方面；3、4组侧重经济领域；5、6组侧重政治领域；7、8组侧重文化领域。各组确定发言人。

(5) 环节五 议题总结：收获反思

(引导学生从知识和价值观层面反思收获。)

2. 模式方法

基于核心议题的序列化互动探究模式。即根据新课程标准、考试说明的要求和学生实际，由教师科学确定、设计出课堂教学的核心议题，在此基础上，科学设计由浅入深的序列化问题链，形成有利于学生合作互动探究的情境与问题，以便帮助学生在互动教学中生成理论观点、提高学生核心素养，实现高效互动学习的一种教学模式。该教学模式以提出核心议题并组织由浅入深的序列化问题链为基础，以解决问题为中心，通过发现问题、生成问题、分析问题、解决问题等步骤去实现高中思想政治学科核心素养，注重问题之间的相互衔接、环节上的紧密相扣。在学法上，贯彻"先学后教，以学定教"的原则。在设计核心议题及序列化问题链时，从学生思维逻辑和认知水平的实际出发，设计有层次性、有思维张力的问题链，并与不同层次的学生相匹配。在互动上，强调问题源于生活并与学生的认知水平相衔接，由浅入深，在互动探究中学生知识和能力得到提升；教师在指导学生互动探究时有明确的任务要求，组内学生之间有明确的分工。

3. 推荐资源

(1) 陈美兰. 活动型政治课的价值内涵与实施策略——基于学科核心素养的视角[J]. 思想政治课教学. 2016(12)：4—8.

(2) 张安义. 基于核心素养的活动型学科课程设计策略[J]. 中学政治教学参考. 2018(22)：13—14.

(3) 沈雪春. 议题式教学的四种"议"境——以"人民代表大会：国家权力机关"公开课教学为例[J]. 思想政治课教学. 2018(7)：15—18.

第二部分 精彩实录

一、新课导入

师：互联网已是我们当前生活中不可缺少的一部分，现在，我想作一个小调查，你在网上订过外卖吗？你订的是哪家的外卖？（小调查、总结）。

大家所说的这些公司，是借助于互联网平台发展起来的O2O外卖。作为一个朝阳产业，它是如何从无到有、从弱到强一步一步发展起来的？让我们一起学习第八课第二框：《用发展的观点看问题》。

二、授课过程

（一）议题准备：自主先学

师：首先我们一起了解本节课的学习目标。
（投影展示学习目标）
学习目标：
1. 能够区别新、旧事物；理解量变与质变的含义。
2. 能够运用"事物的发展是前进性和曲折性的统一"、"量变与质变的辩证关系"原理，科学理性地分析解决现实生活中的实际问题。
3. 学会以科学精神对待人生道路上的曲折，努力追求光明的前景。

师：请大家根据学习目标进行自主先学，完成四项先学任务。
（投影展示先学任务）
先学任务：
1. 前途是光明的，道路是曲折的（事物发展的趋势）
任务1：阅读课本P64—65，标注如下问题：
（1）为什么说事物发展的前途是光明的，道路是曲折的？
任务2：阅读课本P65，思考如下问题：
（2）事物发展的前途是光明的，道路是曲折的，给我们什么方法论启示？
2. 做好量变的准备，促进事物的质变（事物发展的状态）
任务3：阅读课本P65，明确如下问题：
（3）量变和质变的含义及其辩证关系。
任务4：阅读课本P66，归纳如下问题：
（4）量变与质变的辩证关系原理的方法论。

（二）议题巩固：例证和质疑

师：大部分同学先学任务都已完成。我们来检查一下大家的基础知识掌握得怎么样了。请根据投影要求,举例例证,如果有疑惑也请及时向我反馈。

（投影展示）

（一）例证和质疑

1. 列举能体现"事物发展是前进性与曲折性的统一"的古诗词、成语或俗语等,并简要解释。

2. 列举能体现"事物发展是量变和质变的统一"的古诗词、成语或俗语等,并简要解释。

3. 质疑。

要求：1. 小组合作完成,记录在白板上,并做简要说明;

2. 确定中心发言人;

3. 时间5分钟。

第一组展示：（书写在白板上）

1. 看山是山,看水是水

2. 看山不是山,看水不是水

3. 看山是山,看水是水

小组代表解读： 中国古代讲人生有三种境界。一是看山是山,看水是水;二是看山不是山,看水不是水;三是看山是山,看水是水。开始的时候我们内心是懵懂的,看到什么就是什么;随着我们对世界的认识不断加深,我们的思维变得复杂,这时我们打破了与世界和谐统一的状态,开始与世界分裂,所谓"看山不是山,看水不是水",这个过程最为尴尬,最为漫长,也最为曲折;随着我们的认识进一步发展,我们会看到世界的本质,所谓"看山是山,看水是水",我们就看到了山的表象下山的本质,水的表象下水的本质。第三个层次虽然和第一个层次表述一致,但是人生的第三个境界是逻辑上更高层次的回归,这三个层次体现了人对世界认知的发展过程,而第二个境界就是发展中的曲折。

第二组展示：（书写在白板上）"操千曲而后晓声,观千剑而后识器"体现的是事物发展是量变与质变统一。

第三组展示：（书写在白板上）"长风破浪会有时,直挂云帆济沧海"体现的是事物发展是前进性与曲折性的统一。

第四组展示：(书写在白板上)"熟读唐诗三百首,不会作诗也会吟"体现的是事物发展是量变与质变的统一。

师：大家在阅读课本过程中还有什么疑问？我们一起来交流。

生1提问：事物发展是由量变到质变，又在新质的基础上开始新的量变，事物处于永恒发展中，那怎么还有旧事物灭亡？

学生回应：资本主义社会是在封建社会基础上建立起来的，二者相比较而言，封建社会是一个旧事物，资本主义社会是一个新事物；但随着时间推移，资本主义社会也会变成旧事物，而新事物也会在资本主义基础上产生。

师总结：从两个角度来分析，是具体事物的发展，还是整个世界的永恒发展？从整个世界来看，事物发展是由量变到质变，又在新质的基础上开始新的量变，如此循环往复，不断前进。从某一具体事物来看，总有其产生、发展、灭亡的过程。

生2提问：量变是事物数量的增减和场所的变更，怎样来理解"场所的变更"？

学生回应：构成事物的成分在它的排列和结构顺序上变化，比如田忌赛马，化学中的同素异形体等等都能说明这个问题。

师：板书 dog→God，场所的变更带来质变。

师：我也有两个疑问，请大家帮我解答。

(投影展示)

1. 事物发展就是从量变到质变的过程。
2. 事物的发展必须通过质变实现，因此，质变比量变更重要。

学生回答：第一个是错的，事物发展是由量变到质变，又在新质的基础上开始新的量变，如此循环往复，不断前进。第二个问题，量变、质变是事物发展的两种状态，二者都重要。

师总结：就事物发展的全过程来看，量变、质变都重要；从事物发展的最终结果上看，只有质变才能促进事物发展，质变比量变重要。不能笼统地谈量变、质变谁更重要，而应区分不同情况。

(三) 议题拓展：探究生活

师：刚才检查了大家的先学情况，下面我们回到现实，共同探究生活。借助于互联网平台发展起来的网络外卖。作为一个年轻的产业,它是如何从无到有、从弱到强发展起来的?请看投影。

(转)中国的网络外卖诞生于2008年的一个晚上……

(投影展示,投影展示的同时教师或学生叙述)

1. 合作探究一 创业:敏锐与激情

2008年的一天,上海交大的几个男生打游戏到深夜,饿了,却又不想出门,就想叫外卖。但电话要么打不通,要么不送。"干脆我们做网站外卖吧。"张旭豪说,"也许,我们能改变世界!"他们为自己的公司名称注册为"拉扎斯"(梵语),意思是激情和信仰,并为自己的网站注册了域名"ele.me"。

(播放视频:"饿了么"广告)

2015年6月,上线"蜂鸟"配送系统,可以定位每份餐品,用户可实时追踪订单配送。

2015年7月,在白领市场交易额占比35.13%,成功布局中高端市场。

2016年5月,配送人员突破100万。

问题:网络外卖与传统外卖有什么区别?外卖行业迅速发展的原因有哪些?这给我们哪些哲学启示?

(小组交流、展示)

师总结学生的发言:

网络外卖相对于传统外卖最大的区别或优势在于:网络外卖借助互联网这个巨大的信息平台,以消费者需求为导向,为消费者提供丰富的外卖信息以及便捷的外卖服务,使消费者足不出户就可以享受到美味、快捷的外卖美食。

网络外卖行业迅速发展的原因在于:(1)传统外卖有局限、不方便,不能更好地满足消费者尤其是年轻消费者的需求;(2)当前便捷化的社会生活具有巨大的外卖市场需求;(3)互联网技术的迅猛发展、智能手机的普及为网络外卖提供了技术支撑;(4)巨量资本的投入进一步促进了网络外卖的迅猛发展。网络外卖作为一种新事物,符合社会发展的必然趋势,能够满足消费者需求,得到了广大消费者支持,因而能够迅猛发展。

(转)网络外卖行业迅猛发展的同时,也经历了成长的烦恼。

2. 合作探究二　成长：危机和出路

（投影展示）

经过多年发展，"饿了么"在线订餐服务已覆盖全国 1 400 个城市，加盟餐厅 100 万家，用户量达 1 亿，相当于每 14 个中国人中就有一人使用"饿了么"的外卖服务。但快速的发展也带来了问题的爆发。2016 年"3·15"晚会，"饿了么"被曝光默认无证黑商户入驻，引发全社会的声讨。

问题：网络外卖行业还存在哪些突出问题？你认为该如何解决？这给我们哪些哲学启示？

（小组交流、展示问题；选择小组代表说明解决方案。）

总结学生发言：

网络外卖行业存在的突出问题主要表现在：(1)存在食品卫生安全隐患：个别平台准入审核不严，出现无证黑商户在平台线上登记，在线下无证经营的情况；(2)外卖产生的环境污染问题：白色污染；(3)部分外卖小哥交通安全意识薄弱，交通事故时有发生；(4)平台商家不主动提供正规发票，存在偷逃税款行为。政府相关监管部门：加强市场准入、食品卫生、环境、纳税监管；网络外卖平台：严格准入标准，提倡自用餐具，运用大数据合理规划送餐人员配置及路线，依法诚信纳税；消费者：增强依法维权意识。

网络外卖行业作为一种新事物，其发展总要经历一个由不完善到比较完善的过程；政府、商家和消费者需要共同努力，针对出现的问题，既要重视每一个问题一点一滴的改进（量的积累），又要抓住时机下定决心，促进外卖行业质的飞跃。

（投影展示）

1. 2016 年 3 月，"饿了么"推出"明厨亮灶"工程，将后厨通过网络全程直播。
2. 2017 年 1 月，"饿了么"起用人工智能 ET 帮骑手规划最短配送路径。
3. 2017 年 8 月 24 日，"饿了么"宣布合并百度外卖。

师：外卖行业从此进入两强争霸时代。就像牛顿看到苹果落地，发现万有引力一样，张旭豪的创业是从大多数人都会遇到的生活中小问题开始的；卡拉尼克在参加一次电话会议后，出来打不到车，UBER（优步）诞生了；他们比普通人多了份对市场的敏锐和激情。起于微末，成于坚持，把小事做好才能成就大事；在机遇面前，果断抓住时机,才能赢得主动和优势。创业离不开起于微末的一点一滴的积累与坚持,更离不开对市场机遇把握的敏锐、激情与果断,二者的结合才能获得创业的成功。

(转)其实在我们身边也有很多类似的事例。

(四)议题深化:学以致用

(投影显示)

在现实生活中,从个人成长到国家经济、政治、文化等领域,也都存在着许多矛盾和问题。

请您选择其中某一领域,举例说明应如何用发展的观点认识和解决这一问题。

分组完成:1、2组侧重个人成长方面;3、4组侧重经济领域;5、6组侧重政治领域;7、8组侧重文化领域。各组确定发言人。

师:时间关系,请二个小组的代表展示探究成果。

第一组展示:

个人成长,主题:关于青春期叛逆的分析。小组代表解读:作为成长中的烦恼,叛逆是我们同龄人中经常出现的一个问题,这是由于青少年在这个阶段生理成熟与心理成熟的不平衡造成的。作为青少年,还没有做好承担社会责任的准备时,常常会陷入困惑和烦躁中,所以会对大人的教育与批评产生反感和愤怒。同学们,我们要积极地适应自己社会定位的变化,改变自己旧有的观点和认识,努力塑造理想的人生,成为一个与时俱进的、健康向上的新时代中学生。

师:我们每个人在成长的过程中,都会遇到各种各样的挫折与考验,我们需要的是信心与勇气;赞赏的是脚踏实地,期许的是自我完善与发展。

第二组展示:

文化领域,主题:改革开放环境中的传统文化。小组代表解读:随着对外开放的不断扩大,外来文化大量涌入中国,也形成了外来文化与传统文化的矛盾,这也显示了中国传统文化软实力的薄弱,我们一方面应该通过积累中华文化中的一些精华部分,形成深厚的文化积淀;另一方面,我们应该根据时代的特点,赋予文化一种新的时代意义,用新的时代要求来阐释中华传统文化,形成中国特色社会主义文化。

师：中华传统文化和外来文化的碰撞，是一百多年来，中国人苦苦求索的问题，主题很好；咱们这个小组的解决思路也和海外的新儒学，比如哈佛的杜维明教授对于发展中国传统文化的解决思路十分契合，"返本开新"，回到中国传统文化当中汲取精华，同时，对传统文化进行新的现代性阐释。

教师总结：我注意到刚才同学们的发言中提出了现实生活中存在的很多矛盾和问题，应该说这些问题都是一个社会在前进中出现的问题，的确需要我们用发展的观点来认识和解决。

（五）议题总结：收获反思

师：总结一下本节课你学了什么？有什么收获？

生：作为当代中学生，我们常常说我们要有梦想，我们又常常说我们担负着重大的任务，我们要改变国家和民族的命运，但是在这个过程中，一定是很曲折的，一定会面临很多问题和困难，今天这节课就告诉我们，事物发展是前进性和曲折性的统一，面对这些曲折和困难的时候，我们要坚信事物发展的前途是光明的，我们的努力是有意义的，比如说，我们是一粒小种子，我们所处的土地，刚开始播种的时候，有可能肥沃，也有可能贫瘠，但是这不妨碍我们深深地扎根，脚踏实地去努力，这个时候就是去实现量变的积累，所以尽管有风吹雨打，尽管有曲折困难，但是到最后，我们一定会茁壮成长、枝繁叶茂的。

师总结：事物发展的前途是光明的，所以我们要自信、乐观、积极向上，不断自我积累，自我提升；事物发展的道路又是曲折的，所以我们要坚定、勇敢、不怕困难，因为我们相信"阳光总在风雨后"！

让我们在音乐声中结束本课，谢谢同学们！（播放音乐《阳光总在风雨后》）

三、板书设计

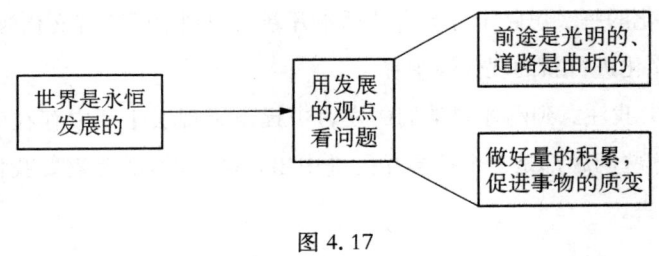

图 4.17

第三部分　课例评析

一、学生反响

学生 A：王老师上课幽默睿智，给我们很多启迪，也有助于我们更深入地了解现实生活。

学生 B：王老师上课活动多，大家积极参与，给我们充分表达自己的观点和疑惑的机会，感觉到时间很快就过去了，意犹未尽。

二、同行声音

张安义：王老师这节课的最大特点，是以核心议题的序列化互动探究，来实现师生共同成长。通过源于生活实际的情境创设，引发学生思考、探究的激情；通过核心议题的设置，开展争论交流，进行合作学习，帮助学生从"饿了么"成功创业经历和高中生个人自身发展的结合中，自觉或不自觉地接受和生成发展的观点，实现认知和行为两方面的大提升。学生在围绕"学会用发展的观点看问题"这一核心议题进行深入探究中，掌握了相关知识和技能。平实而不平淡，简单而不单调。在积极自觉思考和生动活泼的参与中，明白了人生哲理，增长了生活智慧。整个教学设计，是一个从容自若的探究过程,是一个与学生寻找共鸣的过程,是一个帮助学生理解、升华的过程。

三、自我反思

面临新课程改革深入推进背景下的探究课,旨在培养学生学科核心素养中的科学精神。由于缺乏丰富的实践借鉴,也缺乏系统的理论指导,所以且行且思。结合众多听课教师的评价和自我反思,总的来说,在培养学生科学精神方面,本课设计有如下亮点:

1. 从内容上看

根据课程目标要求,有选择地将社会生活中的真实案例("饿了么"创业及发展历程)引入课堂教学,创设教学情境,容易让学生对情境产生认同感和亲切感,激发他们参与了解和探究的积极性,也调动了学生的情绪和情感参与到探究活动中。这不仅有利于实现课堂知识目标要求和能力要求,更有利于涵养学生的学科核心素养。

2. 从形式上看

以提出核心议题并组织由浅入深的序列化问题链为基础、以解决问题为中心,通过"(议题准备:自主先学)—(议题巩固:例证和质疑)—(议题拓展:探究生活)—(议题深化:学以致用)—(议题总结:收获反思)"等环节去实现高中思想政治学科核心素养,注重问题之间的相互衔接,环节上的紧密相扣。充分尊重学生的主体地位,让学生在概括材料、分析成因、提炼哲学原理的过程中培养自主、理智、抽象概括等思维品质。教师不仅精心设置问题,教学过程中还不断鼓励学生发现问题,提出问题,此举有助于培养学生的问题意识,凸显科学精神的独立思考和批判性思维的要求。

3. 从教学效果上看

本节课把社会热点问题和课堂教学有机结合起来,把大社会引进小课堂,是符合新课改理念的教学方式,其优点是教学设计密切联系社会现实生活,创造性地使用了教材;教学设计符合从感性认识到理性认识、理论联系实际的认知规律,有助于学生主动有效地掌握教学中的知识;教学安排充分体现了教学的民主性、开放性,有利于培养学生的综合能力,如人际交往能力、语言表达能力、合作能力、信息处理能力、归纳总结能力和透过现象把握本质的分析能力等,同时有助于引导学生热爱家乡、热爱生活,以主人翁姿态参与社会生活，对学生情感态度与价值观的正确培养和促进学生个体社会化有重大作用。引导学生从对个人成长的关注上升到对国家和社会发展的关注，回应了核心素养中科学精神对思想政治课的具体要求：用辩证唯物主义的基本观点讨论国家政治生活中的决策和发展问题，把握国家发展的趋势和阶段性特征，激发学生对国家发展的自信和历史担当。

当然，由于这是一堂探索性的研究课，教学实施后，笔者也发现了可进一步探讨的地方。由于本课知识容量大，在第四环节"议题深化：学以致用"学生展示中显得很仓促，没有给每一个小组展示表达的机会，留下遗憾。所以在辅助材料的提供和问题的设置上可再精简些，在对学生回答的引导和评价方面可再凝练些。

四、专家点评

王晓宁老师这节课有三个方面的特色：

1. 有新意，合逻辑

本节课以网络外卖行业的成长与发展过程为探究议题，贴近学生，贴近实际，贴近生活，容易让学生有带入感，愿意去了解这个网络外卖行业的成长故事。因而，整节课下来，听课的师生都感觉很轻松，然而却令人回味。

2. 重主体，巧呼应

王老师在教学中穿针引线，及时巧妙地呼应学生，并在深处加以指导。如在学生小组交流、展示问题并选择小组代表说明解决方案后，及时进行总结、点评和拓展。强调网络外卖行业作为一种新事物，其发展总要经历一个由不完善到比较完善的过程；政府、商家和消费者需要共同努力，针对出现的问题，既要重视每一个问题一点一滴的改进（量的积累），又要抓住时机下定决心，促进外卖行业质的飞跃，与学生思想和认知及时呼应。

3. 懂道理，会方法

通过本节课的教学实施，学生懂得了如何用发展的观点看问题，在理解量变与质变的基本概念和辩证关系原理后，既懂得了道理，又掌握了方法，并学会了初步应用，达成了培养学生思想政治学科科学精神素养的目标。

【点评专家】郭林,江苏省高考政治命题专家、中学高级教师、徐州市高中政治教研员。

【执教教师】王晓宁,中学高级教师、徐州市第一中学政治学科主任、苏州大学哲学硕士、徐州市首批"青年良师"、江苏师范大学教育硕士专业学位硕士生导师。工作认真负责,严谨踏实,多次获徐州市教育局嘉奖、所带班级被评为"徐州市先进学生集体"。近年来先后获江苏省基础教育青年教师基本功大赛(高中政治)二等奖、徐州市青年教师基本功比赛高中政治一等奖,主持并参与江苏省教育科学"十三五"规划重点资助课题多项,省级以上期刊发表论文12篇。

课例 8　感悟哲学的魅力:矛盾的普遍性与特殊性

第一部分:教学预设

一、教学内容分析

1. 课标要求

能够面对具有挑战性的复杂情境问题,运用马克思主义哲学关于"矛盾普遍性与特殊性辩证关系原理",把握中国特色社会主义历史发展的阶段性特征和总趋势,发展政治认同素养,牢固树立中国特色社会主义理想信念;用辩证思维与历史思维独立思考,坚持具体问题具体分析的原则,回应社会转型的复杂变化,培养学生的科学精神,在实践创新中增长才干。

2. 教材分析

对立统一规律是唯物辩证法的实质和核心,而矛盾普遍性和特殊性关系问题,又是关于事物矛盾问题的精髓。教材紧扣"矛盾是事物发展的源泉和动力"逐一分析了矛盾普遍性和特殊性的各自含义、二者之间的辩证关系、方法论要求及其指导意义等,内容丰实、逻辑严密。本课内容既是对唯物辩证法总特征(联系的观点和发展的观点)

的提炼和升华(联系的根本内容是矛盾,发展的根本动力也是矛盾),又是对后面所学相关内容作思想理论与方法上的铺垫,承上启下,奠定了本课内容在单元教学中的支配地位。

3. 重点与难点

教学重点:矛盾普遍性和特殊性辩证关系原理,是关于事物矛盾问题的精髓,是马克思主义普遍原理和中国具体实际相结合的哲学基础,是我们发展中国特色社会主义的理论依据。

教学难点:坚持矛盾普遍性和特殊性的统一。在矛盾普遍性原理的指导下,具体分析矛盾特殊性,并找出解决矛盾的正确方法。具体问题具体分析是马克思主义的一个重要原则,是马克思主义的活的灵魂,是正确认识事物的基础和正确解决矛盾的关键。

4. 学情分析

学习本课内容前,学生已经初步掌握了"矛盾的同一性和斗争性"原理,有一定的知识与能力基础,但由于矛盾普遍性和特殊性关系具有高度概括性、抽象性和思辨性,学生学习和理解起来有一定难度。教师在进行教学时,需要转变教学思维,更新教学方法,采用丰富的感性材料,架起哲学理论与生活实际之间的桥梁,将哲学知识与实际生活有机结合,注重从哲学思维引导学生学习和探究。

二、教学目标分析

学科核心素养是学科育人价值的集中体现,是学生通过学科学习而逐步形成的正确价值观念、必备品格和关键能力。

1. 在教学情景的基础上经历知识的形成过程,使学生的思维能力得到提高;着眼于学生的真实生活和长远发展,使矛盾普遍性与特殊性理论观点和生活经验有机结合,让学生在社会实践活动的历练中、在自主辨析的思考中感悟真理的力量,培养学生的科学精神。

2. 强化用对立统一观点看问题的意识,自觉运用具体问题具体分析的原则分析现实问题,指导人们正确地认识世界和改造世界,培养学生的公共参与。

3. 结合学生家乡的变化，说明中国特色社会主义取得的伟大成就，进而得出社会主义在中国焕发出强大生机活力的结论，自觉践行社会主义核心价值观，维护公平正义，逐步培养学生的政治认同和法治意识。

三、思路、方法与资源

1. 整体思路

（1）矛盾普遍性与特殊性　我体验

播放课件：《红楼梦》人物形象分析，创设情境导入新课，让学生感知作品塑造了一大批有血有肉、栩栩如生的人物形象（鲜明的个性差异），这生动体现了矛盾不仅具有普遍性，而且具有特殊性。

教师创设适合学生主体并积极作用于学生主体的情境，有助于学生迅速投入到学习情境中来，经历知识的生成过程，从而由个别到一般、从具体到抽象，体验矛盾普遍性与特殊性。只有这样才能让马克思主义哲学原理更深地进入学生的思想深处，化为他们精神世界的一部分。

（2）矛盾普遍性与特殊性　我思考

从鲜活的事例中思考：自然界、人类社会和思维领域的运动普遍性，说明事事有矛盾；人的一生、人类社会发展的历程，说明时时有矛盾。

在观看挂图"鸟类的多样性"和阅读相关文字介绍，议一议——漫画分析，蕴含矛盾特殊性哲理的成语、俗语赏析等环节中，为学生提供主动参与探究学习的机会。从学生已有的知识经历、生活经验和情感体验出发，通过形式多样的活动，加深对矛盾特殊性的理解。

（3）矛盾普遍性与特殊性　我梳理

从学生的问题出发，为学生提供想象和创造空间。探究整理，综合提升。通过探究概括和变式训练，建构知识体系，全面把握教材内容。

（4）矛盾普遍性与特殊性　我参与

播放"中国特色社会主义取得的伟大成就"视频，认识到任何力量都阻挡不了社会主义前进的步伐。社会主义在中国走过了"雄关漫道真如铁"的昨天，走到了"人间正道是沧桑"的今天,正在走向"长风破浪会有时"的美好明天。每一个人都应当为中国特色社会主义作出应有的贡献,自觉投入到中国特色社会主义事业的建设中去。

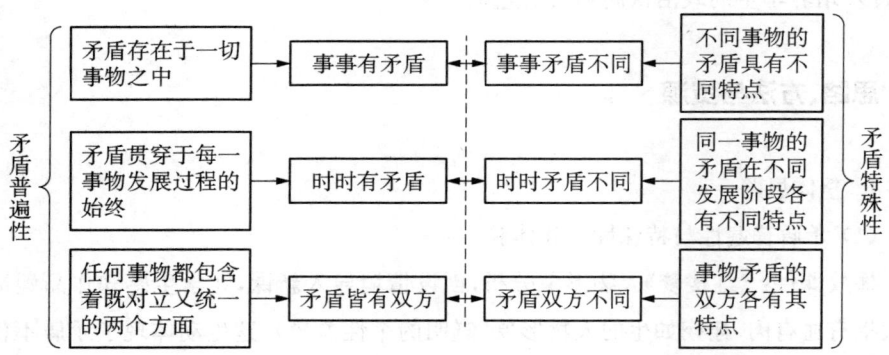

图 4.18 矛盾普遍性与特殊性关系原理的方法论意义

2. 模式方法

情境创设、案例选择、问题设计、活动开展等是否恰当,直接关系到整个教学活动是否能够顺利进行,关系到教学培养目标能否实现。因为这是教学的第一步,具有基础地位。在创设、选择、设计等过程中,教师不妨根据具体情况使教学重心前移,让课外时间使用更科学。传统教学模式:教→学→练。驱动建构式高效教学模式:自学→互教互学→教(再学)→练。这种教学模式的转变,更加突出了学生的主体地位:将第一思考时间还给学生;将第一表达机会还给学生;将第一体验过程还给学生;将第一认知反思还给学生。

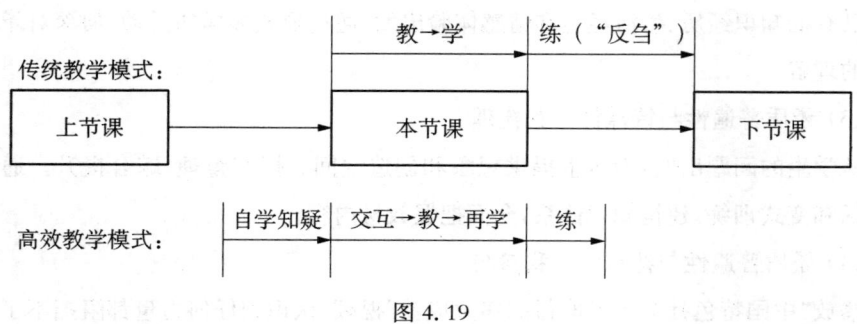

图 4.19

3. 推荐资源

(1) 李吉林. 激情萌发智慧——李吉林情境教育论文选[M]. 北京：教育科学出版社，2016.

(2) (美)约翰·杜威. 民主主义与教育[M]. 王承绪，译. 北京：人民教育出版社，2001.

第二部分　精彩实录

导入环节：

播放课件：《红楼梦》人物形象分析。同是精明泼辣的女主人，王熙凤的泼辣中暗藏着狠毒和两面三刀，而探春的泼辣中则体现着封建主子的威严。同是受迫害的女子，尤二姐无可奈何忍辱受凌，尤三姐则敢于大胆反抗。同是封建的叛逆者，贾宝玉表现为反对"仕途经济"和男尊女卑，林黛玉则表现为蔑视"世俗"的孤芳自傲与多愁善感。

引导学生思考：《红楼梦》之所以能够成为一部脍炙人口的长篇小说，原因是多方面的，但有一点谁也不能否认，那就是作品塑造了一大批有血有肉、栩栩如生的人物形象，表现出了鲜明的个性。这与本课有何关系？

学生讨论，小组代表发言：这些都说明了不同的人都有着鲜明的个性差异，生动体现了矛盾不仅具有普遍性，而且具有特殊性。（全班学生发自内心地鼓起掌来）

板书：感悟哲学的魅力：矛盾普遍性与特殊性

一、矛盾普遍性原理及方法论意义

探究1：每一事物中都存在着矛盾，你能举出实例吗？你在学习和生活中遇到过哪些矛盾？

探究结果：

第一小组：在物理运动中，有正电和负电等矛盾；

第二小组：在化学运动中，有化合与分解等矛盾；

第三小组：在生命运动中，有遗传与变异等矛盾；

第四小组：社会运动中更充满着复杂的矛盾。其中，生产力和生产关系的矛盾、经济基础和上层建筑的矛盾，是人类社会的基本矛盾。

学生归纳知识结构：

（一） 矛盾普遍性原理

$\begin{cases}事事有矛盾——矛盾存在于一切事物中\\时时有矛盾——矛盾贯穿于每一事物发展过程的始终\end{cases}$

探究2：学生列举事例说明矛盾的存在不仅是普遍的而且是客观的。

例1："梅须逊雪三分白，雪却输梅一段香"。

例2："尺有所短，寸有所长"。

例3："人有悲欢离合，月有阴晴圆缺，此事古难全"。

学生由此感悟，提升心理抗挫能力：人生不可能没遗憾，没有遗憾和残缺的人生，绝不是完整的人生。一个精神和情感的成熟者，面对人生的遗憾、失落，当然也有痛苦、牵挂。而不同的是，他总能以成熟的心态承受感情季节的落差。因而，他就不会因此悲痛得失去常态，失去理智，更不会寻死觅活，寻求所谓的解脱。因为他比那些意志脆弱者更能深刻理解、把握生活的意义。

教学指导策略：积极引导学生保持良好的心理状态，注重非智力因素对学习的影响，注重培养学生具有健全、积极、健康、向上的人格。

学生归纳：略。

（二）学习矛盾普遍性原理方法论意义

要承认矛盾，分析矛盾，积极寻找正确的方法解决矛盾。教师引导学生回忆蔡桓公讳疾忌医的故事，非常生动地说明了掩盖矛盾、回避矛盾的危害。

探究3：四个小组的学生分别展示课外摘抄的名人名言。

生命在于矛盾，在于运动，一旦矛盾消除，运动停止，生命也就结束了。

——歌德

假如生活欺骗了你,不要悲伤,也别生气!烦恼时要保持平静,请相信,快乐的日子会降临。

——普希金

探究 4:教师因势利导,请学生阅读下面的文字,写一篇哲理小论文。

不要悔恨过去/既是创伤/也是财富

不要钟情名利/既是鲜花/也是枷锁

不要感叹多变/既有风雨/也有彩虹

不要埋怨人生/既有花开/也有花落

教学指导策略:如此富有生活味道的作业,把知识与生活紧紧相联,相信学生一定会感到亲切而不生疏,自然而不生硬,学生会在兴趣盎然的相互合作中愉悦地完成作业,并逐步成为所学知识的践行者。

学生作业摘录(美文共赏):亲爱的同学们,莫因学业的挫折而灰心丧气;莫因道路的坎坷而长吁短叹;莫因厄运的降临而意志消沉。只有拼搏的火种,方能燃烧出自信和希望的火焰。

二、矛盾特殊性原理

探究 5:请同学们阅读思考挂图"鸟类的多样性"和相关文字介绍,想想这反映了什么哲理。

啄木鸟

鸵鸟

丹顶鹤　　　　　　　　　　　猫头鹰

图 4.20

挂图及文字介绍略。

图 4.21

教学指导策略：彰显思想政治学科的德育功能。中国地域辽阔，自然生态环境复杂多样，被称为野生动物的天堂。我国野生动物不仅种类繁多，数量丰富，而且特产动物多，大熊猫、朱鹮、金丝猴、褐马鸡、扬子鳄等100多种珍稀动物都产自我国，这是大自然留给我们的宝贵财富，我们应该爱护它，珍惜它。21世纪是一个生态文明的时代，保护野生动物，保护生态环境，保护生物多样性，是全人类面临的共同问题。地球上不能只有人类，让我们积极行动起来，保护野生动物，就是保护人类自己的家园。

由此，筹备开展以"增强环保意识，履行环保义务"为议题的研究性学习。

活动设计1：收集、撰写、张贴有关环保方面的标语口号。如，"当时代先锋，做环保卫士";"保护地球,从我做起"等。

活动设计2:成立"绿色天使"学校植绿护绿小组,鼓励学生们在校园里认养一棵小树苗,利用课余时间给它浇水施肥、梳妆打扮;在班级组织"让地球充满生机"的签名活动;参加"爱鸟周"和"保护野生动物宣传月"活动,大力宣传保护野生动物的重要性;举办"环保小卫士"手抄报比赛,培养学生高雅情趣,发展学生艺术特长,丰富学生精神世界。

全班学生纷纷倡议:同学们,为了人类共同的生存环境,为了让我们的家园更加美好,让我们共同努力,一起行动起来,从我做起,从小事做起,共同走向美好绿色的明天!未来的天空一定是碧蓝的,水是清澈的,绿树成荫鲜花遍地,人类可以尽情享受大自然赋予我们的幸福。

图 4.22

探究6:歌曲《走进新时代》这首歌从辩证法角度体现了什么道理?

播放歌曲:"我们唱着东方红,当家作主站起来;我们讲着春天的故事,改革开放富起来;继往开来的领路人,带领我们走进那新时代,高举旗帜开创未来。"

中国共产党的历史,可分为三个历史时期,即新民主主义革命时期、社会主义革命和建设时期、改革开放和社会主义现代化建设新时期。对这三个历史时期,用三个关键词进行概括,就是革命、建设、改革。

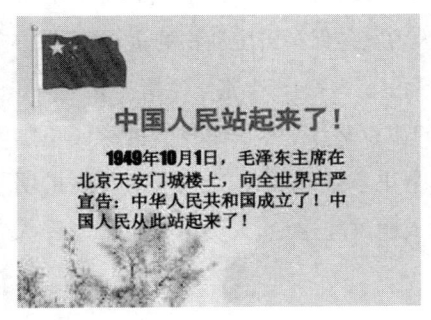

图 4.23

图 4.24

1949年新中国成立之际,毛泽东主席自豪地向全世界宣布:"中国人民从此站立起来了!"这是他对中国共产党领导的艰苦卓绝的革命战争和新中国诞生历史贡献的精辟概括。党的十一届三中全会以后,以邓小平同志为主要代表的中国共产党人,重新确立"解放思想、实事求是"的思想路线,以巨大的政治勇气和理论勇气进行改革开放,成功开创了中国特色的社会主义道路。党的十三届四中全会以后,以江泽民同志为主要代表的中国共产党人,确立了社会主义市场经济体制的改革目标和基本框架,推进党的建设新的伟大工程,成功地把中国特色社会主义推向21世纪。党的十六大以后,以胡锦涛同志为主要代表的中国共产党人,坚持走科学发展道路,开始形成建设中国特色社会主义总体布局,在新的历史起点上,成功坚持和发展了中国特色社会主义。党的十八大以来,以习近平同志为核心的党中央不忘初心,牢记使命,接续奋斗,统筹推进"五位一体"的总体布局,协调推进"四个全面"战略布局,坚定不移贯彻新发展理念,推动党和国家事业发生历史性变革,中国特色社会主义进入新时代,科学社会主义在21世纪的中国焕发出强大的生机活力,中国特色社会主义伟大旗帜在世界上空高高举起,续写了坚持和发展中国特色社会主义的崭新篇章。上述历程,体现了中国特色社会主义发展的阶段性和特殊性。

回归书本:

矛盾特殊性的三种情形:不同事物有不同的矛盾;同一事物在发展的不同过程和

不同阶段上有不同的矛盾;同一事物中的不同矛盾、同一矛盾的两个不同方面也各有其特殊性。

三、矛盾普遍性和特殊性的关系

情景导入:漫画"对成功者的足迹,有人视为路标,有人视为框框"。

图 4.25

教师适时引导,学生合作探究。领会漫画反映出的哲理,启示人们要在矛盾普遍性原理指导下研究矛盾特殊性。

矛盾普遍性和特殊性辩证关系既是重点又是难点:一是矛盾普遍性和特殊性辩证关系原理;二是矛盾普遍性和特殊性辩证关系原理的方法论意义。

(一)矛盾普遍性和特殊性辩证统一关系

普遍性寓于特殊性之中,并通过特殊性表现出来,没有特殊性就没有普遍性;特殊性离不开普遍性,不包含普遍性的事物是没有的。

(二)掌握矛盾普遍性与特殊性关系原理的方法论意义

矛盾普遍性和特殊性辩证关系原理,是马克思主义普遍原理和中国具体实际相结合的哲学基础,也是我们建设中国特色社会主义的重要理论依据。

在中国建设社会主义,一方面,要坚持社会主义的共同特征和基本原则(普遍性);另一方面,又要从我国的国情出发,使社会主义现代化建设具有中国自己的特色(特殊性)。

理论升华:历史和现实反复证明,马克思主义只有中国化才能在中国大地上闪耀真理光芒,也只有中国化才能救中国、发展中国、发展社会主义。马克思主义中国化过程,就是中国共产党人把马克思主义基本原理同中国革命和建设的具体实际相结合,实现党的指导思想与时俱进的过程,就是解决中国革命、建设、改革的问题,推动中华民族站起来、富起来、强起来的过程,中国特色社会主义就是在这一过程中取得的根本成就。中国特色社会主义是科学社会主义理论和中国社会历史发展的统一,是根植于中国大地、反映中国人民意愿、适应中国和时代发展进步要求的科学社会主义,是当代中国发展的根本方向,只有把中国特色社会主义这篇大文章继续做下去,中华民族伟大复兴的中国梦才会最终实现。

探究7:视频展示《中国特色社会主义取得的伟大成就》,结合家乡的变化说明社会主义在中国是如何焕发出强大的生机活力的?

学生活动:学生从经济、政治、文化、社会、生态等各个方面介绍家乡的变化,说明中国特色社会主义取得的伟大成就。

理论升华:"方向对了,路就不会遥远。"当今的中国面临着前所未有的发展机遇,我们的党、我们的国家、我们的民族都站到了新的历史起点上,在新起点上起飞,在新时代中奋进,我们比以往任何时候都有条件向着富起来、强起来的美好未来大步前行!

探究问题2:课后,该班开展了以"从我做起、从现在做起、从点滴小事做起,以实际行动践行社会主义核心价值观"为主题的班会活动。围绕三个篇章:国家篇——突出国家层面的价值目标;社会篇——表达社会层面的价值取向;公民篇——强化公民个人层面的价值准则。表演的情景剧动人心弦;组织的辩论赛美不胜收;集体的诗朗诵瑰丽无比;一曲大合唱《天耀中华》荡气回肠,点燃了全场热情,将主题活动推向了高潮。

四、随堂检测

1. 净化政治生态,就要敢于正视问题,"小病"、"大病"一起治,治疗和预防一起抓,坚持不懈地加强作风建设,深入持久地开展反腐败斗争。这是因为(　　)。

① 矛盾具有普遍性、客观性　② 认识受客观因素影响　③ 量变是质变的必要准备　④ 整体是由部分构成的

A. ①②　　　　B. ①③　　　　C. ②④　　　　D. ③④

2. 城镇化不能不要非遗,非遗也不是反对城镇化,粗放的城市发展,拆除的不仅是村落或成片的老房屋,更拆掉的是保护,这告诉我们(　　)。

A. 古村落是承载乡土文化的载体,是科学推进城镇化建设的精神根基
B. 不同文化背景下的人们对同一现象的评价是相同的
C. 社会意识具有相对独立性,乡土记忆会随着古村落的消失而消亡
D. 要坚持矛盾的观点,辩证地看待社会进步和文化传承的关系

3. 《国家生态文明试验区〈福建〉实施方案》提出,按照整体协调推进和鼓励试点先行相结合的原则,探索可复制、可推广的有效模式,引领带动全国生态文明体制改革。这一方案包含的哲学道理有(　　)。

① 矛盾双方在一定条件下可以相互转化　② 矛盾的普遍性与特殊性是辩证统一的　③ 在认识复杂事物时要把握其主要矛盾　④ 具体问题具体分析是正确解决矛盾的关键

A. ①③　　　　B. ①②　　　　C. ③④　　　　D. ②④

参考答案:1. B　2. D　3. D

第三部分　课例评析

一、学生反响

听了祁老师的"事物的矛盾具有特殊性",我们充分领略到"春天是绚丽的,夏天是热情的,秋天是浪漫的,冬天是纯洁的。一年四季各有各的迷人之处,我们的世界才会如此美丽。这说明了不同的事物都有着鲜明的个性差异,生动体现了矛盾不仅具有普遍性,而且具有特殊性,即事物的矛盾具有各自的特点。"班长慷慨陈词:"回首过往,我们是那样富有朝气和活力,浑身洋溢着令人羡慕的青春气息;再过十年、二十年,当我

们学有所成,投身到火热的社会主义建设潮流中去的时候,是那样才华横溢,那样成熟和潇洒。伙伴们努力吧！展望未来,我们前途似锦;把握现在,我们更需脚踏实地。"话音刚落,掌声一片。于是乎,课堂形成了强大的气场,我们内心的自豪感、责任感竞相迸发,充分涌流。

二、同行声音

范波:祁老师的这节课,给我的总体印象是:教学目标把握到位、重点难点分析精准、教法学法运用恰当、教学过程安排科学。

1. 重视学生体验,丰富精神世界

本节课的教学设计,以播放"《红楼梦》人物形象分析"作为课堂导入,激发学生求知欲,发展学生文学特长,培养学生高雅情趣,丰富学生精神世界。教师适时引导,在学生想看乐思中提出探究问题。通过学习,学生懂得了不同的人都有着鲜明的个性差异,生动地体现了"矛盾不仅具有普遍性,而且具有特殊性"。

2. 从学情出发,建构本节课的教学体系

探究例题"学生列举事例说明矛盾的存在不仅是普遍的而且是客观的"、"名人名言的展示"等设计,让学生自主学习与小组合作,在培养学生团队合作意识的同时,提升了学生的辩证思维能力,从而把握矛盾分析法是我们认识问题的根本方法和意义,并学会运用矛盾分析法观察事物,分析问题,解决矛盾。

3. 以学生为中心

在"启动思维——激活思维——互动思维——展示思维"中学习,学生不单是掌握了知识,更重要的是对问题进行了深入分析和认真思考。本节课设计"我体验"——"我思考"——"我梳理"——"我参与",这是一个情感逐步升华的过程,是一个认识发展的递进过程。以"学生为中心"的教学洋溢着情,充满着爱,流淌着蜜,学生自然乐于接受。

三、自我反思

本课采取了教学生活化策略：一是教学内容力求反映学生生活，并能够有效指导学生生活，为学生的健康发展奠基；二是教学组织形式、学生学习活动、师生互动交流、社会实践活动等是学生喜闻乐见的，是学生凭借生活经验能够容易感知和有效参与的。生活是丰富多彩、鲜活生动的。耳之所闻，目之所接，一切能触动我们内心世界的美好事物，都是我们教学的宝贵资源。思想政治课教学走"生活化"之路，学生就能真正"活动"起来。如视频展示《中国特色社会主义取得的伟大成就》，让学生结合家乡的变化说明社会主义在中国焕发出强大的生机活力。学生活动：学生从经济、政治、文化、社会、生态等各个方面介绍家乡的变化，说明中国特色社会主义取得的伟大成就。

改进建议：制作评价表。

表 4.4

维　　度	等级
活动目标明确	
积极参与资料的搜集、整理	
与小组同学配合主动，搜集信息充分、精当	
流利地表达小组观点，并能为主要观点提供例证	
对如何建设中国特色社会主义的认识深刻、独到	

在操作中，对学生在小组中完成活动任务的情况由自评与小组评价相结合，在班级交流过程中由小组整体评价与小组成员展示交流评价相结合，有教师为主导对学生核心素养落实情况的相关评价，从而形成完整的评价体系，让活动有序开展，效果不断提升。撰写哲理论文，在感悟中体验哲学价值。引导学生平常多写一些哲理小评论，对于学生来说，既可以体验鲜活精彩的故事案例，又可以在情感倾注和理性感悟中撷取受益终生的成事之道。当然，只有那些具有典型性（以小见大、有较强的研究价值）、生动性（有场景、情节乃至"冲突"的描述）、启发性（对生活有指导和借鉴意义）的小故

事、小案例,才能激发学生思维,从而打开学生心灵之门,推开学生智慧之窗。

四、专家点评

由于学生对"矛盾普遍性和特殊性"缺少观察和体会,没有直观感受,所以祁老师在教学设计上采用了高中思想政治教学生活化的策略,立足生活,抓住契机,通过小组讨论、问题争辩等形式为学生提供主动参与探究学习活动的机会,突出重点,突破难点,多样、本真式的课堂就为学生提供了个性化的舞台。师亦生,生亦师,师生相长。在生生互动、师生互动的激荡和交流中,激发学生学习兴致,感悟哲学智慧。"课堂"变"学堂",韵味无穷。

1. 充分挖掘和利用课程资源,发挥"信息源"的作用,对学生进行启发、引导。如,课件:《红楼梦》人物形象分析;挂图:鸟类的多样性;歌曲:《走进新时代》、《天耀中华》;漫画:"对成功者的足迹,有人视为路标,有人视为框框"等,形象生动,激发了学生学习矛盾分析法的积极性,培养了学生的科学精神。

2. 生动富有情趣的情境设置能拨动学生的心弦,激起学生强烈的自主意识和求知欲望,为学生架设起了由已知——经可知——达未知的桥梁。学生自然融入情境,如沐春风,如饮甘露,潜移默化中获得了思想上的启迪和情感上的熏陶。通过系列活动的设计,使课堂空间得以拓展延伸。学生在公共参与和社会实践中增强环保意识,作出科学选择,寻找人生真谛,建设生态文明的美丽家园。

3. 教学中能引导学生应对不同的生活场景,解决多样的人生问题,把握难得的人生机遇,从而为人生价值的实现提供更加广阔的空间。理论升华部分,着眼于人类社会的发展历程,立足于中国特色社会主义的伟大实践,明确中国特色社会主义是科学社会主义理论逻辑与中国社会发展历史逻辑的辩证统一,中国特色社会主义已进入新时代,帮助学生树立为共产主义远大理想和中国特色社会主义共同理想而奋斗的信念。

> 【点评专家】蒋捍，江苏省中学正高级教师、省特级教师，现任教于连云港高级中学。
>
> 【执教教师】祁建军，江苏省特级教师、正高级教师，曾两次获得江苏省高中思想政治优质课比赛一等奖，现任教于江苏省东海高级中学。在国家和省级报刊上发表教育教学论文80多篇。多次开设省、市级研究课、示范课和专题讲座。教学思想《基于生活的思想政治课教学探索》辑入《著名特级教师教学思想录》（江苏教育出版社，2012年1月）。《中国教育报》《教师报》曾报道过他的先进事迹。

课例9 桨声光影看"姑苏"

——创新是引领发展的第一动力

第一部分：教学预设

一、教学内容分析

1. 课标要求

通过教学使学生明确创新是民族进步的灵魂，理解创新与社会进步的关系；列举实例，运用相关原理说明创新推动了社会进步，创新推动了生产关系和社会制度的变革，创新推动了人类思维和文化的进步和发展；通过对创新的深刻理解，认识到创新是引领发展的第一动力，只有创新领先一步，才能在发展上取得主动权，强调我们必须把发展的基点放在创新上，使学生牢固树立创新意识。

2. 教材分析

通过分析创新对社会的进步和发展具有的巨大推动作用，强调了"创新是引领发展的第一动力"这一基本观点，承接上一框内容，谈了创新与社会进步之间的关系，从实践层面上说明了创新是辩证唯物主义的根本要求。

本框共设计了三目：

第一目——创新推动社会生产力的发展。从以下几个方面论证了这一观点：创新实现科技进步，创新更新了生产工具和生产技术，创新提高了劳动者素质，开辟了广阔的劳动对象，从而推动社会生产力的发展。

第二目——创新推动生产关系和社会制度的变革，以理论创新、制度创新、科技创新和文化创新的作用论证了这一观点。

第三目——创新推动人类思维和文化的发展。

最后得出结论：创新是引领发展的第一动力，只有创新领先一步，才能在发展上取得主动权，强调我们必须把发展的基点放在创新上。

3. 重点与难点

教学重点：创新推动生产力的发展、创新推动生产关系和社会制度的变革。

教学难点：创新推动人类思维的发展。

4. 学情分析

学生对"创新"这个词不陌生，但是讲到创新的作用时，认识还是比较肤浅的，特别是创新推动生产关系和社会制度的变革，学生往往会忽略这一重要知识点。因此，本课有必要向学生阐述创新为什么是引领发展的第一动力。

二、教学目标分析

教学设计以中国学生发展核心素养为指向，透过对苏州发展历史的回顾，以四个篇章来探究"创新是引领发展的第一动力"，由此培养孩子们的科学精神和探究精神。

1. 以苏州城的发展历史为线索，探究"城"与"船"的关系，突出强调科技与创新的关系，培养学生的科学精神。

2. 通过对议题"中国私营经济是否应该退出市场？"的探讨，以历史轴的形式进行纵向比较，通过比较"苏南模式"和"新苏南模式"，明晰制度创新对创新的重要性，培养学生政治认同。

3. 站在历史与现代的交汇处，我们往何处发展？我们该怎样发展？以此问题为导向，分析文化创新的重要性，并鼓励孩子们设计创意作品，以此培养学生的公共参与。

三、思路、方法与资源

1. 整体思路

本课例以"苏州"的发展为主线,以"船"为线索导入,从船到城市,再到思想的改变,城市发展的未来,依次展开。科技创新——"铸"城市发展之"船"/制度创新——"扬"城市发展之"帆"/文化创新——"塑"城市发展之"魂"/扬帆远航——"看"城市发展之"光"。

互动探究:

探究一 科技创新——"铸"城市发展之"船"

苏州古城始建于公元前514年,距今已有2500余年历史。由于苏州地处长江下游,太湖流域,所以水路航道纵横交叉,四通八达,乃华东地区苏、浙、沪三省市通衢,系车船东西贯通、南来北往的必经通道。

有水之处即有船,船行之处便有城。苏州因船而生,苏州因船而兴。让我们轻轻推开历史的大门,搭乘历史之船,去感知真实的苏州。

请同学们分成四个小组,分别探寻苏州主要的交通工具"船"的历史变迁,并思考:

(1)交通工具的不断更新靠的是什么?

(2)在交通工具不断更新过程中,劳动者发生了哪些变化,劳动对象发生了哪些变化,这说明了什么?

第一组:木帆船、乌篷船;

第二组:小火轮;

第三组:集装箱船;

第四组:无人驾驶船。

探究二 制度创新——"扬"城市发展之"帆"

议题:中国私营经济是否应该退出市场?

建议资料搜集:

(1)改革开放40周年,我国关于社会主义市场经济关系的主要论断,以小组为单位,做出时间轴;

(2) 作为改革开放的先头兵,苏州在改革开放实践中的创新,如苏南模式、新苏南模式。

(以小组为单位,亮明你们的观点)

探究三　文化创新——"塑"城市发展之"魂"

(1) 小调查:你记忆中的苏州是什么样的?你喜欢什么样的苏州?简要说明自己的观点。

(2) 思考:你们的回答代表了什么样的思维方式?

(3) 试举例代表苏州的文化品牌有哪些?

探究四　扬帆远航——"看"城市发展之"光"

"创新是一种生命的蜕变,是一种生命的历练,也是一种生命的期许……"

世纪草桥育英才,百年一中谱华章。2017年10月7日,江苏省苏州第一中学迎来了110周年华诞!我特别欣赏校庆时,有校友用这样的方式表达了这样的一组创意,叫"左手回忆,右手青春"。苏州一边是温婉宁静的江南水乡,一边是日新月异的繁华都市!请同学们互相讨论,设计一款苏州旅游的"伴手礼"草图,要能体现传统与现代的融合。

课堂小结:

自主建构思维导图。

2. 模式方法

主题+议题教学模式——在主题教学中可以设置一个议题或多个议题,议题为教学主题服务,在构建知识的同时,提升核心素养。

在教学活动开展时,我们通常选择在一个主题下确定若干活动议题进行探究。这些议题通过建立真实的、结构化的、多样的教学情境开展探究讨论,指向同一个教学主题,议题的设置使理论逻辑与生活情境融为一体,从生活情境中认识、建构学科知识,从而使学生在真实生活中应用知识,形成价值判断,理性、反思性地体验生活,真切、深刻性地理解知识的价值与意义。

3. 推荐资源

(1) 夏永祥.“苏南模式”中集体经济的改变与嬗变:以苏州市为例[J]. 苏州大学学报:哲学社会科学版,2014(1):101—106;+191.

(2) 中新经纬. 央媒接连驳斥"私营经济离场论"！人民日报重磅发声[N/OL]. [2018-09-14]. https://baijiahao.baidu.com/s? id = 1611509678229318826&wfr = spider&for = pc.

(3) 新华网客户端. 改革开放 40 年建立与完善社会主义市场经济体制的基本实践[N/OL]. [2018-09-10]. https://baijiahao.baidu.com/s? id = 1611218674077530175&wfr = spider&for = pc.

第二部分　精彩实录

课前布置学案。

导入新课：

（播放苏州城市宣传片）苏州古城始建于公元前 514 年,距今已有 2 500 余年历史。由于苏州地处长江下游,太湖流域,所以水路航道纵横交叉,四通八达,乃华东地区苏、浙、沪三省市通衢,系车船东西贯通、南来北往的必经通道。

有水之处即有船,船行之处便有城。苏州因船而生,苏州因船而兴。让我们轻轻推开历史的大门,搭乘历史之船,去感知真实的苏州。

一、科技创新——"铸"城市发展之"船"

老师很小的时候,就学过一首关于苏州的古诗,"姑苏城外寒山寺,夜半钟声到客船。"(我们的"行"靠的是——船,运输靠的也是船,而且是乌篷船。)

人类的智慧真是无所不能,无处不在。在历史发展的长河中,发明者经过一次又一次的发明,改良了交通工具,缩短了出行时间,减轻了旅途疲惫,方便了生活,让人们的脚步,抵达了许多以前不曾到过的地方。我们姑且称之为苏州的过去、现在和未来。

过去——船运（靠经验、靠的是苏州得天独厚的地理优势，主要开辟的是内河航运）

苏州航道纵横交叉，公路四通八达，乃华东地区苏、浙、沪三省市通衢，水陆交通历来十分便捷，系车船东西贯通、南来北往的必经通道。

苏州每年向朝廷交纳的赋税，据《吴郡志》引《大唐国要图》中称，为105万贯钱。当时，两浙地区13州，纳钱665万贯，平均每州负担51万贯，而苏州的税额竟达105万贯，占两浙诸场收钱总数的1/6左右，超出各州平均数的1倍，所以刘禹锡说"苏州口赋，首出诸郡"，白居易称"江南诸州，苏最为大，兵数不少，税额至多"是客观的事实。税额的增加，一方面固然说明统治阶级剥削的苛重，但另一方面也表明苏州的经济发展水平高于其他地区。

——节选自《苏州史纪·古代》

现在——联合航运（靠技术，靠的是电气化机械化操作，打造自己的城市地位）

从木帆船到小货轮，再到大驳船，再到万吨级的集装箱货船，苏州的船只运输随着苏州经济升级而不断升级，与之相伴的苏州港成为上海国际航运中心集装箱枢纽港的重要组成部分，成为江苏第一大外贸港，为长江沿线外向型经济发展和以集装箱为主的外贸物资运输服务；为苏、锡、常地区临江工业的开发和发展外向型经济服务；是以国际集装箱、铁矿石运输为主，相应开展石油化工品及临港工业的原材料和产成品运输的多功能服务、成为一个综合性港口。

2017年苏州港口吞吐量位列全国第三。

未来——无人港口（人工智能，靠的是人才和技术，提升未来的发展空间）

岸桥、轨道吊、自动引导车、智能控制系统……"无人港"的核心技术中，"中国制造"已经占有一席之地，将为迎接更大规模的智能时代提供坚实支撑。从肩挑手提，到机械抓斗，再到全自动化操作，近年来，码头作业由曾经的劳动密集型行业，逐渐转为科技密集型行业。

自动化码头生产管控系统，让船舶和堆场计划、配载计划、生产作业路计划等原本必须由专业人员手工完成的任务，全部交由系统自动生成。这些变化，显著降低了码头生产运营各个环节的人力资源成本。

创新驱动发展,科技创新正在带来更多经济新业态。

总结一下:

乌篷船(人力、手工操作)

集装箱船、滚装船
(发动机、电气化、机械化操作)

无人港口(人工智能)

思考:1. 交通工具的不断更新靠的是什么?

2. 在交通工具不断更新中,劳动者发生了哪些变化,劳动对象发生了哪些变化,这说明了什么?

"科学技术是第一生产力",而科技进步的历史充分说明了"科技进步的实质就是创新",科技的进步是通过创新实现的。创新使得科技进步,更新了生产工具和生产技术,新的生产工具和生产技术对劳动者提出了更高的要求,提高了劳动者素质,新技术使人类有能力将更多事物纳入自己劳动对象的范围,甚至生产出新型原材料供人类使用。所以,创新推动了生产力的发展。

1. 创新推动社会生产力的发展(板书)

创新→实现→科技进行→ 更新生产工具和生产技术 / 提高劳动者素质 / 开辟劳动对象 —推进→ 社会生产力发展

图 4.26

"一个时代推崇什么,既展示着时代风貌与品格,也昭示着国家和民族的潜质与未来。"我们的时代呼唤创新,创新也给苏州带来了无限生机。我们不仅需要科技上的创新,也需要在制度上进行创新。

二、制度创新——"扬"城市发展之"帆"

播放短片讲述苏州的创新过程：从上世纪 80 年代的"苏南模式"，到 90 年代树立起"新苏南模式"的典范，再到创新时代下"创新引领"战略，完美演绎"苏州制造"向"苏州创造"的蜕变，分析对比"苏南模式"与"新苏南模式"，在比较中讨论，如何在实践中推动理论创新进而推动制度创新？

苏南模式的特点

农民依靠自己的力量发展乡镇企业；

乡镇企业的所有制结构以集体经济为主；

乡镇政府主导乡镇企业的发展；

市场调节为主要手段。

新苏南模式

"新苏南模式"，是指在经济国际化背景下，在原苏南模式的基础上，经过创新演进所形成的新型区域经济与社会发展模式，其基本内涵是"三以三坚持"，即以实现"两个率先"为目标，以园区经济为载体，以打造现代国际制造业基地为引擎，坚持改革创新，坚持快速发展、科学发展、协调发展，坚持工业化、城市化、信息化、国际化互动并进。

"苏南模式"和"新苏南模式"既是所有制结构调整的结果，也是社会主义市场经济发展的必由之路。政府不但要为民营经济发展创造宽松良好的环境，而且要给予强有力的鼓励、支持和引导。坚持不懈地进行技术创新、制度创新既是民营经济生存发展的基本保障，也是转方式、调结构的客观要求。

当前我国民营经济发展处在关键时期，必须进一步解放思想，深化改革，才能使民营经济摆脱种种困境，实现更快更好发展。

实践基础上的理论创新是社会变革的先导，通过理论创新，才能进一步推动生产关系和社会制度的变革。

（1）实践基础上的理论创新是社会发展和变革的先导。

（2）通过理论创新推动制度创新、科技创新、文化创新以及其他各方面的创新，这是我们要长期坚持的治党治国之道。

2. 创新推动生产关系和社会制度的变革（板书）

（1）创新促进生产关系和社会制度的变革；

（2）理论创新是社会发展和变革的先导；

（3）坚持理论创新、制度创新、科技创新、文化创新。

三、文化创新——"塑"城市发展之"魂"

提起苏州，很多人都会想象烟雨朦胧，小桥流水，再添一只乌篷船吧，便是梦里江南最诗意的风景。

喜欢古典苏州的同学请举手。（阐明喜欢的理由）

是啊，那时候的苏州，车马很慢，空气中没有汽油味，只有潺潺的水声，夹杂着船家的吴侬软语。而现在，在纵横交错的车水马龙中穿梭，恍惚之间，姑苏城发展的脚步，已分秒更迭。当你登上"东方之门"，极目远眺，蜿蜒湖岸，群楼环抱，夜幕四合时，更是流光溢彩，苏州新工业园区，更是聚焦了全球的目光，纳米技术、无人驾驶等先进科技，为古老的苏州增添了别样风采！

喜欢现代苏州的同学请举手。（阐明喜欢的理由）

一边是温婉宁静的江南水乡，一边是日新月异的繁华都市！

也有同学提出这样的问题：老师，为什么不能两个都喜欢？

问得好，因为在现实生活中，我们肯定会寻觅二者的结合点，单纯地肯定传统，或者单纯地否定传统都是不可取的，都是形而上学的否定观，也是单一的思维模式，是把传统与现代割裂的一种做法，我们需要去寻觅二者的结合点，正确处理好传统与现代的关系，寻找我们的城市精神！

单纯喜欢（模糊直观的思维方式）片面肯定、片面否定（形而上学的思维）

把传统与现代结合起来（辩证的思维）思维的改变，需要创新，而我们苏州的建设者们,也深知文化和历史对苏州发展的作用。因为,一座城市有了历史,才能有未来;有了文化,才能有发展。

文化,是苏州的底色。

在延续千年文脉的同时,苏州致力于打造古今融合的文化生态,一方面传承吴文化的优秀基因,一方面也在对接现代文化元素,为城市可持续发展注入活力。目前,苏州的文创产业体系正在蓬勃发展,形成了多门类、有特色、上规模、整体实力较强的文创产业体系,成为推动苏州经济和社会发展的重要引擎;苏州正深入有序地推进基层综合性文化服务中心标准化建设,提出"8+X"建设模式,在省内率先出台《苏州市村、社区综合性文化服务中心服务规范(试行)》和服务指导目录;苏州正全力打造"手工艺与民间艺术之都"、"世界遗产城市"、"吴文化中心"等一批最具苏州标识的文化名片,推出了中国昆剧艺术节、中国苏州评弹艺术节、苏州市少儿艺术节、苏州阅读节、苏州市群众文化"繁星奖"评选活动等一系列品牌活动⋯⋯

姑苏大地,特有的历史文化底蕴与现代文明和谐交融、古今辉映,演绎着经济与文化互动发展、共同繁荣的动人乐章,迸发出新的活力。

3. 创新推动人类思维和文化的发展(板书)

四、扬帆远航——"看"城市发展之"光"

在历史与现代的交汇处,我们往何处发展?我们该怎样发展?我们不妨来看一下江苏省委书记李强,就如何推进创新发展提出的四个需要苏州深入思考的问题,即"创新四问":

> ——在全省创新格局中,苏州怎样发挥引领性作用?
> ——在推进自主创新中,苏州怎么追求原创性成果?
> ——在全面提升创新水平的基础上,苏州怎样打造标志性平台?
> ——在创新生态系统的打造上,苏州怎样体现开放性和包容性?

要想回答李书记的"创新四问",需要我们各行各业的建设者都努力起来,作为中学生,祖国未来的建设者,更是责无旁贷。

世纪草桥育英才,百年一中谱华章。2017年10月7日,江苏省苏州第一中学迎来了110周年华诞!我特别欣赏校庆时,有校友设计的一组创意纪念品,叫"左手回忆、右手青春"。

如图:

图4.27

课堂活动

一边是温婉宁静的江南水乡,一边是日新月异的繁华都市!

请同学们分成小组互相讨论,共同设计一款苏州旅游纪念品,要求能体现传统与现代的融合。

设计完成后,推选出优秀设计成果进行展示。

课堂小结

世界上最重要的东西,不在于我们身居何处,而在于我们朝向何方。

创新是一种生命的蜕变,是一种生命的历练,也是一种生命的期许……

希望创新在同学们身上,像嫩芽一样在春天里生发!

布置作业

继续完善课堂上的优秀设计,并写出详细设计方案,好的建议和方案可以在苏州市文化广电和旅游局网站留言。

网址:http://www.wglj.suzhou.gov.cn/

第三部分　课例评析

一、学生反响

小张同学：我是苏州人，这是我第一次明白了我生活的苏州与改革开放有如此紧密的联系，也第一次明白了创新的重要性，我的老家在苏州乡下，我对船有着清晰的认知，老家的一草一木，苏州的一瓦一巷都与祖国共命运，我还有两年就要毕业了，我希望这颗创新的种子能在我心底生根发芽！

小王同学：创新一词对我来说是既熟悉又陌生的，在上这节课之前"创新"对我来说就是一个概念，我从未拿创新与我的生活联系起来，也没有意识到创新对一个国家的重要性，当创新的画卷随着城市历史缓缓展开的时候，我才意识到创新就在我身边，它离我那么近，真的是触手可及，第一次在礼堂上课，感觉特别紧张，感谢高老师对我们的循循善诱，感谢他让我第一次真正认识到了创新，第一次真正理解了我的家乡苏州是那样的美！

二、同行声音

许大成：高保卫老师以苏州在创新中发展为主题，把整体情境设计成为：科技创新——"创"城市发展之"船"；制度创新——"扬"城市发展之"帆"；文化创新——"塑"城市发展之"魂"；扬帆远航——"看"城市发展之"光"。这种主题化情境改变了那种"随意、零碎、杂乱、无序"的情境现状，把情境线、知识线、活动线和价值线四线有序编织、有机融合起来，使得教学主题鲜明，过程秩序井然，要素整体优化，呈现出主题情境"严谨、深刻、简约、大气"的整体之美。

以苏州在创新中发展为情境，激发学生建设家乡的责任担当。这种乡土化、生本化的教学资源，具有丰富的教学营养。它不仅化远为近，化抽象为具象，成为促进学生理解的辅助性支架，还化陌生为熟悉，化旁观为亲历，浸润和渗透着学生的情感、态度、价值观，激发学生热爱家乡、建设家乡的家国情怀。

三、自我反思

话说苏州谈"议题"。苏州讲课结束后,回来以后不敢触碰,不敢触碰的主要原因是自己对"议题式教学"和"活动型课程"的认识还比较肤浅,或者说就是一个彻底的门外汉。

1. 议题选定中的困惑

《普通高中新课程标准(2017年版)》要求:"高中政治课要围绕议题,设计活动型学科课程的教学。活动型学科课程的实施要使活动设计成为教学设计和承载学科内容的重要形式。"毋庸置疑,彰显了议题在教学中的重要性,但是在现实教学中,如何选定议题却又让很多一线教师望而却步,心生困惑。

备课的过程还是很艰辛的,因为课的核心主题是创新,我一直试图找一个最新科技的事例,来作为本课的突破口,但是始终找不到,从"人工智能"到"无人驾驶"都被我一一否定了,不是例子不好,总觉得不能更好地体现创新的内涵,总觉得少点什么,一直捕捉不到好的灵感。后来我发现了我的问题所在:首先,我找的议题都偏离学生的生活实际,不具备更好的时代气息,缺乏议的土壤;其次,科技类的议题,可以很好地突破第一个知识点,创新推动生产力的发展,但是在创新推动"生产关系社会制度的变革",创新推动"人类思维和文化"的发展上,却力不从心,不能做到与学科知识的完美融合;最后,科技类议题创新在体现议的思维价值方面有欠缺,不能很好地体现正确的价值导向。寻寻觅觅中,我被苏州的景色所沉醉,也被苏州独特的人文特质所打动,更被苏州千百年来的匠人精神所打动。果断地把同学们一直生活成长的苏州之美作为议题,穿插了"中国私营经济是否应该退出市场"等子议题,来辅助我的课堂教学。从课堂的教学效果来看,无论从内容上还是提升学生思维含量上,比单纯追求科技类议题,都有比较大的提升。

2. 议题与主题的融合

议题式教学在新课标中的地位毋庸置疑,它既是落实普通高中思想政治学科核心素养培育的重要渠道,也是转变教师教学方式和学习者学习方式的重要渠道,对落实立德树人根本任务、提升普通高中思想政治学科教学质量,具有十分重要的理论意义和现实意义,然而在具体教学实践中,很多一线教师也产生了很大疑惑,两种教学模式如何区分？在新课标指导下的教学实践中，二者能否进行很好的融合？……答案是肯定的，经过教学实践证明，二者可以进行有效的融合，议题是教学主题与生活主题之间的桥梁，是培育学生学科素养的重要路径。所有议题的设置与展开均应围绕主题，即学科课程内容，所有议题的探讨均应指向思想政治学科素养，强化价值引领。本课例中的教学议题——"中国私营经济是否应该退出市场？"把此议题放在改革开放40周年的大环境中，用历史的维度去进行讨论，有利于启发同学们的思维，借助时间轴方式，可以帮助同学们对思维创新这一重点知识的理解，具有比较好的价值引领与导向作用。

3. 创新与守旧之间的取舍

本课的主题是创新，然而在现实教学中，创新却实为不易。因为议题式教学模式的实施对于教师的创新教学设计也是一个极大的挑战。守旧容易创新难，当前很多教师长期在传统教学框架内开展工作，循规蹈矩，照本宣科，特别是工作多年的教师，已经形成一种思维定式，习惯于按照原来的方式方法来教学。在灌输式传统教学模式根深蒂固的影响下，要改变这种状况，教师须有创新意识，真正突破每一个环节都要有一个连贯式的议题教学，是有一定难度的，需要慢慢去研究和不断地完善。因此，议题式教学模式需要处理好创新与守旧的矛盾问题。创新是一种生命的蜕变，是一种生命的历练，也是一种生命的期许……

对"议题式教学"模式的研究还有待进一步完善，包括与主题式教学的融合，都需要老师们继续进行研究，但我坚信，随着实践的发展，议题式教学模式将会被越来越多的人认可和接受，会进一步落实核心素养，创造充满生机与活力的课堂！

四、专家点评

高保卫老师创设并执教的"创新是引领发展的第一动力"一课以创新的作用为议题引线，以苏州的发展为情境载体，以创新的知识为教学线索，以素养的培育为目标追求，充分体现了构建以培育思想政治学科核心素养为主导的活动型学科课程的新课标理念。本课呈现出如下特色和亮点：

1. 教学线索清晰，课堂结构精致

教学在江南水乡的美景展示中展开，高老师用极富魅力、极富磁性的语言引出"一湖水、一座城、桨声光影展新容"课堂导入,把学生和观者带进苏州城市发展的哲学探索之旅中。科技创新——"铸"城市发展之"船";制度创新——"扬"城市发展之"帆";文化创新——"塑"城市发展之"魂";扬帆远航——"展"城市发展之"光"。将辩证唯物主义哲学的创新发展观的学科知识与本土化城市发展的时空纵贯相连,使教学线索清晰,结构精致,并做到理论逻辑与生活逻辑的有机统一。

2. 教学议题集中,辨析延展深入

课堂的四个探究活动都围绕发展的第一动力——创新而展开。以生产力中的标志性要素生产工具为载体,用水乡最为熟悉的船的发展变迁归因,通过生产工具、生产者、生产对象的变化,说明科技创新是生产力发展的第一动力。如果说探究一具象生动,那探究二就将问题向深度学习推进了。该环节以"中国私营经济是否应该退出市场"为子议题,在复杂性情境感知和辨析式学习路径中,教师循循善诱,静待花开;学生真切思考,渐入佳境,反映出学生对现实复杂问题的哲学思考和运用。

3. 教学气场氤氲,目标自然达成

在各子议题探究过程中,执教者以优秀的教师素质和精湛的教学技艺成为议题探讨的组织者和议题深入的引导者,而学生则逐步通过议题的推进过程,使自己的主体地位得以显示,参与意识增强,经历了深度学习、知识构建和价值形成等过程后,逐步认同了创新的作用,特别是创新对生产关系和社会制度的推动作用,对培育学科的核心素养富有启迪。

4. 教学素材典型,情境创设匠心

本课选用苏州典型的交通工具船及船的发展变迁,真实可感,理蕴境中,利于学生从中抽象出科技创新对生产力推动的哲学道理。而运用"时光轴"则把一个个改革发展的时间节点与创新的作用有机结合,较好地引导了学习者对抽象哲理的理解,从而帮助学生增强了掌握和运用核心知识,培养和形成关键能力的作用。当然,本课在教学中时间调配和重点内容可以更多地放在"制度创新"深度学习和"扬帆远航"的素养培育上,这样可以使本课的教学效益更加凸显。

【点评专家】肖志农,全国优秀政治教师、重庆中学正高级教师、重庆市特级教师,现任教于重庆外国语学校。

> 【执教教师】高保卫,山东省青岛第二中学教师,荣获全国模范教师、全国中小学优秀德育工作者、山东省特级教师、齐鲁名师,获省优质课一等奖、省级学术技术带头人、省级骨干教师等称号。工作以来,在教学上潜心钻研,积极探索"主题"式教学模式,教学风格生动活泼,深受学生喜爱,多次开设公开课、优质课,在教学之余认真思考,参与多项省市级课题研究,在《中学政治教学参考》、《思想政治课教学》等国家级核心期刊发表文章多篇,在其他报刊上发表文章100多篇。

课例 10 以"智"惠生活,让世界变得更美好!

第一部分:教学预设

一、教学内容分析

1. 课标要求

理解"创新是引领发展的第一动力"的内涵和实质及创新与社会进步的关系;能列举实例,运用相关原理,说明创新推动了生产关系和社会制度的变革,创新推动了人类思维和文化的发展;使学生牢固树立创新意识,并愿意为此而付出努力。

2. 教材分析

本课是《生活与哲学》第三单元唯物辩证法的落脚点,主要讲创新对经济、政治、文化的作用和意义,下设三目:

第一目"创新推动生产力的发展",通过阐述科学的本质就是创新、科学技术推动了人类社会发展两个方面谈创新的经济意义。

第二目"创新推动生产关系和社会制度的变革",通过阐述实践基础上的理论创新是社会变革的先导,理论创新推动制度创新、科技创新、文化创新等谈创新的政治意义。

第三目"创新推动人类思维和文化的发展",通过阐述创新推动人类思维和文化发展谈创新的文化意义。

三个内容紧密相联,分别从经济、政治、文化三个角度谈创新对社会进步发展的影响,一方面,既是对前面所学知识(联系观、发展观、矛盾观、辩证否定观)的具体表现,又是对第四单元历史唯物主义中有关生产力与生产关系辩证关系的论证;另一方面还能从经济与政治、文化之间的关系来理解此内容。由于教材内容内在逻辑性强,学生要理解这三个意义不难,但是要理解透彻创新为什么是引领发展的第一动力则有一定的难度。

3. 教学重点与难点

教学重点:理解创新对发展的意义。

教学难点:创新为什么是引领发展的第一动力?

4. 学情分析

(1)学生已学习辩证唯物论、认识论和唯物辩证法的理论知识,对马克思主义哲学有了一定的了解,但是还不能自觉、灵活地用于指导生活。

(2)大部分高二学生还缺乏生活经验、阅历较浅,较多停留在感性认识中,缺乏理性思考。

(3)学生较少参与社会实践,对社会生活和国家时事关心较少,对国家的一些政策出台的背景了解不深。

二、教学目标分析

1. 通过"人工智能在苏州"社会调查的分享、激思活动,感受、体悟人工智能对苏州经济、社会生活等方面的影响,理解人工智能不仅能推动经济发展,而且会改变人们的生活方式和思维方式,帮助学生理解"国家创新驱动发展战略"和"大众创业,万众创新"等政策,培养学生政治认同、公共参与等学科核心素养。

2. 通过"人工智能是人类的福祉还是祸害"的争辩明理活动,理解人工智能对人类社会发展的两面性,要求人类必须负责任地利用人工智能才能给人类造福,让学生思考作为未来人工智能的创造者和使用者所应承担的社会责任及使命,培养学生科学精神和法治意识。

3. 通过角色扮演"谈谈如何更好地推动人工智能的创新"的头脑风暴活动,引导学生思考人工智能时代对生产关系和社会制度的变革及人类思维和文化发展的影响，激发学生的爱国情怀和为实现国家创新驱动战略而努力的责任感和使命感，培养学生政治认同素养。

4. 通过"哪些方面的创新去构建人类命运共同体"的拓展深思活动，让学生理解和感悟构建"人类命运共同体"对人类社会发展的意义，培养学生树立国际视野和世界公民意识，激发学生为共创人类美好未来的责任感和使命感，培养学生的社会责任和担当。

三、思路、方法与资源

1. 整体思路

（1）教学流程。整节课分为课前、课中和课后三大环节，遵循课前（自主学习、搜集材料——社会调查、在线采访）——课中（分享激思——争辩明理——头脑风暴——梳理成思——拓展深思）——课后（深度调查）的流程。

课前让学生搜集有关我国人工智能的发展趋势、影响，国家创新发展战略和"大众创业，万众创新"提出的背景及进程，分小组参加"人工智能在苏州"的社会调查和"企业家时空连线"的采访录播活动；课中请小组代表结合"人工智能在苏州"社会调查成果的分享和自己的生活经验，谈谈人工智能对我国经济社会发展影响的分享激思、"人工智能是人类的福祉还是祸害"的争辩明理，通过角色扮演"结合企业家时空连线的采访，请您谈谈如何更好地推动人工智能的创新？"（角色扮演政府、企业、个人），进行头脑风暴的活动突破此课的重难点，然后通过学生活动生成理论知识，最后让学生运用所学知识解决当前我国现实社会中的问题；课后再让学生对人工智能在苏州的发展进行深度调查，思考人工智能的未来发展需要解决的问题。

（2）教学理念。以新课程标准为指导，以议题教学为主线，构建活动型学科课程。通过整合社会资源，搭建实践平台让学生走向社会，同时让企业家走进课堂，打破传统课堂的边界；以思想政治课"唤思教学"的教学理念为指导，通过创设真实情景，引导学生参与实践、独立思考、合作探究，理解和感悟马克思主义哲学关于"创新是引领发展的第一动力"的观点；通过教学活动唤醒与激发学生的家国情怀和共创人类命运共同体、让世界变得更美好的使命感与责任感，培养学生学科核心素养。

2. 模式方法

(1) 教学模式：基于思想政治课"唤思教学"+议题式教学的实践与探索,针对当前思想政治学科教学存在的教学和实践的脱节、重教轻育等现实问题,笔者基于十多年的教学实践和教研提出"唤思教学"的思想,通过初唤引思、深唤促思、再唤深思、行动践思的教学策略对学生进行唤思启悟、激扬生命的教学,通过唤醒学生的灵魂和思想,发掘其潜能,激发其内在的学习动力与学习兴趣,引导学生自我觉醒,学会自我成长,始终坚持追求真、善、美,始终坚守其内在追求,找到生命的价值与意义,成为一个幸福的人。

在唤思教学指导下,本课采用议题式教学,通过分享激思、争辩明理、头脑风暴三大探究活动组织教学,引导学生梳理成思,自然生成理论知识,在此基础上再引导学生运用所学理论知识解决当前面临的问题,并进一步拓展深思,落实学科素养的培育任务,在润物细无声中追求学科本质的实现。

(2) 教学方法：探究教学法中的接受式探究法和建构式探究法。第一,社会实践活动与课堂探究活动相结合；第二,学生自主学习和小组合作学习相结合；第三,学生自主归纳推理和教师点拨相结合。

3. 推荐资源

(1) (德)雅斯贝尔斯. 什么是教育[M]. 邹进,译. 北京：生活·读书·新知三联书店,1991.

(2) (前苏联)苏霍姆林斯基. 给教师的建议[M]. 杜殿坤,译. 北京：教育科学出版社,1984.

(3) 中华人民共和国教育部. 普通高中思想政治课程标准(2017年版)[S]. 北京：人民教育出版社,2018.

第二部分 精彩实录

导入新课：

2018年全国科普日的主题是"创新引领时代,智慧点亮生活",今天我们围绕"以'智'惠生活,让世界更美好!"的议题,探究学习"创新是引领发展的第一动力",感受创新的力量！智能发展看苏州，下面有请我们班的同学为大家分享"人工智能在苏州"的社会调查成果。

图 4.28

（一）分享激思

请小组代表分享"人工智能在苏州"社会调查成果并结合自己的生活经验，谈谈人工智能对我国经济社会发展的影响？学生分享：他们从实力苏州、苏州王牌、具体做法、感受思考等方面向全班同学分享调查成果。

分享点评：调查组的同学凝聚团队的力量，介绍了他们在苏州工业园的调研成果、感受及思考，让我们感受到人工智能作为科技创新对苏州发展的引领作用。创新不仅能推动一个城市的发展，而且也能推动一个国家的发展。

过渡：下面请同学们结合自己的生活经验，谈谈人工智能对我国经济社会发展的影响。

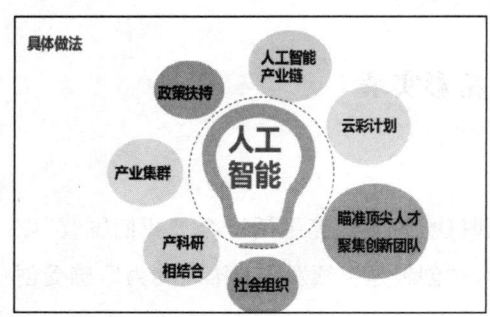 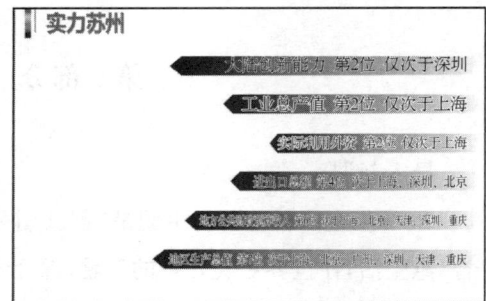

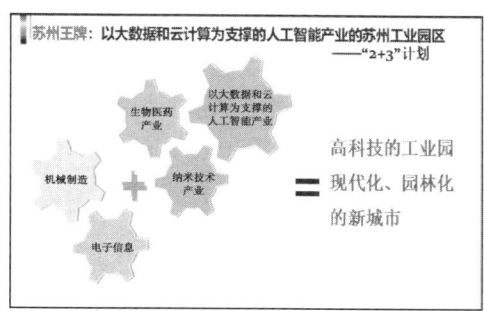

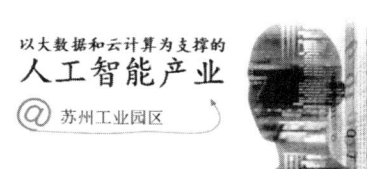

图 4.29

学生回答：智能制造，提高劳动生产率；智慧办公和智能交通，提高行政效率和交通效率；智能教育、智能医疗、智能安防、无感支付等，提高人民的生活水平和质量……

教师点拨：可见科技创新更新了人们的生产工具，促进了生产技术的进步，提高了劳动者的素质，开辟了更广阔的劳动对象，推动了生产力的发展。人工智能技术的创新与发展将深刻地改变人类社会、改变世界，推动社会经济、政治、文化的发展。

追问：影响发展的因素有许多主客观条件，为什么说创新是引领发展的第一动力？

学生：引领是指自身的改变能引发与带动其他各领域的改变；"第一动力"是指创新是发展中最重要的动力，能起到"牵一发而动全身"作用的动力。

过渡：同学们探讨了人工智能对社会发展的推动作用，历史上第一个获得公民身份的机器人索菲亚在与主持人对话时曾说："我会毁灭人类的。"当前也有一些学者反对研究与发展人工智能，人工智能究竟是人类的福祉还是人类的祸害呢？请看活动（二）——争辩明理。

（二）争辩明理

辩题：人工智能是人类的福祉还是人类的祸害？

正方：人工智能是人类的福祉。

反方：人工智能是人类的祸害。

规则：采用自由辩论的形式，正反方轮流发言，发言要根据对方的观点进行有针对性的辩驳。

正方：人工智能可以提高生产效率，降低物价，对处于社会底层收入有限的人来说，这无疑是一件非常好的事情，可以用很少的钱买到物美价廉的食物、充足的生活必需品。孔子说"不患寡而患不均，不患贫而患不安"，只有大力发展生产，才能让整个社会安定下来。历史上一些有名的起义往往都是由底层人民不堪忍受统治阶级的统治和剥削而开始的，只有当每个人都可以获得基本生活满足的时候，才能更好地考虑精神、文化的需求，社会才能不断进步。经济基础决定上层建筑，因此，我方认为人工智能是人类的福祉。

反方："饱暖思淫欲"，人吃饱了，他们会做一些对社会有一定危害的事情。人工智能的发展会取代人类的很多工作，造成大量失业，失业人员缺乏收入如何生活下去？没法生活的这部分人极有可能引发社会动荡。因此，我方认为人工智能是人类的祸害。

正方：首先，"饱暖思淫欲"的下一句是"饥寒起盗心"，贫穷不是社会主义，物质文明的发展是文化发展的基础。人工智能的发展能极大地提高劳动效率，推动社会的进步。人类创造的目的是什么？是为了生活更加方便，世界变得更加美好。其次，对方同学刚才提到一个失业的问题，我认为在人工智能时代下，社会生产力是会提高的，我们国家会有更加雄厚的经济实力，就可以实行更加健全、更高水平的社会保障体系，这对于底层人民的生活而言，可以让他们活得更有尊严。最后，在人工智能时代，人类为了自己更好地适应社会的发展，会自我要求学习更加高端、更加先进的科学知识，能更好地促进人的全面发展。此外，人工智能会促进人类社会的发展，当我们国家拥有了更强大的经济实力，就可以有更多的资源投资在教育等方面，人工智能还能替代人类去做高风险的工作，大大解放人类。

反方：对方辩友的发言其实引出了一个人类终极问题，当机器人可以代替我们人类做很多工作时，请问：我们人活着的价值在哪里？我们人类存在的价值是什么？

正方：刚才对方辩友问，如果我们把人所改造的这个世界，变成了机器人改造的世界，那这种改变的实质是什么？实际上还是人在通过自己的影响来改变世界，就像人类在很久以前要自己耕作土地，现在我们有更加先进的机器人替代人类去做，难道说这是人类的退步吗？答案是否定的，人类创造机器人的意义就是扩大我们对这个世界的影响，充分利用人工智能对人类的积极作用。我们知道生物也有它的进程，如长颈鹿为了吃到树上的树叶，脖子越来越长。机器人也是人类制造的，机器人不仅可以做人类能做的许多事情，还可以做人类不能做的许多事情，只能说我们比机器人更高级，所以我们才是世界的掌控者。

反方：人工智能所带来的很多弊端，如失业、伦理道德、法律等领域的挑战，人类至今还无法解决，因此，我方坚持认为人工智能是人类的祸害。

正方：对方辩友所说恰恰说明人工智能的发展推动了科技创新、经济发展和社会进步，同时人工智能的发展所带来的负面影响会倒逼人类去解决问题，从而推动政治体制改革、法律完善以及文化发展。

教师点评：由于时间关系，辩论到此结束，课后大家还可以继续讨论。同学们都用辩证思维分析问题，非常难得。人工智能是人类科技创新的一个部分，它本身并不存在好与坏的问题，它究竟是人类的福祉还是祸害，关键在于开发者和使用者是否能坚守法律与道德的底线，负责任地开发与使用。另外，人工智能是满足人对美好生活向往而产生的技术进步，它产生的破坏性，是作为一种推动生活美好的工具而带来的或然性，"工具性"需要制度完善以规范，正如美国持枪合法，但利用其犯罪则不可以是一样的。可见，创新不仅能推动生产力的发展，还能推动生产关系和社会制度的变革。

过渡：我国能否实现创新型国家的梦想在于每一个中华儿女是否有创新意识，我们应该如何更好地推动人工智能的创新呢？

（三）头脑风暴

结合"企业家时空连线"的采访录播，请大家谈谈如何更好地推动人工智能的创新？（分小组扮演国家、企业、个人的角色）

师：课前每12位同学为一组，分成三组，分别采访了排名在前三的APP工业机器人、中国区副总裁、苏州本土人工智能教育清睿企业的董事长、深圳领志科技公司的总经理，请同学根据课前与企业家们的对话采访，从政府、企业、个人的角度谈谈，我们该如何推动人工智能的创新？

学生回答：

国家角度：

A同学：国家要继续实施创新驱动发展战略，进行供给侧结构性改革，加大对科技创新企业的投入和政策支持；利用结构性减税、信贷政策以及向人工智能创新企业倾斜的办法来支持人工智能企业的发展。

B同学：国家需要制定相关的人才政策给人工智能的发展提供人才保证，引导最拔尖的高中生在高考报考专业志愿时选择科技研发领域方向，在大学生就业时给予他们政策待遇和帮助，吸纳更多的优秀人才进入这一领域和行业。

个人角度：

C同学：讲述自己参加全国机器人大赛时的亲身经历。机器人设计主要特色在于它的语言识别色块颜色的功能。其实我们刚刚拿到的时候，它的城市结构已经都搭好了，我们做了相应修改，当我们发现原有程序有一定的误差时，我们小组进行讨论，因为构建城市结构是比赛要求，所以我们就加了一个小地方即创新一个新环境，让机器人进行识别，这样精准度大大提高，结果以初赛满分进入决赛。因为地球粒子分布不是均匀的，然后我们加了一个指南针，在开始的时候对指南针进行校准，减少偏差，使机器人走得特别平稳、非常精准，这对我们后来从几百支队伍中胜出也起到了决定性作用，包括面试的答辩环节，我们这两个创新点给我们加了不少分。其实，我们班的同学也在用自己的行动为创新作贡献，对我们个人来说，要更好地推动创新，需要有敢于质疑、敢于批判的精神，要敢于坚持自己的想法，还要有跨领域、跨界思维。

企业角度：

D同学：对于企业来说，则要加大自主研发的投入，要想办法聚集人才，用各种机制激励创新，自觉承担社会责任。

教师点拨：人工智能的创新需要国家政策支持和相应的改革，还需要企业加大自主研发的投入和每个公民的担当与责任。创新的积极性不单要保护，还要用办法、用政策去引导、鼓励和支持,只有把国家、企业和个人三者结合起来,才能使我们国家创新发展战略得以真正贯彻实施,才能实现创新型国家的梦想。由前面三个活动可见,人工智能有利于智慧生活,让世界更美好。

教师小结:以"智"慧生活,让世界更美好!第一,以"智"提"质":人工智能为高质量发展赋能;第二,以"智"图"治":人工智能开辟社会治理新格局;第三,以"智"谋"祉":人工智能"惠生活"造福人类。

过渡:人工智能作为一种创新的表现形式,上升到创新对生产力、生产关系、社会制度、文化发展的关系上,是作用力与反作用力相互作用,螺旋上升,需要企业积极加大创新投入,为人类生产力发展探路,政府应积极调整体制机制,适应生产力的变革,构建现代生产关系,并在两者互动中,推动人类文化的流动和文化创新,增强文化自信。改革,破除创新发展的制度性障碍。

追问:创新的哲学理据有哪些?

(四)梳理成思

创新是引领发展的第一动力。

1. 理论依据

联系观、发展观、辩证否定观、辩证法的本质是批判的和革命的。

2. 现实意义

(1)创新推动社会生产力的发展;

(2)创新推动生产关系和社会制度的变革;

(3)创新推动人类思维和文化的发展。

过渡:一个城市、一个国家需要创新引领发展。同理,人类社会的进步与发展也需要创新的引领,让人类变得更加美好是全世界人民的共同愿望与追求。但是,由于当今世界仍然还有各种矛盾和冲突阻碍人类的和平与发展,我们又将如何利用创新去推动人类命运共同体的构建?这值得每位同学深思。

(五)拓展深思

课后作业:构建人类命运共同体需要通过哪些方面的创新去实现?写成一篇500

字左右的小论文。

结语:"苟日新,日日新,又日新。"创新是引领发展的第一动力,当今世界的发展更加依赖于理论、科技、文化等领域的创新,唯有不断创新才能让中华民族立于不败之地。少年强则国强,少年智则国智!愿每位同学都能成为有志青年,成为中华民族伟大复兴的脊梁!

板书设计:

(二)创新是引领发展的第一动力

1. 理论依据:

联系观、发展观、辩证否定观、辩证法的本质是批判的和革命的。

2. 现实意义

(1)创新推动社会生产力的发展;

(2)创新推动生产关系和社会制度的变革;

(3)创新推动人类思维和文化的发展。

第三部分　课例评析

一、学生反响

学生A:原来还可以这样学习,太有趣了。走进苏州工业园人工智能展厅和清睿教育企业进行社会调查,不仅能拓宽我们的视野,还能引发我们许多思考。以前我们学习只知道在书本中学,现在懂得走进社会、关注生活的学习才是真正的学习。社会热点对我们的触动实在太大了,对我们将来的人生规划和未来方向都有很大的帮助。

学生B:从未想过能有机会和全球乃至全国人工智能的知名企业家进行面对面的交流与访谈,访谈时心情特别激动,更没有想到这些企业家这么平易近人,如此热心地回答我们的问题,不仅让我们看到优秀者身上的品格力量,还让我们对中国制造业和人工智能行业的发展前景有更深的了解。

学生C:这种学习所收获的不仅仅只是一节课的内容,更多的是为我们打开了解社会、了解世界的一扇窗,让我们真正懂得学习只有回到现实中才更有意义、更有价值,真心希望以后的政治课可以多一点类似的尝试。

二、同行声音

夏建军:黄老师这节课的设计有思想、有理念、有深度,她大胆、开放、灵动、创新的课堂教学风格,为一线教师寻找落实培育学科核心素养目标提供了借鉴的路径,为解决当前一线教师实施议题式教学、活动型课程的困惑提供了参考。

甘保化:黄老师的课是内化与外化的统一,是课堂教学和社会实践的统一。在这节课中,黄老师充分利用走出教室、走进社会的社会调查以及与企业家进行面对面访谈等活动形式,调动了学生的学习兴趣,把学科知识通过实践活动内化于心,并让学生运用所学理论思考和分析社会热点问题,把学科知识外化于行,实现了对学科本质的价值追求。

三、自我反思

本节课的教学设计比较开放,对学生的自主学习、参与度的要求非常高,社会实践调查和在线采访企业家等工作都必须在课前让学生准备好,需要有一定的时间保证、条件保证,另外也需要教师有一定资源的支持,这对一线教师而言有较大难度。本节课整合社会资源的方法和教学实施可为一线教师提供借鉴,但是由于时间不足、准备匆忙,无法打磨课堂,还存在许多不足。

四、专家点评

黄老师这节课具有以下特点:

1. 是培育核心素养的落地课堂

如何促进素养落地?这是思想政治课教学设计面临的首要问题。黄老师做了令人信服的实践探索。它至少有三大突破,值得关注。

第一,教学目标的整体化叙写。指向核心素养的教学目标是否按照原有的三维目标叙写？这是一线教师当下面临的实践困惑。我认为，如何叙写教学目标，应该坚持课程改革的基本方向，服从服务于核心素养培育的课程目标。它没有固定的模式，但有基本的标准：一要适用，契合教师怎么教的实践逻辑，二要科学，遵循素养怎么培养的形成机制。令人眼睛为之一亮的是，黄怡婧老师在叙写教学目标时体现了这两个基本标准，她把"依托什么情境，懂得什么内容，懂到什么程度，形成什么素养"四要素有机整合起来，从而与时俱进地创新了教学目标的叙写方式。如果悉心研究2017版的课程标准，就会发现，课程标准在"教学与评价案例"部分已提供了样例。黄老师对教学目标的整体化叙写，是对新课程理念的落实和样例的借鉴，应该作为一项实践成果倍加珍惜，认真总结推广。第二，教学情境的主题化整合。黄老师围绕"以'智'惠生活，让世界更美好！"的主题创设真实情境，紧扣时代热点，构建开放、灵动、唤醒的课堂。第三，教学资源的生本化开发。黄怡婧老师"人工智能在苏州"的调查活动，引发学生关爱家乡的理性情思。这种乡土化、生本化的教学资源，具有丰富的教学营养。它不仅化远为近，化抽象为具象，成为促进学生理解观点的辅助性支架，还化陌生为熟悉，化旁观为亲历，浸润和渗透学生情感态度价值观，激发学生热爱家乡、建设家乡的家国情怀。

2. 是提升活动品质的智慧课堂

实施活动型学科课程，离不开活动。一个卓越的活动课堂，只有对活动进行多维度的智慧设计，才能提升活动品位和质量。黄怡婧老师从四个维度设计活动，彰显教学智慧。活动有温度。教学不是无情物，师生俱是有情人。活动只有打动人心，才能唤醒学生的主人翁意识，激发学生想参与，真参与。在这节课里，我们没有看到冰冷生硬、过度牵引的"被动"，也没有看到"是不是"、"对不对"等"碎问"孵化出来的狂热"躁动"。整个课堂，"导"因民主生暖意，"议"因平等添温馨。似春风，温暖人心，如春雨，润物无声。知识的获得、能力的提高、智慧的提升、道德的进步乃至精神的升华，在这种温暖润泽的活动中自然展开，无痕生成，学生在活动中的愉悦感油然而生，获得感明显增强。活动有亮度。梁漱溟说了一句极为精彩的话："教育是生活的向上发展。"因此，教师必须在学生的心扉，写下明亮的诗句。黄怡婧老师通过带领学生进行社会调查和在线采访企业家，把社会资源整合进课堂，打破传统课堂的边界，对学生起到很大的触动作用。活动有效度。活动不能无"知"。新课程改革中，须警惕脱离知识的"空"

动倾向。林崇德教授一针见血地指出:"我坚信,没有知识,不会领会生命的真正意义,愚蠢的人不可能有德行。"黄怡婧老师则在"分享激思"、"争辩明理"和"头脑风暴"的活动结束后,通过"梳理反思",总结归纳。这都是依托知识设计活动,又通过活动生成知识。这种有效度不虚空的活动,不仅带有浓浓的学科味,而且有效促进素养形成,顺利实现育人目标。活动有梯度。活动多成群,安排当用心。要遵从循序渐进、由表及里和知行合一的学习规律组织活动,使之序列化、梯度化。黄老师所设计的三个探究活动及梳理成思、拓展深思的活动让知识在情境感知的活动中活化,在合作探究的活动中生成,在价值冲突的活动中选择,在理解迁移的活动中应用,在激发引导的活动中创造,整个活动设梯度降难度,重过程促生成,教学过程自然流畅,核心素养水到渠成。

3. 是引发学生思维的深度课堂。问题是思维的起始,提问是教学的生命。究竟为"记"而问还是为"思"而问,这是区分课堂卓越还是平庸的重要标准。卓越课堂呼唤"为思而问"的卓越问题,期待用卓越问题改造课堂,创造积极的思维文化,培养学生的思维品质,引发学生走向深度学习,生成核心素养。黄怡婧老师在"拓展反思"活动环节,向同学们发问:人类命运共同体的构建需要通过哪些方面的创新去实现? 在思考和讨论过程中,老师不是急于表态,而是面对开放情境,助推异见争鸣,启发批判思维,激扬质疑精神。他们"放"有胆量,"收"有信心,谨慎而又从容地把握好"引导"和"告诉"的时机、"确定性"和"不确定性"的关系。在这个过程中,同学们的思维更趋开放和多元,思考更富灵动和创新,答案更趋丰富和深刻,是融入教师自我生命的课堂。美国教育学家帕尔默在《教学勇气》中指出:"真正好的教学不能降低到技术层面,它来自于教师的自身认同与自身完整。"教学的魅力在于教师"在教学方式和他自身之间找到一致性","使自我天资更好地表现出来"。聆听这节课,我对帕尔默倡导的"源于心灵的教学"有了更深切的体会:教师自我是课堂教学的第一资源;教师必须充分发挥主动性和创造性,在坚持新课程标准的前提下,开放、展现并建构自我,自觉把自我融入教学,让课堂走出单一知识的狭隘、单调与呆板,走向生命的广阔、丰富与灵动。黄老师站位高,格局大,理念新,没有局限和沉迷在应试的视界里,而是回归教育本真,通过教学转型和创新,增强教学立德树人的力量,对教育内容融注了积极的情感体验,对素养培育形成了坚定的信奉态度。黄老师在课中对愤悱时机的聪敏捕捉,这种忘情投入、融入自我的生命化课堂,让学生感受到温暖,触摸到心跳,感悟到老师的价值坚守和精神引领。它不再是简单的照本宣科和枯燥的信息递送,而是真切的情感流露、真实的自我表达,进而产生一种巨大的示范力量和感染力量。

> **【点评专家】**许大成,江苏省中小学正高级教师、省特级教师,现任教于沭阳如东中学。
>
> **【执教教师】**黄怡婧,中学高级教师、广东省深圳实验学校教师,是"唤思教学"思想的提出者。广东省2015年中小学新一轮"百千万人才培养工程"第二批高中文科类名教师培养对象,《中学政治教学参考》2017年第11期封面人物;2017年参加教育部国培示范性高端研修项目——骨干教师能力提升项目学习;惠州学院客座教授;广东省法治骨干教师培训导师;多次参加省市优质课比赛和教学设计比赛获一等奖;曾主持多个省市级课题,在国家核心期刊、省级期刊发表论文10余篇;近几年在省内外作专业讲座近20场,2018年1月13日受邀参加第二届"学科核心素养与高中思想政治课程改革"南方高峰研讨会的"南北名师面对面"活动;2018年4月29日受华南师范大学的邀请在"教师智慧公益课堂"作面向全国直播的在线讲座《基于新课程标准的思想政治课的教学实施》。

课例 11 创新是引领发展的第一动力

第一部分:教学预设

一、教学内容分析

1. 课标要求

列举多方面的创新表现和成果,了解创新是引领发展的第一动力;理解创新与社会进步的关系;运用相关原理,说明创新推动了社会进步,创新推动了生产关系和社会制度的变革,创新推动了人类思维和文化的发展。

课程标准由浅入深地为本课教学设计指明了方向和要求：结合具体事例分析，培养学生领会和运用科学的思维方法指导学习和生活，把脚踏实地与胸怀理想、埋头苦干和改革创新有机结合起来，牢固树立创新意识，树立"创造伟大"的观念。对于一个社会来说，创新是民族进步的灵魂，是国家兴旺发达的不竭动力；对于一个人来说，创新意味着探索新思路，提出新见解，开拓新境界，做到有所发现，有所创造，有所发明，有所前进。

2. 教材分析

该课是思想政治必修四《生活与哲学》第三单元《思维方法与创新意识》的第十课《创新意识与社会进步》的第二框，主要通过分析创新与社会进步的关系，从实践层面上说明创新是辩证唯物主义的根本要求。本节课内容，是在上一课树立创新意识的基础上展开的，是对上一课创新意识的升华。学习本课对提高学生创新意识和民族责任感具有很重要的作用。

下设三目：

第一目，创新推动社会生产力的发展。这一目的逻辑结构是：科学技术的每一个进步都是通过创新实现的——创新更新了生产工具和生产技术——创新提高了劳动者的素质——创新开辟出更广阔的劳动对象——创新推动了社会生产力的发展。

第二目，创新推动生产关系和社会制度的变革。这一目的逻辑结构是：实践基础上的理论创新是社会发展和变革的先导——理论创新推动制度创新、科技创新和文化创新——创新推动社会制度的变革与发展。

第三目，创新推动人类思维和文化的发展。人的实践方式决定了人的思维方式的变化——创新推动着人类思维方式的变革——创新推动着人类文化的发展——创新促进当代中国先进文化发展——创新促进真理的发展——创新促进实践发展——创新是民族进步的灵魂——创新是社会发展的动力。

3. 重点与难点

（1）教学重点：理解创新的作用。确立的依据：只有掌握了创新的作用，才会自觉培养创新意识，树立创新精神。

（2）教学难点是理解创新推动人类思维和文化的发展。确立的依据：人类的思维方式是个抽象的概念,不容易理解和把握。

4. 学情分析

从知识基础来讲,学生通过唯物辩证法的学习已经掌握了发展的相关知识,有利于本课教学。

从思想方面来说,一方面,高二学生对事物已经有了自己的看法,他们对政治生活关心,但不轻易认同别人的观点;另一方面,学生已经掌握了唯物辩证法的基本理论知识,具备了正确看待事物的思想基础,若结合教师实践层面上的讲解,可以达到理论与实际的具体的历史的统一。

二、教学目标分析

本课的核心目标是有针对性地培养学生"科学精神"素养,具体教学目标如下:

1. 了解创新是引领发展的第一动力;
2. 理解创新与社会进步的关系;
3. 列举实例,运用相关原理,说明创新推动了社会进步,创新推动了生产关系和社会制度的变革,创新推动了人类思维和文化的发展。

三、思路、方法与资源

1. 整体思路

本课总的设计意图是充分体现政治学科立德树人价值导向的学科特点,体现《生活与哲学》的思维思辨特点,体现核心素养以真实情境下的问题解决为指向的改革特点,力图实现三个转变:

(1) 从"学科教学"转向"学科教育"

立德树人是教育的根本任务,价值引领与实践导行是高中思想政治课最核心的理念,也是基于核心素养培育的教育改革的本质追求。高中思想政治课固然需要知识的传授和能力的培养,但更强调寓价值引领和实践导行于知识教学之中,潜移默化地进行科学的世界观、人生观和价值观教育,培养学生具有正确的价值认同、强烈的法治意识、科学的理性精神和积极的公共参与意识，实现教学目标的入耳、入脑、入心、践行。本课力图通过教学引导学生树立创新意识，增强民族自信心和自豪感，增强中国特色社会主义的道路自信、理论自信、制度自信和文化自信，积极投身创新实践，提升创新素养。

(2) 从"碎片式"情境教学转向"主题情境探究"

基于核心素养的教学从最本质上讲就是真实情境下的问题解决，强调让学生在真实的问题情境下，将所学知识迁移到新情境中去解决实际问题。而本课在设计中试图改变过去那种随意、零碎、杂乱、无序的情境设计，通过"主题情境探究"这种以主题为中心、情境为载体、问题为桥梁、探究为途径的集约式教学，将情境预设成为与教学内容相关的一个主题系列。通过一系列问题设计，将情境与教学内容紧密联系起来，引导学生在现象和本质的统一中探究，从而使教学的主题性、整体性、逻辑性更强，并实现情境由小到大、由远到近、由国家社会到自身的有机连接。

本课设计了从小到大、从远到近两个系列的主题情境：一个是从华为到中国的从小到大的主题情境；另一个是从国家、社会到中学生自身的从远到近的主题情境，并把这两个系列的主题情境整合到"科技华为"与创新中国、"管理华为"与中国道路、"文化华为"与思维变革三个篇章中，对应创新推动生产力发展、创新推进生产关系和社会制度的变革、创新推动人类思维和文化发展的三大知识板块，形成主题情境线（将真实情境整合成一个主题系列）、主体互动线（问题互动、谈话互动、探究互动等）、主干知识线（实现情境与知识的有机连接）和价值引领线（体现立德树人的学科本位）四条主线。

(3) 从"浅层思维"转向"深度思维"

以问题教学为例，思维起于问题，学生的自主学习、思维激活、合作探究都离不开一定的问题载体。而本课在设计中力图克服重数量轻质量、重教师轻学生、重标准答案轻开放思维的倾向，设计了分享、探究、辩论等多种形式，围绕问题、话题、议题、辩题开展教学。很多问题具有较强的深度思维特征。如结合华为的创新实践，分析创新是如何推动生产力发展的？引进国外先进技术和开展核心技术自主攻关是否矛盾？华为"高薪加股权"分配模式体现了怎样的分配方式？如果你是一名企业员工，你是赞成拿高薪还是拿股权，股权激励对企业的发展有何积极意义？杭州滨江区的"政府服务企业,要做到不叫不到、随叫随到、服务周到的'三到服务'"体现了怎样的管理智慧?从理解"创新"二字的内涵的角度来讲,中学生应如何为将来的创新打好坚实的基础?我国著名生命科学家施一公在《开讲啦》节目中说:"知足常乐"是创新的最大敌人。你是怎样认识的?

2. 模式方法

从"三环节"、"四主线"两个维度,实践建构主题情境探究教学。

(1)"三环节":展示主题就是通过文字、图片、视频等多种呈现方式,呈现与主题相关的内容。探究主题就是将主题分解为若干片段或环节,通过探究性问题的设计、现场实景的模拟、师生之间的互动,将主题情境与教材知识有机链接,让学生在真实的情境、开放性的问题中习得知识,提高能力,树立正确的情感态度价值观。拓展主题可以通过两种形式实现:一是教师为满足学生对主题更深层次的探究欲望,本着基于教材又高于教材、基于主题又超越主题的原则,提出拓展性的主题,并设计相应的探究性问题,进行深层次学习;二是在学生的学习、探究、质疑过程中,生成新主题。

以"创新是引领发展的第一动力"为例,我采取了这样的教学呈现方式:以华为是怎样炼成的为主题情境,通过一系列的分享体验、问题、观点思辨等,引导学生探究,并从"华为"拓展到"中国",从"科技华为"到"创新中国"、从"管理华为"到"中国道路"、从"文化华为"到"思维变革",使全课呈现清晰的教学脉络。具体设计如下:

① 篇一:"科技华为"与中国创新

展示主题:华为的各项技术专利已名列前茅、工程研发人员占员工总数的42.78%,雄踞国内市场第一和全球市场第二,麒麟980的问世是世界科技界的一项重大突破等;

探究主题:结合华为实例,谈谈创新如何推动生产力发展,引进国外先进技术和开展核心技术自主攻关是否矛盾;

拓展主题:从"中国原创科技大爆发、中国创新转化成果大井喷、中国经济发展大跨越"的逻辑关系看创新是引领发展的第一动力。

② 篇二:"管理华为"与中国道路

展示主题:华为的管理模式尤其是华为的股权结构;

探究主题:华为的股权激励体现了怎样的分配制度,股权激励对企业发展有何意义? 如果你是一名企业员工,你赞成拿高薪还是拿股权?

拓展主题:"中国道路、中国制度、中国模式"为世界提供了西方模式外的新发展道路。

③ 篇三:"文化华为"与思维变革

展示主题:华为的床垫文化、"微创新"文化、狼文化、危机文化、和谐文化;

探究主题:为什么杭州、深圳会出现阿里巴巴、华为、腾讯高科技企业;"政府对企业的服务,就像空气一样,平时他们感觉不到,但是又离不开";杭州滨江区的政府管理改革体现了怎样的经济学智慧;"知足常乐"是创新的最大敌人。你是怎样认识这些问题的?

拓展主题:从杭州滨江区的政府管理改革到中国政府的"放、管、服改革";从原江苏省委书记李强的"苏州创新四问"到苏州的"经济转型升级"。

(2)"四主线":主题情境线、主体互动线、主干知识线和价值引领线。主题情境线是师生合作探究的载体,教师通过将情境整合成主题,给学生提供探究载体。主体互动线是师生合作探究的舞台,教学过程本质上是师生互动的过程,这种互动包括问答式互动、场景仿真性互动、研究性互动。主干知识线是师生合作探究的落脚点,是对教学内容提纲挈领式的归纳。价值引领线以立德树人为目标,对学生进行世界观、人生观和价值观教育。以本课为例,我设计了两个主题情境:一是从华为到中国的从小到大的主题情境;二是从国家、社会到中学生自身的从远到近的主题情境,并把这两个系列的主题情境整合到三个篇章中,对应创新推动生产力发展、创新推进生产关系和社会制度的变革、创新推动人类思维和文化的发展,形成主题情境线(将真实情境整合成一个主题系列)、主体互动线(问题互动、谈话互动、探究互动等)、主干知识线(实现情境与知识的有机链接)和价值引领线(体现立德树人的学科本位)。具体设计如下。

① 篇一:"科技华为"与中国创新

■ 主题情境线

华为篇:华为的各项技术专利已名列前茅,工程研发人员占员工总数的 42.78%,雄踞国内市场第一和全球市场第二,麒麟 980 的问世是世界科技界的一项重大突破等。

中国篇：中国原创科技大爆发，中国创新转化成果大井喷，中国经济大跨越。

■ 主体互动线

分享：列举你所了解的华为在科技创新方面的巨大成就，分享你所了解的我国科技创新领域所取得的巨大成就。

探究：结合华为的实例，谈谈创新是如何推动生产力发展的？

思辨：引进国外先进技术和开展核心技术自主攻关是否矛盾？

■ 主干知识线

创新推动生产力的发展。

■ 价值引领线

引导学生树立经济发展依靠科技、科技发展依靠创新、核心技术依靠自主攻关的观念；增强学生的民族自信心和自豪感。

② 篇二："管理华为"与中国道路

■ 主题情境线

华为篇：华为的股权结构。

中国篇：中国特色社会主义理论的创新和发展；中国特色社会主义制度的创新和发展。

■ 主体互动线

分享：列举你所了解的华为在管理创新方面的举措；列举你所了解的我国在中国特色社会主义理论和制度方面的重大创新。

探究：华为的股权激励体现了怎样的分配制度，股权激励对企业发展有何积极意义？

思辨：如果你是一名企业员工，是赞成拿高薪还是拿股权？

■ 主干知识线

创新推动生产关系和社会制度的变革。

■ 价值引领线

引导学生树立生产力与生产关系改革协调推进的思想；增强中国特色社会主义的道路自信、理论自信、制度自信和文化自信。

③ 篇三："文化华为"与思维变革

■ 主题情境线

华为篇：华为的床垫文化、微创新文化、狼文化、危机文化、和谐文化。

中国篇：杭州滨江区的政府管理改革。

■ 主体互动线

分享：分享你所了解的华为文化或实例。

探究：为什么杭州、深圳会出现阿里巴巴、华为、腾讯这样的高科技企业？

"政府对企业的服务，就像空气一样，平时他们感觉不到，但是又离不开。"杭州滨江区的政府管理改革体现了怎样的经济学智慧？

思辨：我国著名生命科学家施一公教授在《开讲啦》节目中说："知足常乐"是创新的最大敌人。对此，你是怎样认识的？

■ 主干知识线

创新推动思维方式和文化的发展。

■ 价值引领线

引导学生树立创新思维、开拓进取的精神，积极投身创新实践，提升创新素养。

3. 推荐资源

（1）林崇德. 21世纪学生发展核心素养研究［M］. 北京：北京师范大学出版社，2016.

（2）孙敏霞. 课堂与核心素养［M］. 上海：华东师范大学出版社，2016.

（3）董杰. 思想政治教育情境论［M］. 武汉：湖北人民出版社，2013.

第二部分　精彩实录

授课过程：

（课前布置预习，以华为为例，要求学生分工收集反映创新推动科技进步、促进社会生产力发展、推动人类文化的事例以及我国理论创新、制度创新、科技创新、文化创新的成果。）

师：讲授正式内容之前，我们来猜两个谜语。（展示——它，是一个让微软服软、让苹果低头交费、让思科忌惮、让高通头疼、让三星输掉专利战的中国企业——这家公司是——)

生：华为。

师：(展示——一个多世纪以来,以美国为代表的西方模式,长期占据着主导地位。)

生：中国道路。

师：(展示思路决定出路　创新激发活力——创新是发展的第一动力——从"华为是怎样炼成的"说开去……)我们曾经读过一本书叫作《钢铁是怎样炼成的》。同学们,你们知道华为是怎样炼成的吗？它究竟有多牛？谁来分享一下？——"科技华为"与中国创新。

生1：我知道华为有个人叫作余承东,技术特别牛,现担任华为消费者业务CEO,他是清华大学研究生毕业……

生2：华为是一家拥有18万员工的电子通信企业,其中差不多有七八万是研发人员。他们的创新能力十分厉害,专利数占全国专利90%左右。现在全球有四大软件处理系统,分别是高通企业的骁龙、苹果的A系统、三星的Nosey处理器和华为的麒麟星处理器。

师：这位同学重点回答了研发、研发专利产品。麒麟星系列,确实是很牛的。其他同学还有没有补充的？

生3：华为是全球第二大通信设备商。

师：她讲的是华为的市场占有率。好,谢谢。舒老师也查了一些,跟我一块来分享。有些东西是我没有查出来,有些是我也查出来了的。大家都讲得很好,其实主要集中在这个领域。大家一起来看一下。(PPT5)老师还没有同学们说得好,我就强调几句话,2017年全年申请了近600项专利。600项专利意味着什么？平均一天至少1.5个专利。而且,同学们刚才说到它的麒麟星系列。麒麟星系列,最新研发到980,而它的性能碾压世界霸主高通骁龙845和苹果A11。目前990正在研发中。为什么它的研发这么牛？2017年它投入了多少钱？一年就投入了103.63亿欧元。所以它的研发产品也很牛。刚才同学们也说出了它杰出代表人物——余承东。十几万的员工一半都是研发人员。像余承东这样大师级别的人物在华为还有很多。但是同学们还有一项没有查出来,就是老师要向大家隆重推出的第三项内容：看这么多芯片的更迭,就可知手机更新的快还是慢?(生:快)那么,这里面就涉及手机的淘汰与回收,或叫作电子产品垃圾。有时候美国不讲道理,把这些转移到发展中国家,中国也"中彩"过,对不?以2014年为例,华为牛就牛在97.63%的电子产品废弃物实现可回收再利用,只有2.37%的进行环保填埋。华为有技术,所以,美国要封杀,不让它占有市场,华为就说拜拜。就这点,我觉得真的很牛。像华为这类企业中国还有很多。它们共同成就了中国制造业的发展。我来考考大家,大家查资料的时候有没有查过中国近几年的科技创新成就?

生4:中国的天眼、天河2号计算机、量子卫星、C919……

师:非常好。这些都是中国杰出科技成就的代表。有没有其他小组查过其他方面的?展示课件——中国科技成果呈现大井喷状态。科技成果大井喷这里面就有个思想,它代表着中国经济大跨越。这个表格展示了中国二十几年的经济发展实力的变化,展示课件——创新中国与中国经济大跨越。那么,同学们,我就要问大家,你在查询资料的时候,有没有反问自己,科技成果是如何实现经济大跨越的呢?再回到教材,回到华为这个材料,跟老师一起看看,(展示课件)通过研发与专利——更新了工具与技术;通过人才培养——提高了劳动者素质;通过电子垃圾回收再利用——扩大了劳动对象。有没有同学告诉老师,这三个加在一起叫什么概念?

生:生产力。

师:所以,我们第一条结论就得出来了。创新如何推动生产力的发展?答案是:它通过更新劳动工具和技术,提高劳动者素质,扩大劳动对象,从而推动生产力的发展。如此牛的企业是如何走到今天的呢?大家知道,如此牛的企业它也不过是88年从七八个人的小作坊历尽艰辛走到今天。那么,它是靠什么来抵抗这层层险阻的呢?有没有同学查过相关资料?——管理华为与中国道路)

生5:我查到一个战略——华为的低成本战略,即充分利用中国价格低廉而丰富的劳动力资源和原材料成本,从而制造出物美价廉的产品。

师:战略是一种思想,我想要的是管理方法。

生6:华为采取的是CEO轮值制度。任正非对自己的过失进行过罚款,管理也是很严格的。

师:华为单单靠同学们讲的这些就能走到今天吗?也不怪大家,大家也尽力在找资料了,我们一起来研究一下华为。追随华为的专家是这么说的……(视频 管理华为 华为在管理制度、分配制度等方面的创新举措——全员持股制)华为的管理有个关键的词语——全员持股制。(展示课件)大老板任正非只占有1.42%的股权,98.58%是员工持股。这在历史上是一个巨大的突破。哪有一个私营老板低于五分之一股权的?然而,它不是股份有限公司,是标准的私营企业。但是,刚才视频里也提到一个情况,员工的工资刚拿到手就要交上去购买股权。这里老师就要问大家了,如果你是这个企业的员工,在这个企业由弱小走向强大的攻克层层险阻的情境当中,你是愿意拿高薪,还是愿意拿工资去买股权赌你的未来?同学们可以根据自己的想法相互交流一下,看看有没有一个结论。

生7:我愿意拿股权。这样相当于把自己的利益与企业的利益绑在一起,一荣俱荣,有利于激发工作热情。

生8:我更愿意拿高薪。因为作为一个有私欲的人来说,当然是高薪来得更直接。而股权看不见摸不着。对于我而言,我只想拿在手里踏踏实实的感觉(众生笑),这样我可以去买东西。

生9:我也选择拿股权。虽然前期拿股权收入低,但是可以全身心地投入并且后期有无限的可能和未来。而拿高薪是一眼可以看到头的。

师:无限的可能与未来。他是主人,还有吗?

生8:我不同意他。我觉得你想要的股权是基于对公司未来有好的预想。如果公司亏本,你要股权又有什么用呢?

生9:比如说上次中兴事件吧,美国的制裁对中兴打击很大。关键原因是中兴没有掌握核心技术。如果你拿股权,就可以有一种主人翁意识。如果你拿高薪,就少了一点进取心。

生10:我选择拿高薪。我这里说拿股权的缺点。我查了股权的结构有三种,分散结构、集中结构,还有制衡结构。可能大家不懂,可以举古代的例子。古代的统治制度里有中央集权、三权分立、相互制衡。不管哪一种,都是损害小股东的利益。讲到权利实际上是利益的争斗。大股东肯定会根据自己的信息优势、地位优势来蚕食小股东的利益。与其把自己的权利交给大股东,不如拿高薪稳定。

师:讲得非常好,但是我们说华为它还不是上市公司。我们在讨论拿股权和拿高薪,其实没有任何一种方式是完美的,各有优缺点。我们这里讨论的股权激励制的确帮助曾经小小的华为走到了今天强大的华为。拿股权的好处是显而易见的。我们姑且就不再论了。(还有补充?好)

生11:我更愿意拿高薪。因为我不可能永远做员工,我拿高薪的话可以有一定的资本积累,这样有利于以后我再去创业。

师:大家讲的各有道理。股权制有利有弊。我们的话题回到今天为什么华为股权激励制使华为走到了今天?我们一起来看看——华为的股权激励制度带来了哪些经济体制的变化?

全员持股,企业的性质有没有变化?(没有)老板与职工的关系仍然是——(雇佣与被雇佣)大家看看,第一,所有制方面。第二,分配制度方面。第三,人与人的地位与相互关系。大家知道,中国有句老话,"火车跑得快,全靠车头带"。在现在这个社会里,任正非这个车头跑得再快,能不能让车跑得快?在动车时代、高铁时代,做不到。因为每辆动车除了车头有发动机,它的车厢也有发动机,高铁也是一样的,共同发动,共同创造。所以人与人的关系出现了平等。再回到经济学按股权分配是属于按什么分配?(按生产要素分配)那么,大家看到没有,股权激励它让所有制发生变化、分配制度发生变化、人与人的关系发生变化。这三个概念加起来就是什么?

生:生产关系。

师:这就是我们讲的第二点。制度的创新推动了生产关系和社会制度的变革。一个企业如此,无数个企业的制度改革就汇集了国家制度的创新。当然,国家制度的创新要以理论创新为先导。中国推进社会主义政治、经济、文化制度的创新离不开一个老人在南海边画的一个"圈",那么,这个"圈"出来就是理论实现了创新,进而实现制度创新和文化创新。这就是中国给世界的中国道路、中国模式和中国经验。

师:有人认为华为的成功在于管理创新,可任正非却说最大的管理是"无为而治",有同学能解释一下吗?(没有的话老师就来解释了)

"文化华为"与解放思想——分享你所了解的华为的企业文化或实例。

(PPT19)农村包围城市　狼文化　危机文化　无为而治。亚非拉绝大部分市场是华为的。

华为最牛的是,有比肩世界一流技术的能力却以低于世界一半的价格销售出去。这就是它最牛的地方。这也是它文化的展现。在科技创新、技术创新的基础上，它形成了华为的文化。农村包围城市源于中国文化，又发展了中国文化。刚才我们讲的无为而治，实际也是源于中国老子的思想。华为推出了最完备的企业法103项。员工遇到了难题，可直接查企业法。这就是无为而治。可是大家思考一下，华为总部在哪里？（深圳）阿里巴巴在哪里？（杭州）为什么杭州、深圳会出现阿里巴巴、华为、腾讯高科技企业而苏州没有呢？我讲一个故事：这是一位杭州滨江政府人员讲的一个故事。多年之前，他率队访问一个江苏国家级开发区，当他问到这里纳税最大的两家企业是谁时，当地政府官员回答：阿迪达斯和欧莱雅。听到这个回答，对方松了一口气。为什么松一口气？外来的，非高科技企业。招商才有这样的企业。大家看一下杭州滨江区政府的思维方式。他说我干吗要招商，自己育苗，自己种树，真正顶级的研发是招不来的。他认为政府与企业的关系是服务关系。所以苏南模式与杭州模式就出现了差异。政府在当前的市场竞争下，要学杭州模式的是，转变政企关系，处理好有为与不作为关系，才能真正使城市不断创新，经济不断发展。我国著名生命科学家施一公教授在《开讲啦》节目中说："知足常乐"是创新的最大敌人。对此，你是怎样认识的？

（知足常乐如果用来指对生活、对物质利益的追求则是好事；若用来指对科研、对学术的追求则不是一件好事。因为它容易让人墨守成规，因循守旧，不敢创新）好，我们把视线转移到书本上来，这节课我们学习了创新在社会生活中的作用。创新是引领发展的第一动力表现在三个方面：创新能推动社会生产力的发展，能推动生产关系和社会制度的变革，能推动人类思维和文化的发展。这就是本节课学习的内容。

第三部分 课例评析

一、学生反响

学生 A：舒老师上课寓教于乐，没有说教。既有思维深度，也有助于记记。

学生 B：上这种带有思辨性的哲学课，很有劲，我很喜欢。

二、同行声音

甘保华：舒老师以华为企业为主线，细心设置"科技华为"、"管理华为"、"文化华为"三个情境，阐述创新在发展生产力、变革生产关系和社会制度、发展思维和文化方面发挥的作用，体现了教学的"细"。比如"科技华为"篇章，通过学生课前汇报预习成果，在课堂上展示"华为有多牛"；在"管理华为"篇章，与学生分享华为在管理制度、分配机制方面创新的视频，让学生合作探究"如果你是公司员工，你是愿意拿高薪还是拿股权"。整个过程中，学生积极表达自己的意愿并说明理由，自由辩论，思维火花碰撞，有的学生由于不同意其他同学的观点，竟然站起来发言三次，体现了教师的"粗"。思想政治课需要"粗"与"细"的统一，需要教师有的放矢。这样的课堂培养出来的学生才是一个会思考的人，这样的课堂才是真实的课堂。

许大成：当前，"频问"和"碎问"破坏了知识的完整性，阻碍核心素养的培育。佐藤正夫说："与其发问频繁，不如让学生沉着彻底地思考。"舒兰兰老师在教学中，坚持宁缺毋滥原则，围绕主题情境的板块设计了三个主要问题：(1)结合华为的实例，谈谈创新是如何推动生产力发展的？(2)华为股权激励体现了怎样的分配制度，对企业发展有何意义？(3)为什么杭州和深圳会出现阿里巴巴、华为、腾讯高科技企业？这样处理不仅提高了知识的整合度，避免把知识"问"得支离破碎，而且留给学生充裕的思维时空，让学生议得充分，思得深刻，想得周全，悟得有效，有效促进知识的内化和素养的生成。

陈学忠：舒老师通过以主题为中心、以情境为载体、以问题为纽带、以探究为途径的主题情境探究教学方式，将情境预设成为与教学内容相关的主题序列。通过一系列问题的设计，实现情境与教学内容的紧密联系，引导学生在现象和本质的统一中深入研究，从而使教学的主体性、整体性和逻辑性更强，实现情境由小到大、由远及近、由国家社会到自身的有机连接，通过这一过程，课堂教学深入进行，学生思维发生、知识形成、能力成长、情感涵育层层推进，核心素养潜滋暗长，深度学习发生。

刘红禄：本课议题构思巧妙，点燃了学生的认知冲突，激发学生深入探究的欲望，引导学生理性思考未来家乡的发展路径，让同学们产生探究的冲动和责任。通过这一环节的探究，引导学生树立创新意识、开拓进取的精神，培养学生热爱祖国、热爱家乡的激情,激励学生积极投身家乡建设的伟大实践,在教学中实现了价值引领和实践导行,落实了学科核心素养。

三、自我反思

本课的成功之处:体现了思政课立意高远、启迪深思的特点,也起到了振奋精神、展望未来的激励作用。

本课后我萌生了一些新的困惑:

1. 如何处理好核心素养与知识传授之间的关系

2017年新课标要"紧紧围绕思想政治学科核心素养的形成与发展,建立激励学生不断进步的发展性评价机制",从而帮助学生将核心素养内化于心、外化于行,对促进学生的全面发展、落实立德树人根本任务无疑大有裨益。但就目前来说,我们的高考制度没有改变,还是以分数论英雄,这就决定了高中思想政治课只能以传授知识为主,以提高学生分数为根本。如果所教学生分数不高,还会归咎于教师,导致学生不认可、家长不信任、领导不满意,对教师的自信心会造成巨大打击。以往"三维目标"虽然强调情感态度价值观,但也明确提出了知识目标的要求,而2017年新课标的核心素养目标是使学生有信仰,有思想,有尊严,有担当,并未提及知识目标。由此可见,对知识的要求显然在淡化和降低。那么,在具体教学实践中,教师不免困惑:知识要讲多少?讲到什么程度?学生核心素养如何检验和评价?2017年新课标在这方面给出了建议:"评价要将过程性评价与终结性评价相结合,着重评估学生解决情境化问题的过程和结果。"以我的理解,过程性评价是比较容易操作的。教师在课堂上可以根据学生的表现及时点评,可是何为终结性评价?是一个学期、一个学年还是整个学段?终结性评价以什么为标准?

2. 如何开展议题式教学

2017年新课标在教学建议部分明确指出,"围绕议题,设计活动型学科课程的教学",并强调"教学设计能否反映活动型学科课程实施的思路,关键在于确定开展活动的议题"。那么,如何开展议题式教学?我想,首先是要弄清楚何为议题,它和问题的边界与区别在哪里?2017年新课标指出,"议题,既包含学科课程的基本内容,也有展示价值判断的基本观点；既具有开放性、引领性，又体现教学重点，针对学习难点"。读完这一段话，我心中仍是疑惑重重。首先，议题是不是必须具备以上所有特征？既然具有开放性，那如何在议题中展示价值判断的基本观点？议题的形式是怎样的？其次，2017年新课标案例1"如何理解校训的价值追求"、案例2"互联网+时代的理性抉择"，这两个议题明显风格不同，案例1与问题相似，案例2与主题式教学类似。最后，一节课是围绕一个议题展开，还是可以根据教材内容设计多个议题？如果涉及多个议题，每个议题是可以独立成题还是必须具有关联性？

四、专家点评

1. 素养立意，以理服人

舒老师以华为为例，将本课设计为三个不同的内容板块："科技华为与中国创新"、"管理华为与中国道路"、"文化华为与解放思想"，每一个内容板块主题鲜明，既独立成篇又承上启下。舒老师通过精心构思、巧妙设问，在师生互动、生生互动中既水到渠成地生成基本知识，又提高了学生对我国科技和经济发展的关注热情，增强了学生创新的责任感和使命感；既引导学生处理好自我和社会的关系，提高公共参与能力，又启发学生学会分析、反思实践创新中出现的问题，帮助学生树立科学精神。尤其是以下课例，在学生核心素养培育方面的作用尤为突出。

例1：舒兰兰老师在教学"创新推动生产力的发展"这部分内容时，通过陆续展现华为的科技成果、中国近几年的科技成就和经济成就，让学生以华为为例，思考科技创新是如何推动生产力发展的。

华为作为行业标杆，通过不断提高员工创新意识和创新能力，取得了骄人的成绩。其"不做亡国奴"的价值观既唤醒了人们"天下兴亡，匹夫有责"的爱国精神和家国情怀，也燃起了学生要为国争光、努力学习的激情和斗志。国家近几年的科技成就和经济发展，更燃起了学生的自豪感和荣誉感，在润物细无声中使学生更加确信发展中国特色社会主义是国家富强、民族振兴、人民幸福的根本保障。

2. 活动多样，以人为本

2017年新课标指出："要构建以培育思想政治学科核心素养为主导的活动型学科课

程,要着眼于学生的真实生活和长远发展,让学生在自主辨析的思考中感悟真理的力量。"舒老师以华为为例贯穿始终,整节课一气呵成。仔细分析,舒老师在材料的收集和展示环节并非一个人的独角戏,而是提前布置,让学生各显身手广泛搜集信息和资源,并且在课堂上充分展示。例如,让学生分享华为在管理制度、分配机制等方面的创新举措,这一构思使学生由以往的被动接受转为自主探究,充分调动了学生主动参与课堂的积极性。除了学生分享材料、合作探究,以下课例将学生的主体作用展现得淋漓尽致。

例2:在分享华为的管理材料之后,舒兰兰老师追问学生:如果你是公司员工,你更愿意拿高薪还是拿股权？学生对这个问题有着浓厚兴趣,争先恐后地发表自己的意见并表明自己的态度,并且给出理由。观点不同的学生甚至不由自主地展开了针锋相对的辩论,试图让别人相信自己的选择才更合理、更科学。在辩论的过程中,教师扮演了导演的角色,学生是真正的主角,生生互动频繁,课堂灵动而充满智慧,热烈而富有生机。此外,生生互动的过程也是思想碰撞的过程,思维的火花在学生的心底竞相绽放。这一活动设计不仅是学生语言的参与,更是学生思维的参与。

3. 设问精准,以疑起思

布鲁纳认为:"学习的最好状态就是一个人的思维方式。"思维方式不仅影响学生的学习品质,而且影响学生的终身发展。2017年新课标对学生核心素养的凝练本质是由知识本位的教育哲学观回归基于人的教育哲学观,回归人的需要,从而促进学生的全面发展,还有思维方式和思维能力的训练与提升。培养学生思维方式和思维能力的途径有很多,而设问无疑是启发学生思考、提高学生思辨能力的有效途径。舒老师以华为为例,精心设计问题,鼓励学生质疑,引领学生思辨,通过问题穿针引线,逐个击破本课难点。

例3:在教学"创新推动人类思维和文化的发展"时,舒兰兰老师设计问题"为什么杭州、深圳会出现阿里巴巴、华为、腾讯这样的高科技企业"?

问题呈现后,看似平淡无奇,实则暗藏玄机。尤其是随着舒老师陆续展示杭州滨江区政府人员讲的一个故事,滨江区"树论"的思维变革这两则材料,两地政府在经济发展的思维方式方面形成鲜明对比,而孰对孰错一目了然,给学生以强烈的震撼。舒老师通过巧设问题,既使精选的材料瞬间"活"了起来,又使学生的思维得到了拓展,可谓表面波澜不惊,实际暗流涌动。学生在经历怀疑、释惑、反思等不同环节后,顺理成章地领悟到思维创新的重要意义。

4. 价值引领，以思促行

青少年学生是祖国的希望和未来，党的十九大明确提出"要落实立德树人的根本任务，培养德智体美劳全面发展的社会主义建设者和接班人"。行源于心，力源于志。在信息多元化时代，如何坚定学生心中的理想信念，用信仰的力量引领学生成长，是每一位政治教师的任务和目标。但在现实生活中，部分学生不同程度地存在着理想信念模糊、社会责任感淡薄等现象。思想政治课作为中学德育工作的主阵地，必须担负重任，把立德树人根本任务落到实处。

例4：在本节课最后，舒兰兰老师设问：为什么施一公说"知足常乐"是创新的最大敌人？

舒老师这课虽以创新为主题，但是从导入到新授课的各个环节，无不渗透着社会主义核心价值观的教育，无不彰显着个人担当与国家富强的家国情怀，无不激发学生增强创新能力以报效祖国的热情。尤其是课例中这一精巧的设问，既考查学生的思辨能力，也启发学生反思自己是否存在不思进取、因循守旧的观念，进而引导学生锐意进取，通过实际行动为国家发展添砖加瓦、奉献力量。

舒老师这节课大气中见功底、沉稳中显智慧，是我从教以来难得听到的好课，但也有不足。如舒老师将教学板块定为"管理华为与中国道路"，然而，授课过程几乎全部是在探讨华为的管理模式，对"中国道路"一语带过，另外在"创新推动社会制度的变革"部分处理得也有些生硬。诚然，虽有遗憾，但瑕不掩瑜。正如华东师范大学叶澜教授所说，"一节课不可能十全十美，它应该是真实的、未经粉饰的、值得反思的、可以重建的课"。教师永远都在进行着不完美的艺术创作，每一节课都或多或少存在着遗憾。

【点评专家】仲丽玲，现任教于江苏省淮阴中学。

【执教教师】舒兰兰，苏州新草桥中学校长，江苏省政治特级教师、正高级教师。江苏省师德先进个人、江苏省教科研先进个人、苏州市名教师、苏州市政治学科带头人、苏州市政治学科兼职教研员、苏州大学和苏州科技大学教育与公共管理学院政治系兼职导师。先后荣获国家教学成果二等奖、江苏省基础教育教学成果一等奖、江苏省教育科学研究成果二等奖、江苏省第三和第四届精品课题奖、苏州市教学成果特等奖等。长期坚守教学一线,逐渐形成了"情理交融主题探究"的教学特色,主张"三有六让"教学法,让学生享受生命成长的快乐。主持江苏省"十二五"规划重点资助课题和江苏省"十三五"规划重点课题的研究。

课例 12　创而生长：树立创新意识是唯物辩证法的要求

第一部分　教学预设

一、教学内容分析

1. 课标要求

《普通高中思想政治课程标准》(2017年版)相关规定是："描述世界是普遍联系、永恒运动的,领会全面地、发展地看问题的意义,学会运用矛盾分析法观察和处理问题。"建议"搜集以批判性思维获得创新成果的实例,说明破除迷信的意义和独立思考的价值"。以往,我们的教学多是材料分析和哲理提炼相互分离,学生往往很难从情境探究中得出的生活经验中提炼出哲理,并将之用于指导自己的实践。

2. 教材分析

人教版《思想政治》必修④《生活与哲学》第十课第一框《树立创新意识是唯物辩证法的要求》,是第三单元"唯物辩证法"的落脚点,强调创新是唯物辩证法的根本要求。本框由"辩证否定观"和"辩证法的革命批判精神与创新意识"两目组成。第一目是围绕辩证否定观的含义展开,阐述世界是普遍联系又永恒发展的,因此,我们要吸收、借鉴旧事物中积极的部分,克服旧事物中消极的部分,树立创新意识,做到"扬弃"。第一目从世界观的角度来强调要树立创新意识。第二目阐述,在事物运动、变化和发展过程中,其消极的方面会逐渐显现,最终不得不让位于更高的阶段。在辩证法看来一切都是辩证的,所以我们要树立批判意识,用批判的眼光看待周围的事物,不断推动事物的创新发展。第二目从辩证法本质的角度回答了为什么要创新,以及辩证法革命批判精神要求我们如何创新的问题。创新是两目最核心的概念。

3. 重点与难点

教学重难点：理解辩证否定实质，培养践行创新意识。

4. 学情分析

对高二的学生来说，他们对生活中的创新有一定的认知，容易接受生活中的各种创新产品，特别是"互联网＋"的产品创新。然而，他们却不能从哲学的高度来理解什么是创新、为什么创新以及如何创新，对于创新要立足实际存在认识误区，容易把生活中许多脱离实际的想法误认为是创新。

二、教学目标分析

通过解决下雨天雨伞用完后滴水的问题，理解辩证否定观的含义，明白辩证否定观的实质是"扬弃"，要求树立创新意识；

通过雨伞销售模式变化的问题思辨，认同辩证法的本质是革命的、批判的和创新的；

通过设计一款推进社区管理模式创新的 APP 首页面，明晰辩证法革命批判精神的要求是关注实际、突破成规陈说，研究新情况、寻找新思路。

三、思路、方法与资源

1. 整体思路

主要教学环节（流程）及设计理念基于学生的实际，从学生的生活经验出发，选取能够体现当前社会中多方面、多层次的创新成果，让学生在课堂中能真正地从辩证否定观以及辩证法革命批判精神的角度认知、理解、运用创新意识。在准备素材时，笔者发现，一名德国设计师为了解决下雨天雨伞使用后会弄湿人的问题，改变了伞骨收起的方向，设计了一款新型的反向伞。这一设计很典型地运用了逆向思维的创新思维方法，并且是在保留其积极合理因素的基础上，对伞的结构进行改变，这是一种辩证否定。这一事例可以很好地承载本框第一目的知识，同时，我们还可以从反向伞的购买途径,切入到商品销售模式创新的讨论和对社会生活的关注和探讨,最终诠释什么是创新、为什么要创新、怎样创新。

2. 模式方法

以学生为主体,围绕议题创设系列主题活动,学生围绕主题开展互助活动,充分调动学生的学习热情,培养学生的学科素养。

3. 推荐资源

(1) 许大成. 指向核心素养的知识教学新形态[J]. 思想政治课教学,2018(1):15—18.

(2) 王礼新. 对"活动型学科课程"的几点思考[J]. 思想政治课教学,2018(3):17—20.

(3) 王爱琴. 凸显学生参与的主题活动课堂——以"树立创新意识是唯物辩证法的要求"一课为例[J]. 思想政治课教学,2018(6):27—29.

第二部分　精彩实录

一、新课导入

师:同学们,最近天气阴晴不定,出门时要带把伞。千百年来,人们毫不吝惜对伞的溢美之词:"日脚沈红天色暮,青凉伞上微微雨。"欧阳修的伞上有轻柔之叹,曹雪芹有伞下的忧愁,雨巷诗人戴望舒眼中有撑着油纸伞像丁香一样的姑娘。伞是我们生活中的寻常之物,见证了人类社会的发展进程。今天我们就一起走进"一把伞的故事",感悟人类社会发展进程中的创新魅力。

二、授课过程

师:同学们,晴天伞可以遮阳,雨天呢?

生:遮雨。

师:有时还能传递社会温情,伞有时候还能成就一段千古良缘。那我们用伞的时候有没有困扰?

生：有，收起时会滴水，有时撑起来不方便。

师：伞，晴日遮阳，雨天避雨，传递社会温情。但雨天用伞也有困扰。大家看看下面的图片，这反映了什么样的困扰？

图 4.30

生：在下雨的时候，用完后收起时，伞上的雨滴就会滴落在周围比较麻烦。有时伞上的水会滴落到室内。

师：下雨天雨伞使用后合起来会滴水给我们带来很多困扰，我们有哪些方法来解决雨伞滴水的问题呢？大家以小组为单位，利用桌上的小伞动手试试。

生开展小组活动。

师通过手机同屏技术呈现学生小组讨论过程。

师：同学们，活动时间到，哪个组先来汇报你们的设计方案？

生：我们首先考虑的是解决雨伞的滴水问题。我是采用了一个设计师的设计，它和传统伞打开的方式不一样。我们设计的伞收起来的时候是伞面朝内的，这样就很好地解决了雨水会到处乱洒的问题。

师：就是水直接收在里面了，对吧？

生：对的，水直接收在里面，这样等雨水聚合在一起时往外一倒，就全部解决了。

师：非常好，还有没有其他的奇思妙想？

生：我们可以在进门的地方放一个伞桶，把伞收进去的时候伞上的水就可以滴在伞桶里面；或者在伞顶部设计一个杯罩一样的东西，伞收起来的时候就可以把伞罩套上去；或者就是进门之前把伞上的水甩干净，就不会再有这些困扰了。

师：非常好，我们这一组的方案很丰富，我们给点掌声，好不好？

生鼓掌。

师：同学们，我们的解决方案可以概括一下，大概分为两种类型：一种是在门口放个桶或者给伞加个伞套，这些方法其实是通过外部条件来解决雨伞滴水的问题；还有一种是对伞收起的方向做了改变，是对伞自身结构的改造，是内部的一种革新。那么，同学们提到的德国设计师设计的这把伞，今天我也带来了一把，展示给大家看看，我们对比一下，老师带来的这把反向伞和你手上的传统伞有哪些相同和不同之处？让我们从哲学的角度来反观设计者的设计思路。

生：伞的打开方式是不一样的，传统伞是向下收起来的，而反向伞是朝上收起来的。

师：伞骨收起的方向做了改变，解决了雨伞滴水的问题。相比较而言，传统伞缺乏这个功能，其实这是一种雨伞功能的——

生：创新发展。

师：有没有什么相同之处呢？

生：我觉得它们的作用还都是一样的，都是遮风挡雨。

师：它们的主要功能是相同的，没有发生改变，也就是说我的反向伞继承了传统伞的主要功能，这又实现了和传统伞之间的一种——

生：传承联系。

师：我们从相同之处可以看出伞的主要功能没有改变，是对传统伞的一种传承，是联系的环节；它又克服了传统伞收起会滴水的弊端，增加了它的一些新功能，实现了伞的发展，是发展的环节。我们发现反向伞的这种创新的改变是通过自身结构的改变来实现的，也就是自己否定自己，自己发展自己，这是辩证的否定。那么，我们如何来实现辩证否定呢？

生：一方面要先自己否定自己的一些劣势，然后继承优势再发展。

师：反向伞既继承了传统伞的主要功能和骨架，又改造伞骨收起的方向和伞面结构，吸取、保留和改造了旧事物中的积极因素，是一种肯定，也就是"扬"；既克服了传统伞雨天滴水的弊端，又有否定，也就是"弃"。所以，我们讲辩证否定的实质是——

生：扬弃。

师：我们要做到辩证否定就必须树立一种什么意识？

生：创新意识。

师：同学们猜一猜,老师今天这把伞在哪儿买的?

生：淘宝、京东。

师：所以我们可以总结一下：都是通过网络来购物的。还有没有其他买伞的途径呢?

生：实体店。

师：今天我带来的这些伞都是通过淘宝网来购买的,除此以外,传统超市等实体店也可以购买。过去买东西要跑到实体店,现在动动手指就能买到想要的东西,这一现象的背后隐含着销售模式的转变。请同学们思考：第一,为什么传统的实体店会向电商平台转移?第二,现在如火如荼的电子商务是不是销售最理想的模式呢?给同学们三分钟讨论时间。

生讨论活动。

生：首先,为什么电商平台会发展起来?电商平台比起实体店,其售卖的伞的种类更多,更能吸引顾客,也为顾客提供了方便；而且,在电商平台上销路会更广,企业的成本会降低,营业额会增加。第二个问题,我们小组觉得电子商务应该不是零售业的终极模式。因为在电商平台买卖过程中商品质量得不到保障,需要进一步发展完善,所以不是零售业的终极模式。

师：很好,我们看看其他组有没有补充的?

生：首先,我回答第一个问题,我觉得随着科技的发展,电子产品以及网络的普及,网络更走进大家的生活,在电商平台购物更加方便快捷,便于顾客比较商品的质量、产品的种类,我觉得这也是大数据时代经济发展的要求。电商更加普及,也就是更加方便居民生活,电商在营销方面可以做得更好。第二个问题我觉得电子商务也有很多的问题,如商品质量参差不齐、售后服务不到位,实体店更加方便顾客跟店家去交流。我觉得终极模式应该是实体店与网络销售相结合的。

师：我们掌声给他,谢谢这位同学的精彩回答。

师：同学们分析得非常好,传统销售模式耗时、成本高等弊端逐渐凸显,而电商平台成本更低,销售渠道更广,适应了消费者的消费习惯和消费心理,简言之更加方便、快捷、实惠。

师：在互联网经济的今天,厂商如果固守传统销售模式会怎样?

生：必然会被市场所淘汰。

师：事物都处于不断运动变化、发展中，所以，传统商家必须适应新形势进行创新转型，否则就会被市场淘汰，这就告诉了我们创新的必要性。

师：第二个问题，电子商务是不是零售业的终极模式？两组同学的回答都告诉我们：不是的。因为现在的电子商务也有缺点和弊端。当它的不合理因素不断增加的时候，它就不得不让位于更好的销售模式，比如说我们现在的新零售模式，线上线下深度融合，依托的是大数据、人工智能技术在背后的支持。我们从商品销售模式不断运动变化和发展的过程当中可以看出，在辩证法看来一切都是——

生：暂时的。

师：在辩证法看来一切事物都是暂时的，电子商务的购物体验不足、假冒伪劣商品控制不力等弊端已经显现出来，新的销售模式也已经出现——线上线下深度结合的"无人超市"是今年盛夏的热门话题。那么，辩证法的本质是什么？

生：批判的、革命的、创新的。

师：互联网的发展促进了经济新业态的不断创新。辩证法的本质是批判的、革命的和创新的，所以，我们要不断创新，否则会被时代淘汰。

师：我们不仅可以创新产品设计和经济业态，还可以创新社会管理模式。同学们，这是什么字？对了，是伞的繁体字，观察这个字我们发现，我们的社会好比一把大伞，社区就是一把把小伞，而我们就是伞下的你我他。曾经，阡陌交通，鸡犬相闻，熟人、人情交往密切的传统熟人社会，如今却是：（呈现课件）

"回家偶书"
清晨离家夜间回，
容颜未改身疲惫。
邻居对面不相识，
冷脸转身紧闭门。

师：对现在我们生活的社区，我们有诸多不满意的地方。那么，今天，我们运用创新意识，依托互联网+平台，设计一款社区APP，帮助我们更好地建设"互动—互助，共享—共治"的新型熟人社区。请同学们以小组为单位开展创新设计活动。

学生活动。

师通过手机同屏技术呈现学生小组讨论过程。

生：我们设计的这款APP叫"社区邻里"，目的是为了减少邻里之间的距离感，让广大业主互相了解，同时了解社区的各项活动，可以号召大家做一些公益，让社区的老百姓团结起来。社区邻里APP中，有很多的模块，点击模块进入就可以参与很多的事情。

师：这组同学从融洽社区关系的角度出发设计了一款APP，我们看看其他组的设计如何？

生：我们APP的名字叫"乐事"，我们设计的目的也是增进邻里关系。我们设计的APP打开就可以看到"附近的人"，可以找到同社区的居民。"兴趣爱好"栏目注册之后每个人的兴趣爱好可以同时显示出来，有相同爱好的人可以标识出来，这样帮助人们找到有共同话题的人，增进大家的友谊。APP上还可以设计"今日行程"把自己的行程和安排放上去，邻居可以写评论或者点赞，这样也可以增进邻里关系融洽。另一个设计的板块是"社区动态"，社区有各种各样的负责人，负责人可以发布社区最近的活动，让居民及时了解。同时，有板块可以让居民反映对社区的各种意见和建议，这是我们小组的设计。

师："附近的人"、"兴趣爱好"主要是实现我们大家交流。"今日行程"发布出来之后，我们想一下，如果今天我的出行目的地和你顺路，我们是不是可以搭个顺风车？这其实是对车辆资源的一种——

生：共享。

师：很好，那为什么要设计"社区动态"来公开社区的事务呢？

生：可以对社区管理的意见和建议进行交流，其实是对社区的一种管理意识的增强。

师：非常好，这组同学从"互动—互助"、"共享—共治"不同角度阐述了他们的设计思路。我们再听听其他组的成果。

生：我们组APP的名称就叫"伞下你我"。目的就是为了让邻里少一些冷漠，多一些亲近。我们设计的思路跟上一组相似，增添了一些项目比如"居委会"、"物业管理"、"意见反馈"等，更加方便地用互联网融合的方式为居民生活提供便利，如生活缴费或者反馈意见给居委会等。我们还有个项目叫"邻居广场"，通过它大家可以及时了解邻居的动态,密切彼此之间的关系。"

师:你们这组最特别的设计之处是什么呢?

生:"居委会"、"物业管理"等社区生活管理方面的设计。

师:你们既关注了"邻居广场"大家相互的交流,又关注了通过"居委会"、"物业管理"等对社区的民主管理,用互联网融合的方式加强邻里关系。

生:我们APP的名字叫"掌上南通",包含了南通的大部分社区,目的是为了增进邻居之间的感情。居民通过APP定位自己所在的社区,找到兴趣爱好相同的人成为朋友;还可以通过APP查看社区发布的公告,社区居民把有趣的事情分享到APP上大家交流,以上是我们组APP主要功能的介绍。

师:很好,这一组APP最大的特点就是包含了城市里大部分社区,把传统的社区范围扩大了,更有利于整个社会的建设。还有哪一组有分享的?

生:我们的整体思路跟其他组差不多,但是我们的APP名字取得好!我们叫"通附"。为什么呢?我们首先是通大附中的学生,所以叫"通附"。其次,"通附"还可以解释为联通附近的人。所以,我觉得我们组的APP名字取得好,如果真的将来有这款APP,可以采用我们这个名字,再结合其他组设计的优点,将会是一款非常好的APP。谢谢大家!

师:这一组同学给他们的APP取了一个富有寓意的名字,其实也表达了他们对于构建新型社区的美好期待。

师:我们设计的APP名称不同、具体内容不同,但是我们设计这款APP的出发点是相似的,我们为什么要设计这款APP?

生:社区生活中存在各种各样的问题。

师:在设计APP时,我们关注社区实际,研究了社区存在的问题。因此,设计了交友、互帮互助等内容实现社区的"共享",也践行了文明、和谐、诚信和友善的社会主义核心价值观;"社区动态"和居委会街道实现良性互动等软件内容的开发又有效地推动了社区的"共治",推动了社区民主、法治进程,有利于新型熟人社区的建设。

新型熟人社区取代陌生人社区是一种创新。我们在创新的过程中,依托互联网技术实现了对传统社区管理方式、观念的突破,以及管理体制的创新。

辩证法革命批判精神的要求是破旧立新。马云说:所谓创新就是用未来的眼光看今天,用世界的眼光看中国。

师:今天,我们围绕反向伞和传统伞的异同分析了辩证否定观的含义,也围绕伞的购买方式变化,认识到辩证法的本质是革命的、批判的和创新的。回归生活,我们也要学会运用唯物辩证法的革命批判精神与创新意识指导实践,观察生活,消解事物发展中的消极因素和不符合发展要求的因素,最终促成事物的发展。

师带领学生以"伞"的字形构建板书,带领学生对本节课的核心知识进行回顾和总结。

图 4.31

师:听完"一把伞的故事",你是否对创新有了新的感悟?那就让我们动起手来试试。

围绕创新,联系学生生活,设计作业。

请从以下三条延展任务中任选一条调查研究并汇报总结:

1. 收集日常生活创新小妙招。
2. 为完善班级管理制度提一条创新建议。
3. 调查南通打造"创新之都"的举措。

师:同学们,从创意、创客到"大众创业,万众创新","创新",应该是这个时代使用频率最高的词汇之一了。从国家到集体,从集体到个人,我们都在强调创新。它是推动人类文明进程的动力,是"敢教日月换新天"的助推剂。今天的课堂,我们关注了生活、经济、社会领域的变革与创新。其实,不论是过去、现在还是未来,创新和我们都是密不可分、息息相关的。古语云:苟日新,日日新,又日新。未来,能否更加山清水秀、国泰民安、政通人和,这一切美好愿望的实现都离不开创新。如果有一天我们遇到了这个新社会,请拥抱它、接受它、创新它,让生活因为创新而欣欣向荣,幸福美满。同学们,创新永无止境,创新继续前行,让我们共同续写关于创新的奇迹!

第三部分 课例评析

一、学生反响

学生甲:这节课老师把大量的时间留给我们讨论、发言,让我们充分参与每一个活动,勇于表达自己的意见,从生活实际出发,发现创新的意义,树立创新的意识。

学生乙:我觉得老师的手机投屏非常有意思,她把我们每个组活动的过程都呈现出来,我们可以借此了解别的小组的探讨,从而拓宽自己的思路,真正参与到课堂当中。

二、同行声音

曹金龙:本课具有三个特点。

1. 创新的内容与创新的形式统一

这节课的设计是以"一把伞"为话题,从生活用品"伞"的创新,到买"伞"的交易平台的创新,再到"伞"形社会治理的创新,呈现出多领域、多形态的创新,丰富了学生对"创新"的认识。

2. 契合新课标理念,具有引领性

本节课的设计贯彻了新课标理念,采取小组活动形式组织教学。这堂课设置"雨伞的困扰"、"买伞去何处"、"伞下你我他"三个活动,引导学生在活动中从哲学角度去思考"什么是创新"、"为什么要创新"、"怎么创新"三个话题,在活动中生成"创新"的认知,感悟"创新"的价值,实践"创新"的方法。

3. 新技术手段恰如其分地使用

通过实时同屏技术,听课老师可以即时观察学生的活动,如同置身其中;使学生能够看到其他小组的成果,对本组有所启发,激励学生更主动地创新。技术创新的魅力在本节课上得到充分的体现。

三、自我反思

活动型学科课程以议题为抓手,围绕议题展开课堂或课外活动。活动设计应有明确的目标和清晰的思路,对理清议题涉及的主要内容和相关知识,要进行序列化、结构化处理。要了解学生对议题的认识状况及原有经验,以提高教学的针对性、实效性;了解与议题相关的实践意义,创设丰富多样的教学情境,引导学生面对生活世界的各种现实问题。为了更好地达到教学目标,实现议题教学的价值和意义,就需要设计多层次、多角度的活动,注重活动设计的系列化、结构化处理。笔者在教学"树立创新意识是唯物辩证法的要求"一课时,以一把"伞"串联整节课,注重活动设计的系列化、结构化,使得整节课层层推进,连贯系统,取得了较好的教学效果。本节课具有"三度"特点:

1. 线索串联,立足素养,推进活动设计的目标达成度

伞从何来,源于学生。这节课的每一个设计都是源于学生,源于"心中有学生"。第一把伞,解决雨伞滴水问题,是学生日常生活中会遇到的实际困扰;第二把伞,分析商品销售模式的变化,是学生参与经济生活背后的理性认识;第三把伞,如何构建新型熟人社区,则立足于学生的社会生活,培养学生的公共参与素养。伞状架构,素养支撑。这节课的设计构建出一种伞的架构:核心素养为"伞骨"支撑,系列化的活动构成伞的具体结构。解放学生思想,培养创新意识,分别从生活、经济和社会不同的领域来设计活动,回答创新是什么、为什么要创新、怎样创新的问题。伞为线索,环环相扣。以伞为线索,设计不同的探究情境和问题。问题的设置,贴近学生生活,符合学生目前的生活经验。第一个活动:学生设计解决雨伞滴水问题,学生有话可说、有办法可想,能运用发散性思维从不同角度思考解决问题的办法。再用传统伞和反向伞的异同引导出辩证否定观原理,归纳出创新的哲理依据,回答了创新是什么。第二个活动:从买伞的途径来反思零售业销售模式的变化。由"买伞去何处"来引导,环节设计连贯。设计了两个问题:"传统实体店销售为什么会向电商平台转移"和"电子商务是不是零售业的终极模式"。强调创新的必要性,得出在辩证法看来一切都是暂时的,辩证法的

本质是革命的、批判的和创新的,这就进一步说明我们为什么要创新。第三个活动:让学生设计一款 APP 软件,引导学生运用创新意识和创新思维发现问题、认识问题和解决问题。在设计过程中引导学生关注实际,研究新情况,解决新问题,从而践行了"怎样创新"。教学从日常生活、经济生活到社会生活,乃至活动内在的逻辑性和关联性,延续并拓展了学生的思维空间。

2. 小组合作,明确任务,彰显活动设计的学生参与度

这节课是通过小组合作学习形式呈现的。从活动形式上讲,小组合作设置分工,明确任务,制作身份胸贴,增强仪式感和参与度。每组设置主持人、计时员、记录兼制作员、发言人,分解任务形成明确小组意识。用"成果汇报"的形式表述创意,希望学生给出多种多样的方案,不局限文字陈述,也可以是图片形式等,丰富了呈现方式。从活动效果上看,在小组合作中学生更容易发现问题、解决问题。合作学习更有助于学生和同伴之间找到更合理的答案。学生也能在合作学习中感受认可、增加交流。新旧媒介,交互使用,提升活动设计的学生参与度。本节课运用传统和现代两种媒体。传统的媒体是板书,板书在课堂上停留时间最长,学生印象最深刻。该课设计了一款"伞"状板书,将整个课堂内容以伞为线索串联起来,也用伞这个字形帮助学生形成更具象的知识逻辑。现代媒体方面,是传统投影和手机同屏技术。笔者力求让课件成为串联与承载核心观点的媒介,追求课件效果简洁明了。引入"互联网+教学",通过手机同屏,让课堂参与者能看到不同的设计思路,走近课堂,观察课堂,参与课堂。该技术实现了学生组组之间的互动互助,行程竞争与合作,提高了小组活动的效率。这些媒介的使用放大了学生的合作成果,激发了学生参与学习的主动性,凸显了学生课堂的主体地位。

3. 文化课堂,综合教学,拓展活动设计的内化践行度

思想政治课不仅有智慧而且需要美。美的事物能让人心情愉悦,让人情感投入,让人乐享其中。笔者认为哲学课更需要些文化韵味。这节课以伞为线索,笔者选择了《雨巷》诗朗诵视频作为暖场,学生有理解,能感受到一种氛围,并带着饱满的情绪进入"伞"的课堂。开场白让学生跟随文学家的脚步感悟伞的不断变迁、创新发展。课件制作强调美感,运用书法字体,制作油纸伞的 PPT 背景,烘托课堂的文化意境。结语部分笔者也力求将理性的哲理和感性的文学交融起来,把哲理讲成哲学,把文学讲成

文理。

四、专家点评

本课坚持以学习者为中心,首先从学生的生活实际出发,直面问题,设计解决雨伞滴水问题的方案;其次,巧问雨伞的购买途径,用商品的销售模式变迁来强调创新的必要性;最后,引导学生运用创新思维优化新型社区模式。三个活动都贴近学生生活,话题从生活中引入,问题从生活中产生,以生活为基础,通过情境和问题,引导学生自主学习、合作学习和探究学习,由感性的生活体验上升到理性的学科知识习得。

本课采取内容与活动相互嵌入方式,以"创而生长"为议题,设计了"雨伞的困扰"、"买伞去何处"、"伞下你我他"三个序列化的活动,既关注了学生的实践逻辑,又体现了辩证否定观的含义——辩证法的本质——辩证法革命批判精神要求的学科逻辑,回答了"什么是创新"、"为什么要创新"、"怎样创新"等问题,推动了课堂教学的展开。

活动型学科课程教学中,丰富多样的学生活动如何与传统教学呈现形式相结合?本节课做了很好的探索,通过互联网＋教学,利用手机和电子大屏形成学生活动探究的交互平台,将学生的思维过程呈现出来,由分组探究扩展为组组交流,有效地活跃了课堂氛围,整合了教学流程,使呈现出来的活动内容与整个教学融为一体。

【点评专家】杨维风,全国优秀教师、江苏省中学正高级教师、省特级教师,现任教于南京十三中。

【执教教师】杨璐,南京大学附属中学,中学一级教师。南京市优秀青年教师,南京市鼓楼区学科带头人。荣获2016年江苏省高中思想政治青年教师基本功大赛二等奖,2017年江苏省高中思想政治优质课一等奖第一名。注重教学研究,多篇论文发表于核心期刊或获得省市一、二等奖。同时,承担了多项省市级课题研究任务。

课例 13　赏美析魂：传统文化的继承与发展

第一部分：教学预设

一、教学内容分析

1. 课标要求

通过开展议题式辩论活动，让学生辩证地看待中华传统文化。领会对中华优秀传统文化进行创造性转化、创新性发展的重要意义，引导学生树立高度的文化自觉与文化自信，坚定地做中华文化的继承者和传播者。

2. 教材分析

本课是思想政治必修三《文化生活》第四课"传统文化的继承与发展"的内容，由于本课共有两框题，教学内容较多，本课仅选取第一框的传统文化的表现及正确对待传统文化来展开教学研究。在教学活动中呈现中华传统文化的表现，重点是辩证分析传统文化的影响，以及对待传统文化的正确态度。

3. 重点与难点

教学重点：对待传统文化的正确态度。

教学难点：理解传统文化的双重特点"精华"与"糟粕"并存。

4. 学情分析

高中学生在初中阶段通过对《文化生活》相关知识的初步学习，对《文化生活》有一定的了解和知识储备，具备基本的文化素养，但是受思维能力和知识的限制，对传统文化的理解还停留在生活中的一些具体现象上，较难做到科学分析传统文化的作用。因此，在教学过程中既需要从生活逻辑出发，更需要通过教师引导启发学生树立科学精神，在学习中感悟传统文化的魅力，树立高度的文化自觉和文化自信，培养学生的家国情怀。

二、教学目标分析

本教学设计以培育学生核心素养为目标,通过对《岳阳楼记》的分析,让学生感悟传统文化之美,同时也培养学生对中华传统进行辩证分析的能力。

1. 创设"寻美,赏传统文化之魅"情境,通过对《岳阳楼记》语言文字等的分析,使学生领悟到传统文化的四种主要表现形式,培育学生对中华优秀传统文化的认同感。

2. 创设"审美,悟传统文化之道"情境,通过对"先天下之忧而忧,后天下之乐而乐"的分析,使学生明晰传统文化的双重作用,树立对待传统文化的正确态度,培养学生的科学精神。

3. 创设"践美,承传统文化之根"情境,通过对当代社会中共产党人忧乐观的分析,让学生认识到共产党人全心全意为人民服务的忧乐观,培养学生的政治认同。

三、思路、方法与资源

1. 整体思路

本课总的设计意图是充分体现思想政治学科立德树人价值导向的学科性质,体现高中思想政治新课程标准"活动型课程"、"议题式设计"、"思辨性课堂"的改革取向,体现核心素养以真实情境下的问题解决为指向的改革特点,通过教学手段的综合运用,达成教学目标。具体来说主要是从以下四个方面着手:

第一,从"学科教学"转向"学科教育"。在开展教学活动中坚持把立德树人和价值引领放在首位,立德树人是教育的根本任务,价值引领与实践导行是高中思想政治课最核心的理念,也是基于核心素养教育改革的本质追求。本课力图通过具体教学活动的有效展开,培育学生对中华优秀传统文化的认同感,自觉成为中华优秀传统文化的传播者和继承者。

第二,从"碎片式教学"转向"主题式探究"。具体来说,本节课围绕《岳阳楼记》及其思想来开展教学活动。建构完整的教学情境,具体来说:通过寻美,呈现出传统文化的四种表现;通过审美,让学生明晰传统文化既有精华也有糟粕;通过践美,概括得出对待传统文化的正确态度。同时将视频、文字、图片资料等信息有机整合,创设轻松、愉悦的学习氛围。做到教学直观性、科学性与实效性的统一。

第三,从"浅层学习"转向"深度学习"。本节课力求实现设计问题既具有思考性,更具有思辨性,将"浅层学习"向"深度学习"推进。因此,本课教学将依据主题情境式教学的特征,从《岳阳楼记》文本出发,回归到现实生活之中,设计了"'先天下之忧而忧,后天下之乐而乐'作为封建士大夫的行为准则和人生信条,中国共产党为什么还号召全体党员干部去学习?"这一问题,有效地提高了学生思维的层次,提升了学生思维的"张力"。

第四,从"过分注重细节"转向"整体一致性"。在本节课教学活动中,对于传统文化的表现,这一较为容易的知识点,在讲解中只注重知识本身的完整性,但并没有过多着墨去进行阐释或举例,而是将这些知识与"寻美"、"省美"、"践美"三个部分有机统一,将这些知识与《岳阳楼记》相统一。这样既保证知识的准确性,又保证主题的连贯性,有效地避免了"头重脚轻"和"重难点不突出"等常见问题的出现,体现了教学设计的整体性和一致性。

2. 模式方法

主要采用主题情境式教学方法,综合利用现代多媒体技术,达成最终教育教学目标。

3. 推荐资源

(1)黄丽君.主题情境探究教学法在高中政治教学中的应用[J].广西教育,2015(2):93—94.

(2)黄金结,史欢乐.高中思想政治课的情境教学[J].课程·教材·教法,2013,33(11):61—65.

(3)沈雪春.思想政治主题型活动教学的价值旨趣[J].中学政治教学参考,2018(4):16—17.

第二部分　精彩实录

一、导入新课

师：同学们好，上有天堂，下有苏杭，中有重庆，灯火辉煌。我来自重庆：一座网红城市。来到苏州，一出火车站，南广场竖立着八座历史人物雕像，让我感受到苏州是一座有文化的城市。

（教师播放视频《网红城市——重庆》，学生激动地盯着屏幕。）

师：为什么会选择范仲淹作为主雕像？

（学生七嘴八舌地议论开来。）

生：因为他是苏州人。

（学生大笑，部分同学对刚才的回答予以纠正，同时指出所有的雕像都是苏州人。）

生：因为他对苏州产生了重大的历史影响，"先天下之忧而忧，后天下之乐而乐"思想影响深远……

师：（小结）因为他代表了一座城，造就了一篇文，捧红了一座楼。

（教师提出一系列问题追问学生。师：这座城是——生：苏州；师：这篇文是——生：《岳阳楼记》；师：这座楼是——生：岳阳楼。）

二、新课讲授

探究一：寻美，赏传统文化之魅

师：老师也非常喜欢读《岳阳楼记》，曾想象自己站在岳阳楼上，面对着浩淼江水，大声吟诵"予观夫巴陵胜状……"，陶醉在这样的意境里。

（教师声情并茂地吟诵《岳阳楼记》。）

师：接下来，我们一起踩着岁月的青砖，踏着历史的厚木板，来到楼上，共同品读这一千古名篇。

师：请同学们在品读时，先找出自己喜欢的句子，然后在小组内交流分享。

（配音朗诵中，唯美《岳阳楼记》画卷，徐徐展开……）

师：现在我们大家来分享一下，哪位同学来说说，你喜欢哪一句，理由呢？

（各小组的学生认真聆听朗诵，并在组内积极交流自己喜欢的句子。）

生：衔远山，吞长江。这句为我们展现了一幅雄伟壮丽的立体画面。

生：浮光跃金，静影沉璧。沙鸥翔集，锦鳞游泳。这句通过排比的写法让文章很有气势。

师：这些句子为我们呈现一种自然之美。

（教师对学生的上述回答进行归纳总结。）

生：不以物喜，不以己悲。

（各个小组的学生积极发言，说出自己喜爱的句子。）

1. 传统文艺之美

师：很好，请坐。文章在展现这些自然之美时运用了哪些修辞手法？

（学生借助阅读材料，凝神思考问题。）

生：拟人、比喻、对偶……

师：文中修辞手法的运用使我们在这自然之美的背后，品味到了修辞之美，更品味到传统文学之美。读来如诵诗，朗朗上口，悦耳动听，让人感受到音律之美。读这样的句子如品茗，纯香入口，沁人心脾，让人品尝到甘甜之美。

师：（小结）如果我们将《岳阳楼记》以苏州昆曲的形式呈现，便可品味到传统戏曲之美。

而以国画的形式呈现，则品味到的是传统绘画之美。传统文学、传统戏曲和传统绘画共同展现了传统文艺之美。

2. 传统思想之美

师：楼记之美，美于景色，更美在人情，美在思想。

师：当我们品读到文末"微斯人，吾谁与归"时，请同学们从文中找出"斯人"是具有何种思想的人？

（学生低头思考，并在小组内进行交流。）

生：不以物喜，不以己悲。

生：居庙堂之高则忧其民，处江湖之远则忧其君。

生：是进亦忧，退亦忧。

生：先天下之忧而忧，后天下之乐而乐。

师：这些思想被后世尊称为"忧乐五观"，他们分别是先后观、悲喜观、进退观、高远观和阴晴观。

（学生惊奇地看着屏幕，若有所思，似乎对范仲淹和《岳阳楼记》有了新的认识。）

师："忧乐五观"的美就于其独特的人生境界、高尚的思想情操。

3. 传统建筑之美

师：（过渡）范仲淹数度遭贬，他是借写《岳阳楼记》为自己画像，向朝廷表明忠心，并没有着墨大书特书岳阳楼。

师：这便是岳阳楼，自古便有"洞庭天下水，岳阳天下楼"的美誉。这是一座四柱、三层、飞檐、纯木的建筑，而飞檐是中国特有的建筑结构。

师：这张飞檐的图片，大家熟悉吗？

（学生仔细地看着这张图片，齐声回答出此张飞檐图片的出处。）

生：紫藤苑楼顶的飞檐。

师：当你仰望那高高翘起的檐角，你会想到什么？

（教师用肢体与神情展现飞檐的形状，同时将问题简化为：飞檐像什么？）

生：感觉像轻松腾飞的鸟儿的翅膀。

生：有一种要飞的感觉，感觉是要把整个楼都要托起来，悬停在空中。

生：飞鸟展翅，轻盈活泼。

师：（小结）借用一个飞字意境显"檐"的灵动之美，可谓"鸟向檐上飞，云从窗里出"，巧夺天工，匠心独运。

师：然而放眼现在，一幢幢高楼大厦拔地而起，千城一面；一座座历史建筑风雨飘摇，空留遗憾。这是时代的进步，还是时代的悲哀？

（学生激烈讨论，形成观点交锋。）

生：是进步，是经济社会发展的表现。

生：是悲哀，没有保留中国传统建筑的精华。

师：（小结）在进步中有着悲哀。中国传统建筑以其独特的结构体系、优美的艺术造型、丰富的艺术装饰彰显魅力，也将中国传统建筑的精髓呈现出来。

4. 传统习俗之美

师：《岳阳楼记》如此之美，然而我们却被"套路"了。

（学生惊讶地盯着老师。）

师：据当代著名学者梁衡先生考证：范仲淹未曾到过岳阳楼，那么，他为何却写出了这种独上高楼的感觉？

（学生七嘴八舌地议论为什么作者写得如此真切。）

生：因为他看过关于岳阳楼的画。

生：他没有去过岳阳楼，但并不代表他没有去过其他的楼。

师：因为古人喜欢登高，尤以重阳登高为甚。王维便有一首登高诗——《九月九日忆山东兄弟》："独在异乡为异客，每逢佳节倍思亲。遥知兄弟登高处，遍插茱萸少一人。"

（教师引导学生齐背《九月九日忆山东兄弟》。）

师：从王维的诗中可以看出古人在重阳时有怎样的习俗？咱们苏州重阳节又有哪些习俗呢？

生：出游赏景、登高远眺、观赏菊花、插茱萸、吃重阳糕、饮菊花酒、吃螃蟹……

（学生积极主动地述说着苏州重阳节的习俗。）

师：（小结）重阳之美，美在一份景致，美在一份思念，美在一份孝心，美在一份诗酒情怀。在这美中，我们也品味到了传统习俗的形式之美、内涵之美。

探究二：审美，悟传统文化之道

师：当品读完这一千古名文，接下来我们掩卷深思，岳阳楼因范仲淹的一"记"而不朽，范仲淹因"先天下之忧而忧，后天下之乐而乐"而垂名。

师：那么"先天下之忧而忧，后天下之乐而乐"精神蕴含着怎样的情怀？

（学生在小组内进行着交流和讨论。）

生：为国为民。

生：忧国忧民。

生：为国贡献自己的力量。

生：责任与担当。

师：（小结）"为国"、"为民"、"责任"与"担当"便是这种情怀。

师：这是一种家国情怀，它千百年来激励着无数仁人志士为祖国、为人民奋斗不息。请举出具有"先天下之忧而忧,后天下之乐而乐"情怀的名人名言。

生:陆游——位卑未敢忘忧国。

生:顾炎武——天下兴亡,匹夫有责。

生:张载——为天地立心,为生民立命,为往圣继绝学,为万世开太平。

生:文天祥——人生自古谁无死?留取丹心照汗青!

生:林则徐——苟利国家生死以,岂因祸福避趋之。

生:林觉民——何不幸而生今日之中国。

生:孙中山——天下为公。

(学生积极主动地述说着具有"先天下之忧而忧,后天下之乐而乐"情怀的名人名言。)

师:这种家国情怀就像一条纽带,将中华民族紧紧地系在一起。今天,家国情怀进入新时代还将继续把我们团结起来,在中国共产党的领导下去实现中华民族的伟大复兴。

师:"先天下之忧而忧,后天下之乐而乐"作为封建士大夫的行为准则和人生信条,中国共产党为什么还号召全体党员干部去学习?

所有党员领导干部,都应该先天下之忧而忧,后天下之乐而乐,吃苦在前,享受在后。

——江泽民在纪念中国共产党成立80周年的重要讲话

广大县委书记要"做群众的贴心人,坚持全心全意为人民服务的根本宗旨,自觉贯彻党的群众路线,心系群众,为民造福,心中始终装着老百姓,先天下之忧而忧,后天下之乐而乐,真正做到心系群众,热爱群众,服务群众。

——习近平在会见全国优秀县委书记时的讲话

(学生开始疑惑,带着疑问在小组内展开交流讨论。)

生:忧国忧民的思想值得当今的党员领导干部继续学习。

生:这种责任意识与担当精神也是今天广大领导干部应当学习和发扬的。

生:虽然是封建思想,有糟粕,但是其中蕴含的忧国忧民思想仍具有价值。

师:很好,这与当代社会所追求的爱国、为民、责任、担当精神具有一致性。那有什么糟粕?

(教师引导学生辩证分析,思考传统文化的两重属性。)

生:士大夫的为民最终目的是为了维护封建统治阶级的利益,是为了维护少数人的利益,同时他们也更多地停留在其思想上、理念上,而很少付诸实践。

师:(小结)传统社会中的民本背后是官本,官员的忧国忧民最终可以归结为忧己,为官时处处都忧心忡忡、患得患失……而中国共产党最终却是为民。因此,我们在传承忧乐精神的积极价值时,应当注意清除其封建性糟粕。

探究三:践美,承传统文化之根

师:"先天下之忧而忧,后天下之乐而乐。"岳阳这方山水也一直滋养着这千古忧乐精神,这方山水养育的人也一直践行着这一精神。

师:岳阳市平江县扶贫办主任叶剑芝,作为党的一名基层干部,常"处江湖之远",却忠诚党的事业,胸怀国家大局;虽然没有"居庙堂之高",但始终心系百姓安危,忧民之忧,乐民之乐。

> "我是一名共产党员,我到扶贫办,就应该将全部热血倾洒在这个神圣岗位上。"
>
> "人民对美好生活的向往就是我们努力的方向。"
>
> 正是带着这样的信仰,叶剑芝为了老百姓能吃得饱、穿得暖、睡得好,他的脚步从未停止奔走,用脚丈量着每一寸贫困的土地,实现208个贫困村整村脱贫。叶剑芝用自己的行动诠释了忧乐精神的时代内涵,展现了共产党员的本色。

师:叶剑芝是如何诠释忧乐精神的时代内涵,展现其共产党员本色的?

(学生在小组内,结合所学知识进行交流讨论。)

生:一心为人民,牢固树立责任意识与担当精神。

生:坚持以人民为中心思想,为民谋利。

生:勇于实践,而不是仅仅停留在口头上。

生:更好地满足人民对美好生活的需要。

师：(小结)"新时代忧乐精神"既是对几千年来"传统忧乐精神"的继承，更是适应新时代之需赋予其新内涵，并付之于伟大实践。

师：那么，我们应当如何正确对待传统文化呢？

(教师引导学生全面分析传统文化的作用，同时引导学生对所学知识进行归纳总结。)

生：取其精华，去其糟粕。

生：批判继承，古为今用。

生：在继承中发展，在发展中继承。

师：(总结)很好，请坐。对于传统文化应当批判继承，让传统文化既有时代气息，又能发出时代强音，推动中华优秀传统文化创造性转化、创新性发展，唯有这样方能守住优秀传统文化的根脉。

三、总结

师：(总结)当我们再次读到《岳阳楼记》，再次读到范仲淹之问——"微斯人，吾谁与归"之时，900多年前，范仲淹作出了不朽的回答，今天，我们的回答是：

赏美析魂：传统文化的继承与发展
(板书设计)

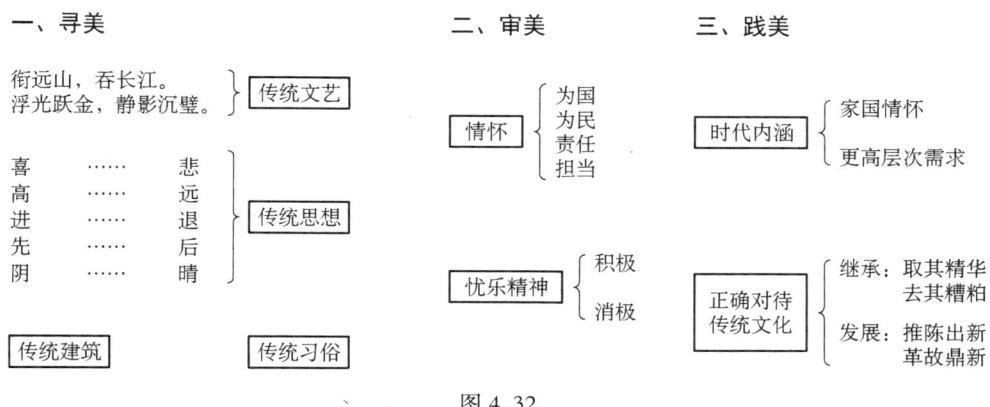

图 4.32

与传统文化之"根"同归；

与时代发展之"新"同步；

与民族复兴之"梦"同行。

（在学生的热烈掌声中结束本课的学习。）

第三部分 课例评析

一、学生反响

通过本节课学习,我们较好地掌握了课程标准所要求具备的能力,同时通过我们在教学过程中的积极主动参与,使得教学目标有效地得以实现,而且在整个教学过程中我们的学科核心素养能力也得到了提升。

二、同行声音

顾润生：本节课作为全国性观摩课,通过主题情境式教学方式将知识予以呈现,结构完整,对教材进行有效取舍,选材大气,也接"地气",通过教师的有效引导基本上实现了预定的教学目标。有以下几点值得借鉴：一是做到了备课时心中有学生,在问题设置上充分考虑到了学生的实际情况；二是教学过程体现了《文化生活》的学科特征,即有文化味,对于中华传统经典篇目《岳阳楼记》的运用,便是对中华优秀传统文化进行继承和发展的最好例证；三是教学方式新颖,能非常熟练地使用现代教育技术设备,同时课件的制作也非常精美。

三、自我反思

本课是思想政治必修三《文化生活》第四课"传统文化的继承与发展"的内容,我以《岳阳楼记》为主线来展开教学活动。我从导入新课到新课讲授,有条不紊地进行课堂教学活动,较好地调动了学生的课堂积极性,基本实现了以教师为主导、以学生为主体的教育教学活动。现在回过头来进行反思,可以归纳出以下几个方面。

1. 成功之处

(1) 注重导入的有效性。俗话说"良好的开端是成功的一半",如果开始不能有效地吸引住学生,那么,这节课便失败了一大半。因此,在本课的教学中,我选择了最近最火的抖音视频《网红城市——重庆》,同时结合苏州火车站南广场的雕塑群共同作为新课的导入材料。让学生在光影中既感受重庆的美景,又感受苏州浓厚的文化底蕴,激发学生的学习兴趣,充分调动了学生的学习积极性。

(2) 注重材料的合理性。本节课内容较多,因此,我在教学中是用教材教,而不是简单地教教材,大胆地对教材原有结构和知识进行整合。采用主题情境式教学,将教材知识与《岳阳楼记》的解读很好地结合起来,改变传统堆砌材料的做法,同时材料的选择也是基于学生已有认知。这样的设计既能很好地激发学生兴趣,吸引学生注意力,又让学生有话可说。从最后的教学效果来看,达到了预期目标。

(3) 注重问题的思考性。在整个教学过程中,我一方面注重问题设计的逻辑性,让每个问题都环环相扣,同时又注重问题思考的"张力"。例如在讲到传统建筑时我设置了"然而综观现在,一幢幢高楼大厦拔地而起,千城一面;一座座历史建筑风雨飘摇,空留遗憾。这是时代的进步,还是时代的悲哀?"这样的问题,贴近生活,贴近现实,学生可以进行有效思考。同时在讲授传统文化作用的双重性时,我设置了"先天下之忧而忧,后天下之乐而乐作为封建士大夫的行为准则和人生信条,中国共产党为什么还号召全体党员干部去学习?"这一问题,让学生可以更进一步思考,明晰传统文化的作用,更好地突破本节课的难点。

(4) 注重价值的引领性。思想政治学科有着自己的学科特色,在教授知识的同时需更多地进行价值的引领,同时又要力求避免被政治观点、道德观点所绑架。因此,在本节课的教学中,一方面,我在材料选择上便非常注重对中华优秀传统文化的借鉴,选择《岳阳楼记》作为主材料,很好地继承和发展了中华优秀传统文化;另一方面,通过对文本深入的解读,实现对中华传统文化进行创造性转化和创新性发展,让学生在教学活动中感悟中华优秀传统文化的魅力;最后,以古今忧乐观的比较作为议题,注重学生核心素养的培养,特别是理性思辨精神,同时培养学生的家国情怀,达成思想政治课教学的特有目标。

2. 不足之处

综观全部教学活动,教学过程中还有一些不足之处。例如:教学语言还不够精炼准确,有些设问的逻辑性和科学性值得商榷。同时这节课在"课味"上还有一些地方需要提高,《文化生活》的学科味(文化味)还可进一步提升。这些问题反映了自身素质还需进一步提高,也使我更加深刻地认识到了提高教师素质的意义。

3. 再教设计

现在回过头来,如果让我再上一次这节课,我会在保留原有教学设计的基础上,对于每一个设问作出更加科学合理的设定,让每个设问能更好地接近学生最近发展区,让每个问题层次清楚,梯度合理,同时使得"课味"更加浓郁。

四、专家点评

2014 年教育部颁布的《完善中华优秀传统文化教育指导纲要》强调,加强中华优秀传统文化教育,是构建中华优秀传统文化传承体系,推动文化传承创新的重要途径;也是培育和践行社会主义核心价值观,落实立德树人根本任务的重要基础。因此,在《文化生活》教学中实施优秀传统文化教育就更有意义。贾义文老师执教的"赏美析魂:传统文化的继承与发展"一课,以新颖别致、合作探索、深度学习的教学设计,以议题式、活动型的教学推进,让学生在对传统文化的学习与思考中较好达成情感、态度、价值认同的目标。

1. 本课追求教师的个性美

教师以中国古典文学名篇《岳阳楼记》的赏析为载体,引领学生踏上一条"赏美析魂"之旅。教师借鉴语文名篇赏读的教学方法,以其优秀的综合素养、极富魅力的教学语言、和谐活泼的教学生态、"游目"方式的审美过程等,使教学富有文化品位和隽永气质。其立意高、理念新、格局大、格调雅,没有局囿和沉陷于应试教育,而是追寻教育本真,通过教学转型使课堂教学既自然流畅,又深刻生动,增强了教师在立德树人中的个性力量。

2. 本课营造课堂的意境美

以"范仲淹的忧乐观"为主题纵贯线,设计了"寻美,赏传统文化之魅;审美,悟传统文化之道;践美,承传统文化之根"三个子议题的探究活动的整体情境,在每一个子议题教学活动中,都充分调动学生的文化素养储备和参与自觉,充分挖掘传统文化中美的内涵,让学生体验其表现形式的独特魅力,没有生硬的概念表达和理性推导,有的是独特丰富的传统文化信息的浸润,有的是教学素材和课件的唯美呈现,从而营造出"以文化人"的学习氛围,体现了文化生活课堂浓浓的文化意境。

3. 本课遵循教学的逻辑美

在看似文本解读教学推进中,遵循学生身心和认知发展规律,把教学流程设计为"读、想、议、评、做"的序列活动,"赏析名篇寻找美、省悟辨评分析美、承传发扬践行美"的教学清晰流畅,让知识在情境感知中活化,在合作探究中生成,在价值冲突中选择,在理解迁移中应用,在激发引导中创造,使文化生活教学具有严谨的逻辑。

4. 本课勾起学生的乡愁美

教师以苏州历史名人范仲淹及其名篇导入,一人、一文、一楼、一城,让学生倍感亲切;在富有故事性地引出传统习俗后,让学生分享苏州的民风民俗;特别是在"辨一辨:综观现在,一幢幢高楼大厦拔地而起,千城一面;一座座历史建筑风雨飘摇,空留遗憾。这是时代的进步,还是时代的悲哀?"处于冲突时,教师提供了苏州城市发展中恰当处理好传统与现代关系的建筑图片,底蕴深厚、古朴灵秀的历史街区的保护与时尚大气、日新月异的新开发区的风貌各异、特色鲜明而又根脉相连、和谐统一,使学生对如何对待传统和现代的关系有了形象感悟。这些本土素材的使用,给了现代生活背景下成长起来的学生记住吴侬软语和小桥流水的文化乡愁机会,从而增强了学生文化传承与发展的自觉意识。

5. 本课彰显课程的价值美

以"范仲淹的忧乐观"为主线串起传统文化之魂时,在启发学生历数了千百年来激励着无数仁人志士"为国"、"为民"、"责任"与"担当"这种家国情怀后,设置新时代优秀共产党员干部叶剑芝心系百姓的情境,引导学生"议一议":"先天下之忧而忧,后天下之乐而乐"既然是封建士大夫的行为准则和人生信条,那中国共产党为什么还要号召全体党员干部去学习和践行? 这一活动既让学生明白了对待传统文化的正确态度,逐步找到"当我们再次读到《岳阳楼记》,再次读到范仲淹之问——'微斯人,吾谁与归'"之时,我们今天的"与传统文化之'根'同归,与时代发展之'新'同步,与民族复兴之

'梦'同行"的回答，既有教学的整体感上的首尾相应，又有引领学生思想情感和价值观导向的目标达成，彰显了立德树人的学科价值。

当然，教师在时空设置上还可以着力审美践美环节；在教法特色上大胆借鉴相关学科教学法以体现学科综合性的同时，也要更突出本学科的特色性；在观点提炼上应更多地反映优秀传统文化的普世价值，而适当弱化其阶级局限，以充分彰显传统文化继承与发展的价值与功能。

【点评专家】肖志农，全国优秀政治教师、中学正高级教师、特级教师，现任教于重庆市外国语学校。

【执教教师】贾义文，法学硕士、重庆渝中区骨干教师、渝中区青年岗位能手，现任重庆市第二十九中教务处副主任。曾获渝中区高中政治优质课比赛一等奖第一名、重庆市高中政治优质课比赛一等奖第一名、全国中学政治优质课大赛重庆选拔赛第一名、全国中学政治论文比赛特等奖、教育部"一师一优课，一课一名师"部级优课等奖励40余项。指导学生参加各级各类比赛，其中有3人获得国家级奖项。目前主持或主研省市级课题5项，参编教材、教辅4部，在《中学政治教学参考》等中文核心期刊发表论文多篇。

课例 14　从孙悟空成长经历看"修养成人"

——《文化生活》第十课第二框"思想道德修养和科学文化修养"

第一部分：教学预设

一、教学内容分析

1. 课标要求

《普通高中思想政治课程标准（2017年版）》（以下简称《新课标》）指出："普通高中

的培养目标是进一步提升学生的综合素质,为学生的终身发展奠定基础,着力发展核心素养,使学生具有理想信念和社会责任感,具有科学文化素养和终身学习能力,具有自主发展能力和沟通合作能力。"本课教学围绕"从孙悟空成长经历看'修养成人'"这一核心议题展开。习近平总书记在党的十九大报告中指出,要推动"中华民族优秀传统文化的创造性转化、创新性发展",要"深入挖掘中华民族优秀传统文化蕴含的思想观念、人文精神、道德规范,结合时代要求继承创新,让中华文化展现出永久魅力和时代风采"。以中华优秀传统文化滋养学生生命成长,是本课设计的主旨。依据新课标,本课教学一方面积极引导学生"辩证地看待传统文化,领会对中华传统文化进行创造性转化、创新性发展的重要意义,弘扬民族精神",另一方面注重培养学生能够"辨识各种文化现象,领悟优秀文化作品的影响力和感召力",进一步展示中国特色社会主义的文化自信。

2. 教材分析

本课是《文化生活》(高中思想政治必修IV)最后一框教学内容,作为模块"收官之作",教学目标指向"使自己成为一个有文化修养之人"。

《文化生活》第十课"文化建设的中心环节",包括两框内容——第一框"加强思想道德建设",第二框"思想道德修养与科学文化修养",该模块的育人目标可以概括为"以文化人",具体蕴含三个层次的问题,即"文化何以化人(文化的作用)"、"以什么样的文化化人(汲取世界各国优秀文化,继承本民族传统文化)"、"我们应成为什么样的'文化人'(中华文化的传承者、弘扬者,中国特色社会主义文化的建设者)"。

本课教学依据第三层次问题而设置,通过"从孙悟空成长经历看'修养成人'"这一核心议题,整合教材三目内容:第一目"直面生活中的道德冲突";第二目"在科学文化的陶冶中升华";第三目"追求更高的思想道德目标"。其内在逻辑结构是:以中学生"直面生活中的道德冲突"为切入点,进一步思考科学文化修养与思想道德修养的辩证关系,从而自觉"追求更高的思想道德目标"。

3. 重点与难点

教学重点:了解两个修养(科学文化修养与思想道德修养)的辩证关系。

教学难点:进一步明确修养是一个长期的过程,通过提高自身的科学文化修养,追求更高的思想道德修养目标。

4. 学情分析

本课教学对象为高二学生。这一阶段的中学生,正处于世界观、人生观和价值观形成的重要时期,一方面,学生经过三个必修模块的学习(《经济生活》、《政治生活》、《生活与哲学》),具备了一定的政治认同、科学精神、法治意识、公共参与素养,面对社会上出现的种种复杂现象(在急剧变化的社会生活中,人们在思想道德上常常面临两难选择),开始有了初步的理性思考;另一方面,现实社会生活中的许多问题,往往与个人生活、生命成长过程的体验有着密切关系,当中学生作为旁观者和作为参与者两种不同身份面对现实问题时,往往会产生"知易"与"行难"的矛盾,这也正是高中思想政治学科教学面临的严峻挑战。

在生命成长过程中,"榜样的力量是无穷的",《文化生活》第十课第一框第一目以"我心目中的思想道德模范"作为教学导入,是比较符合中学生的心理特点和内在需求的;本课教学设计的初衷,是希望通过《西游记》中的"孙悟空"这一学生所熟悉的、印象深刻的形象,为学生真正理解和领会"修养是一个长期的过程,自觉通过提高自身的科学文化修养,追求更高的思想道德目标",找到一个切入点、突破点和生长点。

二、教学目标分析

基于高中思想政治学科核心素养培育的理解,本框的教学目标通过三个递进层次展开:首先,孙悟空的成长是一个在不断与他人(社会)交往、互动中进行反躬自省的过程,他由"叛逆者而成为取经团队的核心成员,其实也是一个被社会逐渐接纳,涵养"政治认同"的过程。其次,孙悟空的成长路上经历着各种思想道德观念带来的冲击和挑战,其由"悟"而"行"的转变,既蕴含了理性的觉醒和"科学精神"的养成,也揭示了他的成长必须经历一个由野性放纵的"自然人"(美猴王)而成为受道德和礼仪规制(法治意识)的"社会人"的"锤炼"过程;最后,学科核心素养的培育是一个整体的、有序的、长期的过程,因此,我们在教学(教育)中必须要将人的成长置于一个社会的、文化的、发展的背景中去把握。本课借由孙悟空的成长经历,引导学生体会其人格魅力和蕴含的中华民族精神,从而有助于进一步增强文化自觉和文化自信,其最终目标指向"文化认同"。

三、思路、方法与资源

1. 整体思路

（1）主要教学环节：本课以"从孙悟空成长经历看'修养成人'"为核心议题，教学过程包括"议题引入"（电视动画片《西游记》主题曲《猴哥猴哥，你真了不得！》）、"议题展开"（孙悟空的成长经历）、"议题升华"（孙悟空的"成长"经历给我们的启迪）三个环节。

（2）设计理念：日本学者佐藤学把"学习"重新界定为"意义与关联的建构"，"所谓'学习'，就是同情境的对话（建构世界），同他者的对话（结交伙伴），同自身的对话（探求自我），形成三位一体的对话性实践"。

本课教学力求在三个方面尝试"对话性实践"。首先，引导学生与孙悟空这一经典人物形象进行对话，进而审视优秀传统文化对于个人成长所具有的积极意义；其次，倡导学习者之间的对话，通过合作与交流，互惠与分享，以获得"疑义相与析，奇文共欣赏"的体验；最后，启迪自我反省，在每个人的成长历程中，孙悟空都是一个重要的"楷模"，一个不可回避的"重要他者"，所以"我"与孙悟空的对话，也是重新确立自身信心与探寻人生目标的过程。正是通过这样的学习，我们希望每个学生能够对自己的人生有确凿的轮廓，不断丰盈精神世界，从而无愧于这个伟大时代。

2. 模式方法

本框采用议题式情境教学，围绕"从孙悟空成长经历看'修养成人'"的核心议题，设置有效问题，推动师生对话，以培养学生的思维能力、表达能力、合作能力，巩固和拓展必修模块的学习；通过对古典名著的重温和反思，培养学生对祖国优秀传统文化的深厚情感，丰富核心素养，落实"立德树人"目标。

3. 推荐资源

（1）吴承恩. 西游记[M]. 北京：人民文学出版社，2010.

（2）陈光镒，夏书玉，王万春. 西游记连环画[M]. 上海：上海人民美术出版社，2012.

（3）张建庆. "悟空"与"行者"有何寓意？——也谈"知与行"的关系. 参阅新浪博

客：http://blog.sina.com.cn/s/blog_5e79f91c0102xbwd.html.（该博客现已加密）

第二部分　精彩实录

一、授课过程

议题导入：课前播放动画片《西游记》主题曲：《猴哥猴哥，你真了不得！》

师：今天我们要给《文化生活》学习画个句号。学习《文化生活》的意义，在于指导我们过一种"有文化的生活"，成为一个"有修养的人"，一个有人格魅力、有高尚情操的人。这不仅关乎个人的未来，更关乎国家的繁荣。用马丁·路德·金的话说："一个国家的繁荣，不取决于它的国库之殷实，不取决于它的城堡之坚固，也不取决于它的公共设施之华丽，而在于它的公民的文明素养，即在于人们所受的教育、人们的远见卓识和品格的高下，这才是真正的利害所在，真正的力量所在。"

我们身处一个伟大时代，党的十九大报告规划了美好蓝图，而要实现这份蓝图，则在于各位同学，"少年兴则国兴，少年强则国强"，实现国家富强、民族复兴的中国梦，需要我们思考如何成为一个有修养的文化人？

借刚才听的歌，我们聊一聊孙悟空吧，希望借由孙悟空的成长历程，能够体会修养的重要意义。

PPT1：说一说：孙悟空的人格魅力

"猴哥"身上有哪些可贵品质？

生1：孙悟空一路上为唐僧取经保驾护航，面对妖魔鬼怪都不害怕，"身经百战打头阵"，体现了一种勇敢的精神。

生2：孙悟空有一双火眼金睛，"眨一眨眼皮能把鬼识破"。

……

师：孙悟空也是我的偶像，小时候看动画片《大闹天宫》，对孙悟空崇拜得不得了。猴哥身上有很多宝贵品质，刚才几位同学也谈到了，我简单概括一下，孙悟空身上体现了传统儒家的人格追求——智、勇、仁、义、信。

孙悟空有一双火眼金睛，能分别人妖，这是"智"；遇到各路妖怪不害怕，"金猴奋起金箍棒",这是"勇";尊敬师傅,呵护师弟,这是"仁";敢于担当,捅了娄子绝不推诿,这是"义";对自己选择的目标坚定不移,对于自己的承诺不放弃,这是"信"。

点评:以熟悉的歌曲导入,唤醒学生成长过程中对优秀传统文化的记忆,师生双方以对话方式分享彼此的经验和思考,为教学活动的顺利展开奠定良好基础。

议题展开:回顾孙悟空的成长"简历"

PPT2:孙悟空的成长经历

孙悟空成长的五个阶段:出生(花果山)——学艺(斜月三星洞)——闹事(闹天宫闹龙宫)——思过(被压五行山下)——取经(经观世音菩萨指点保唐僧西天取经)——成佛(历经艰难修成正果)。

孙悟空的蜕变:由猴——人(生物进化);由"妖"("齐天大圣")——佛(斗战胜佛)。

想一想:发生这些变化的原因是什么?

(分小组讨论,推荐代表发言。)

生3:孙悟空成长路上遇到了好师傅。

师:对,一开始是菩提祖师,后来是唐僧,其实观世音菩萨也是。这些人都是孙悟空成长路上的"贵人",有"贵人"相助很重要。

生4:孙悟空情商比较高。

师:这说法有意思,他的情商怎么高的呢?

生4:取经路上,凭孙悟空的本事是搞不定很多厉害妖怪的,孙悟空会搬救兵,各路神仙都愿意帮他忙。

生5:最重要的还是孙悟空的基础打得好,学了一身真本事。

师:悟空的成长印证了"玉不琢,不成器;人不学,不知义",他的成长经历用两个词来说,一是修炼,二是培养。简而言之,是"修养"。

PPT3:孙悟空成长的关键词:人文化成

孙悟空成长的过程,承载了儒家"修齐治平"的人格理想。

1. 人和"文"是什么关系

师:长大成人最重要的标志是什么? 就是"文化",就是他的一举一动、待人处事,体现了文化修养,一个有文化的人才是一个真正意义上的人,否则就无异于禽兽。人和文化,合在一起就是人文。体会一下"文化"这个词,应该怎么理解?

生6:文化是相对于经济、政治而言的人类全部精神活动及其产品。

生7:文化是人类特有的一种精神力量。

师:"文化"这个词,可以作名词来说,也可作动词理解。作为名词,文化是一种社会现象,属于上层建筑;作为动词,"文化"又是什么呢?我给大家提供另一种解释,即易中天先生的观点。

PPT4:相关链接:

"文化的核心关键词是那个'化'字,那是个动词,文化的本意是文明教化,'化'的过程,是潜移默化的过程,是润物细无声的过程,它需要一定的载体和形式……没有这些载体,无从谈起。"

师:作为动词,文化本身是变化的,第二单元主题是"文化的变化",文化的传承与创新都是在讲变化;作为动词,文化还具有"化育"的意义,这就是"人文化成"。

成长过程中,你自身努力固然重要,但是遇到什么样的良师益友也很重要,"世上有伯乐,而后有千里马",孙悟空成长路上有三位重要贵人——菩提祖师、观音菩萨、唐僧,正是他们引领孙悟空一步一步地脱离了蒙昧、野蛮状态,而终于成人成佛。

2. "人"字的结构寓意

师:"人"字的一撇一捺代表什么?代表人能够站起来,要有两个立足点:一是技能(才)或知性;二是心灵或德性(德)。中国文化对人的基本要求,就是德才兼备,有才能重品德,人的修炼和培养离不开"才"与"德"这两个维度。

修养这个词,"修"即重视修身,"养"是养性的意思。合在一起就是修身养性。我们说"文化",其实就是一个"修养"问题,儒家的成人路径就是格物致知、正心诚意,最后达到"修齐治平"。

PPT5:辩一辩

东汉王符:德不称其任,其祸必酷;能不称其位,其殃必大。

北宋司马光:才者,德之资也;德者,才之帅也。

儒家所关心的是:道学问与尊德性之间关系如何?即修身与求知之间的关系为何?

辩一辩:"德"与"才",你觉得哪一个方面更重要?

学生回答：略。

3. 两个修养的关系

师："才"是专业知识和技能，如果我们没有专业知识和技能，就无法生存，在这个分工日益细化的时代，能力很重要。少年孙悟空离开花果山，第一件事是拜师学艺，没有降妖除怪的本领，他日后怎么保护唐僧去西天取经？各位今后读大学要考虑选专业，这是现实。但技术只是确保我们生活不至于匮乏，或者过上比较好的物质生活的一种手段。人和动物不同，仅仅满足于物质享受，还不是真正意义上的"人"，爱因斯坦说过："我从来不把安逸的享乐看作生活目的本身——这种伦理基础，我叫它猪栏的理想。"

人生会经历各种各样的考验，其实每次考验都是修炼。取经路上的九九八十一难，就是对唐僧师徒的考验。孙悟空的成长，不仅要面对外界各种困难和诱惑，而且更需要面对内心的"恶念"，他成长为人的过程，最重要的是战胜了自己生命中的"兽性"或"魔性"，这一点，我们在"真假美猴王"中可以有深切的体会吧。

点评：本环节围绕孙悟空成长经历展开，通过"想一想"、"辩一辩"两个层次，推进"有意义的学习"发生，激活了学生思维，并较好地引导着学生理解两个修养的辩证关系。

议题升华：建构孙悟空的"成长"与个人成长的关联

PPT6：议一议

孙悟空的"成长"历程对你有何启发？

生8：我觉得目标很重要。

师：孙悟空一开始就有目标吗？

生9：开始的时候并没有考虑清楚，应该是后来逐步明晰和确立的。

师：孙悟空从一只石猴，成为"齐天大圣"（占山为王），然后做了取经人，最后成为"斗战胜佛"，他的成长过程，可以说是"芝麻开花节节高"。"成佛"目标并不是一开始就有的，而是逐渐清晰的，逐渐确立的。一个优秀的人，应该有更高的人生追求，"夫志当存高远"。各位同学，你们的目标是什么？大学只是眼前的目标，还应该有更长远的、更美好的目标。

生10：还要接受教育，要坚持学习。孙悟空开始的时候比较重视学本事，后来跟着唐僧，也是学习。

师：对,"学而时习之"。孔子说:"吾十五而有志于学,三十而立,四十不惑……"人的成长是需要接受教育的,要自觉接受文化熏陶。教育不仅使人获得知识和技能,更在于培育人内在的精神和信念。

PPT7：相关链接：鲁迅先生设计的北大校徽

考一考：北大校徽的寓意是什么？

生11：北大的校徽是三个人的形象。

师：老师再为大家提供一则参考材料：

鲁迅的着眼点始终是"人",鲁迅提出了"立人",提出国民性改造,就是让人懂得个性与尊严,要"致人性于全",这与"以人为本"的精神是相通的……认为"立人"是第一要务,改造国民性就是改造人的精神,人如果失去了精神,"则破灭亦随之"。

生11："立人"就是人要站起来,所以我觉得更需要有行动,孙悟空也叫孙行者,两个名字都很有意思。

师：从孙悟空到孙行者,从"悟"到"行",我们可以体会到,孙悟空的点滴变化,都是通过他的行动体现出来的,孙悟空是一个"撸起袖子加油干"的行动者。用教材的话来说,就是：要脚踏实地,不尚空谈,重在行动,要从我做起,从现在做起,从点滴小事做起。

结语：敢问路在何方,路在脚下！

点评：本环节设计,意在使学习任务和学生的实际水平之间保持合理、必要的张力,仍然围绕"孙悟空的成长"引导学生体会不仅要"追求更高的人生目标",而且更需要付诸行动。

二、板书设计

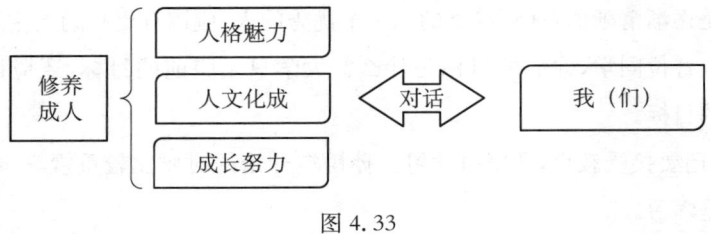

图 4.33

三、作业设计

选择性作业 1：

在古今中外的文学作品中，作者们塑造了许多鲜明生动、精神饱满的人物形象，这些人物对我们的成长具有深远的意义。请再列举一位在你的阅读记忆中留下深刻印象的人物，并结合这一人物形象的某一细节、某一言行或某段经历，分析其独特的人格魅力，并与同学一起分享。

选择性作业 2：

在我们的身边，就有许多可爱的人——我们的父母、同学、朋友，也许是距离太近，也许是自己太忙，也许是不够细心，所以，我们竟然忽略了"他（她）"的存在，竟然没有发现"他（她）"的可爱。请在自己的身边发现这样"可爱"的人，找一找"他（她）"的可爱之处，说一说"他（她）"的人格魅力。

第三部分　课例评析

一、学生反响

学生 1：张老师的这堂课，真正体现了"思想政治"课该有的"味道"，他唤起了我们记忆中的孙悟空形象，其实也是在一步步地引导、鼓励着我们，这一点非常清晰，也非常有意义。

学生 2：张老师的这堂课所传递的，不仅是书本上浅显的道理，更有做人的哲学。张老师博学、睿思、亲切，他在讲台上娓娓道来的同时，也让我们充分体会到了思想政治课特有的魅力。

学生 3：孙悟空的成长印证了"玉不琢，不成器；人不学，不知义"的道理。他由妖到佛的经历是不断学习、自觉修炼的结果。通过这堂课，我们也深切体会到：处在成长阶段中的我们，也会面临各种艰难险阻，不仅要有良师的引领、同伴的支持，更需要自觉地自我修行，"敢问路在何方，路在脚下！"

学生4：张老师的这堂课生动而富有内涵，每一句话都蕴含哲理，富有深意，可以说是真正的寓教于乐，让我们在无形中感受到了"成长为人"的不易，也重新发现了孙悟空对我们每一个人的成长所具有的潜移默化的影响。

学生5：这节课充分体现了张老师的教学功底和深厚学养。他以一首大家耳熟能详的歌曲进行导入，活跃了课堂气氛，激活了学习兴趣，为整堂课的顺利进行奠定了良好基础；后面的各个环节都紧紧围绕"修养成人"主题，将看似深奥的道理，以故事形式充分演绎出来。

二、同行声音

梁观禄：张老师的这堂课，让我受益良多。我们学科教学应该追求什么样的境界？张老师的课堂，彰显了议题教学之美——善于在概括中浓缩，精美如水珠；凸显主线之美，善于在贯通中变化，收放如风筝；营造情境之美，善于在关联中激活，美好如风景；突出育人之美，善于在学习中进步，成长如春笋。

谢良君：张老师这堂课以《西游记》中的孙悟空形象贯穿始终，不仅激发了学生的学习兴趣，还盘活了教学资源，营造了良好的课堂氛围。他创造性地将课题调整为"从孙悟空成长经历看'修养成人'"，从悟空的人格魅力、成长经历和成人启迪三个环节进行教学，自然地将学科教学目标融入其中。作为新教师的我被本堂课所呈现出的艺术性和创造性所深深地震撼，也更新了我对学科育人理念、课堂教学组织形式的认知。创设平等轻松的课堂环境对于实现教学功能的最大化大有裨益，也深深领悟到加强课程研究在今后教学中的必要性。正所谓"台上一分钟，台下十年功"，要在今后的教学中获得提升，就要坚持学习，敢于实践，善于思考，勤于总结。

谢丽萍：张老师以"从孙悟空的成长经历看'修养成人'"为议题的《思想道德修养和科学文化修养》一课让人印象深刻，受益匪浅。该课素材选取得巧妙切题，环节设置自然流畅，整个过程始终激发学生的学习兴趣，教师娓娓道来、侃侃而谈，学生饶有兴致、积极参与，课堂氛围轻松而内容又不失深刻。张老师的这种议题式教学法也给我们教学提供了一条很有启发的思路，在关注知识点之间联系的基础上，选取一个恰当的议题，进行相应的环节设计，散珠成串，这样的教学一方面锻炼了教师对知识的整体把握能力,要求加强教学资源积累和处理;另一方面更好地落实了育人目标,符合培养学生核心素养的要求。

谢海长:张老师的这堂课,学生积极性和参与度都很高,以下几个方面值得我们借鉴和学习:第一,围绕核心议题,目标定位准确。在教学中,坚持以学生为本,关注学生发展需求。以孙悟空为例契合了学生认知点,激发了学生兴趣。第二,贯彻"三贴近"原则,激活学生主体意识。整堂课的教学,既贴近育人目标,贴近传统文化,又贴近学生需求。教学环节丰富多样,既增加了课堂容量,也增强了趣味性,学生的主体性意识被激活了。第三,教学深入浅出,立足教材又超越教材。本堂课给我的最大感触就是:张老师的教学内容完全不拘泥于教材,他将理论知识教学适当弱化,而突出学生情感、态度和价值观的教育,这对学生而言更易于接受且受益更多。

三、自我反思

本课采用"议题式情境教学"。笔者以为,"'议题'是思想政治课堂教学中师生双方可以共同参与到学习过程中的'可议论的话题'",通过议题的引入、引导和讨论,可以营造适切的教学情境(氛围),推动教学方式转变,促进教学对话展开。"议题式情境教学"在本质上追求"教学对话"或"对话式教学",为此,本课在设计过程中,着力解决三个层次的问题——"设置什么样的议题"、"谁来议"、"如何有效地议"。

好的议题应有三个标准:首先,议题要符合学生的学习经验或生活关注(能够激发学习兴趣);其次,议题要符合教师的教学特点和人生体验(能够有效地引领教学进程);最后,议题要吻合教学内容和育人目标(能够为培育核心素养服务)。基于上述考虑,本课以"从孙悟空的成长经历看'修养成人'"为学习议题。

本课教学尊重学习者主体性的发挥,力求通过"说一说"、"辩一辩"、"议一议"、"考一考"这样的环节,让每一个学生都能够参与到学习活动中来,并以此来推动学习者之间的交流与合作、互动与分享,总的来看,由于学生对孙悟空这一形象的熟悉和好感,因此,课堂上的学习氛围显得比较热烈,师生之间、生生之间的对话也比较流畅。

"有效地议"可以从两个方面衡量:一方面是教师能否较好地掌握教学的基本方

向和过程(主要体现为问题的设置、教学进程的驾驭、教学评价和反馈的及时跟进);另一方面是学生的情感有没有被点燃、思维有没有被激活(主要体现为学生之间的互动、交流是否得以开展,学生能否提出独立的、有价值的观点或新的问题)。由于是借班上课,师生之间的关系还是存在一定"疏离感"的,所以整堂课下来,自我感觉对整堂课的驾驭虽然比较自如,但是在学生主体性的彰显方面,还是有一定欠缺的。

四、专家点评

这堂课的特点和亮点,可以概括为三个有,即"课堂有魂、教学有味、学生有获"。

1. 议题式教学让课堂有魂

本课以明、暗两条线索推进,明线即议题引入、议题展开、议题升华;暗线是议题导入阶段提出的问题:应该成为怎样的人?("说一说:孙悟空的人格魅力")议题展开是分析问题:孙悟空是如何成"人"的?("孙悟空的成长经历")议题升华阶段解决问题:我们应该怎样成人?("议一议:孙悟空的成长经历对你有何启发")。一明一暗的两条线索使整堂课目标鲜明、立意高远、结构严谨、步步推进,最后丰富了"修养成人"这一议题,真正让学生通过学习逐步形成"正确的价值观念、必备品格和关键能力",很好地承担起了立德树人这一教育的根本任务。

2. 情境创设让教学有味

本课的情境是依托《西游记》创设的,以《西游记》主题曲导入新课,让学生感受到孙悟空的"人格"魅力;围绕孙悟空的成长经历,结合儒家传统"修齐治平"的人格理想,探讨两种修养及其关系;在此基础上水到渠成地引导学生思考孙悟空的成长经历对自己的"启发"。整个教学过程充满了浓郁的文化味,充分彰显了《文化生活》模块的学科价值和魅力。张老师创造性地利用传统文化资源的设计,值得广大政治教师细细品味。作为政治教师,我们应博览群书,无论古今中外,亦不管是文史哲社,都有必要涉猎,与专业密切关联的更要深入研究,这样才能使课堂有滋有味,真正令学生心动。

3. 深度参与让学生有获

衡量课堂教学有效与无效、高效与低效的依据,我以为是学生的获得感、充实感。让学生学有所得的课,就是有效、高效的。这堂课始终围绕学生的学习活动展开,让学生深度参与学习过程，从而使学生学有所得，心有所会。从选材看，孙悟空的成长经历是学生所熟知的，张老师的高明之处在于从中挖掘出个人成长中的两种修养路径及其关系，指导学生温故知新，重新审视和思考中国传统文化的当代价值，这是所得之一；从过程看，本课的教学组织，非常重视学生的主动学习、合作学习，议题的导入、展开与升华，都是在师生互动、生生互动中完成的，也有助于学生"必备品格和关键能力"的生成，这是所得之二；从目标看，通过议题升华的环节，结合北大校徽的寓意介绍，巧妙地把似乎有些空洞的"追求更高的人生目标"和学生升学的现实需求有机结合，让学生体会到政治课的"有用"，这是所得之三。

【点评专家】王国芳，浙江省中学正高级教师、浙江省特级教师、浙江省中小学教研室教研员。

【执教教师】张建庆，浙江省特级教师、中学正高级教师，浙江省五一劳动奖章获得者，1990年毕业于浙江师范大学政教系政教专业，现任教于浙江省湖州市第二中学，目前还受聘担任浙江省新课程改革学科专业指导委员会委员、浙江师范大学教育硕士指导教师、湖州师范学院马克思主义学院思想政治教育（师范）专业指导委员会委员、名师工作站指导老师。他一直把"为学生上好课"作为自己的信念和追求，积极探索"议题式情境教学"，形成了"清新、清澈、清晰"的教学风格，近年来在省内外开设了20多次公开课、60多场专题讲座，发表论文30多篇，在参与推进课程改革、扩大学科教学影响和提升课堂教学研究水平等方面发挥了积极作用。

后记

本书第 4 章所选课例是依据《普通高中思想政治课程标准(2017 年版)》精神编写的,体现了新课标中有关实施活动型学科课程的教学要求,采用了议题式教学策略,因而,能为广大一线教师和教育硕士进行新课标、新教材的议题式教学和研究提供重要参考和借鉴。

本书第 4 章所选教学课例既有经济与社会模块中的为什么要坚持"两个毫不动摇",为什么说市场配置资源是最有效率的,"两只手"的默契:资源配置中市场与政府的关系;又有政治与法治模块中的怎样看待人大和人大代表的作用;还有哲学与文化模块中的穿越时空的访谈:唯物主义和唯心主义,与自然和谐共生:认识运动 把握规律,学以致用:用发展的观点看问题,感悟哲学的魅力:矛盾的普遍性与特殊性,桨声光影看"姑苏"——创新是引领发展的第一动力,创而生长:树立创新意识是唯物辩证法的要求,赏美析魂:传统文化的继承与发展,从孙悟空成长经历看"修养成人"——《文化生活》第十课第二框"思想道德修养和科学文化修养"等。围绕着 14 个议题所实施的教学课例都是来自一线名优教师的心血之作,都很好地体现了议题式教学设计的重要原则。

1. 素养目标导向原则。素养目标导向原则是指思想政治课教学均以培育学生学科核心素养为教学的中心任务和目标指向。本书中的教学课例在目标设置、内容选择、活动设计、价值引领等方面,都自觉地指向了培育学生学科核心素养的目标。

2. 议题生活指向原则。议题生活指向原则是指思想政治课进行议题式教学的关键是选择符合学科知识、体现学科价值,学生参与度高的议题,因为只有贴近学生生活实际、思想实际的议题教学才能产生预期实效。本书中的教学议题无疑都符合上述要求,教学效果良好。

3. 活动问题关联原则。活动问题关联原则是指思想政治课教学成功与否主要在于活动与问题的相关性如何,只有适合教学议题的活动,结合适切的问题呈现,才能促使学生深入学习自主建构。本书课例在依据议题精心创设活动、精准设计问题、引导学生深度学习、培养学生高阶思维方面有许多成功的做法。

4. 学生学习主体原则。学生学习主体原则是指思想政治课教学过程中,要体现学生是学习的真正主体。如黄怡婧老师对学生课前(自主学习、搜集材料——社会调查、在线采访)——课中(分享激思——争辩明理——头脑风暴——梳理成思——拓展深思)——课后(深度调查)的整体要求无一不体现这一原则。